Maîtres ou esclaves du numérique ?

Éditions d'Organisation
Groupe Eyrolles
61, bd Saint-Germain
75240 Paris Cedex 05

www.editions-organisation.com
www.editions-eyrolles.com

Benoît SILLARD

Maîtres ou esclaves du numérique ?

2049 : Internet,
notre second cerveau

Sommaire

Introduction

Dans *L'Eau des collines* (*Jean de Florette*, *Manon des Sources*), Marcel Pagnol décrit le rêve de Jean Cadoret : lancer un élevage sur une terre dont il a hérité. Mais la source de cette terre a été volontairement tarie par Ugolin et son oncle. L'homme se tue à la tâche pour trouver de l'eau, au sens figuré, puis au sens propre. Nul ne lui aura dit que la précieuse eau coulait sous ses pieds et avait été cachée par la cupidité des hommes. C'est ainsi que je me représente la connaissance : une source de savoir, que les hommes choisissent de garder pour eux ou de partager, et dont l'usage permet tout. À l'ère numérique, nous avons sous nos pieds un réservoir immense d'informations produites par l'humanité, et demandant à devenir des savoirs communs. Selon que nous saurons ou non exploiter et partager cette source, le visage de notre siècle sera changé.

HOMO SAPIENS : L'ESPÈCE DE LA CONNAISSANCE

Notre espèce se nomme *Homo sapiens* pour une bonne raison : l'usage intensif de sa matière grise la distingue de ses ancêtres primates et du reste du vivant. Dès notre plus jeune âge, nous emmagasinons un nombre incroyable d'informations sur notre environnement naturel et social. Nous avons créé des langues et des écritures pour partager ce savoir dans la société et le transmettre aux générations futures. Ce destin cognitif explique la vitesse de notre évolution technique et culturelle, sans commune mesure avec la lenteur de l'évolution biologique. Car nos connaissances produisent des usages.

Aux siècles précédents, la révolution industrielle a eu pour conséquence la migration de millions de personnes des campagnes vers les villes, la chute de nombreux systèmes politiques, l'évolution rapide des mœurs et des mentalités, le déplacement de nos conceptions religieuses, morales et éthiques. Avec la révolution numérique en marche, nous sommes de nouveau sur le point de changer de monde. Dans les sociétés les plus avancées, la couverture des besoins vitaux est assurée pour la grande majorité de la population, et garantie par les services publics pour les plus pauvres. L'intérêt et le désir se portent de plus en plus vers les biens immatériels et notamment l'information sous ses différentes formes, qu'il s'agisse du savoir, du divertissement ou de la découverte.

Une civilisation s'organise autour du partage. Celui-ci peut prendre toutes sortes de forme : une captation brutale, une redistribution égalitaire, un échange pacifique. Le partage concerne les sources de richesse et de pouvoir organisant le développement des individus et des communautés. Cela peut être le partage des hommes et de leur force de travail (esclavage), le partage des terres, du bétail et des récoltes (féodalisme), le partage de l'argent et du travail (capitalisme). Ce livre est construit autour d'une hypothèse : en raison de la mutation numérique en cours, le *partage de la connaissance* formera le principal défi des sociétés de l'information. En d'autres termes, le principal enjeu de notre siècle.

Avant de développer les arguments en ce sens, il me paraît nécessaire dans cette introduction de rappeler rapidement ce que signifient la société de l'information et, surtout, son infrastructure numérique. À de nombreuses reprises, il m'a été donné de constater que ces idées restent abstraites et lointaines pour beaucoup – surtout, disons-le, les décideurs qui ont la cinquantaine ou plus et qui n'ont pas grandi dans le cadre massivement numérique que connaissent les jeunes générations. Mais même chez les plus jeunes, on observe parfois un manque de perspective sur l'époque qui s'annonce. Il y aurait l'Internet pour s'informer ou se divertir, le téléphone mobile pour communiquer rapidement, et puis… c'est à peu près tout, *anything goes.*

Or le succès manifeste des réseaux n'est souvent que la face émergée de l'iceberg numérique. D'abord parce les modes de communication construisent les mentalités et les opinions, de sorte que les générations ayant grandi dans les échanges numériques auront des comportements et des désirs différents de ceux ayant connu d'autres médias. La première « génération pop » des années 1970-1980 avait déjà marqué une rupture de transmission dans la modernité, mais la « génération Y » qui s'annonce sera plus détachée encore des habitudes anciennes. Ensuite parce que l'information n'est pas seulement un divertissement de surface, mais une structure profonde de tous nos échanges. Organisée en connaissances, elle est devenue le véritable moteur de nos économies où la production des biens primaires et secondaires, automatisée ou délocalisée, occupe peu de monde (et en occupera de moins en moins à l'avenir). Enfin parce que la numérisation du monde ne fait que commencer : les laboratoires du monde entier préparent déjà les réseaux de demain dont la puissance de calcul progresse selon la loi de Moore. Partout où l'humanité aura besoin d'informations pour mieux comprendre le monde, mieux gérer les risques, mieux maîtriser son destin et mieux anticiper l'avenir, on trouvera demain des puces. Interconnectées en réseaux de plus en plus denses, leur tissu forme une infosphère co-évoluant désormais avec la biosphère et l'écosphère.

La décennie où tout a basculé

On sait que les changements de millénaire frappent l'imagination humaine. Notre époque se disant rationnelle et désenchantée n'a-t-elle pas développé une vaste superstition collective, voici dix ans, avec le fameux « bug de l'an 2000 » ? Le bug n'eut jamais lieu. Et pourtant, la première décennie du millénaire a de bonnes raisons de frapper les intelligences comme les imaginaires. Car depuis 2000, le monde a pleinement basculé dans l'ère numérique, et l'on commence seulement à en mesurer les effets. Cela apparaît dans l'évolution des dépenses des ménages comme dans celle du budget-temps des individus. Nous passons une bonne part de nos journées devant un écran de terminal numérique (télévision, ordinateur, smartphone, etc.).

Commençons par quelques faits et chiffres pour poser la situation. Le dernier sommet Digiworld a permis d'observer un décuplement du parc mobile mondial, passé de 477 millions à fin 1999 à près de 4,5 milliards au début 2010, soit un terminal numérique de communication par habitant d'ici quelques années. Le haut débit, qui venait tout juste de naître voici dix ans, raccorde aujourd'hui plus de 450 millions de foyers dans le monde. Et le très haut débit (fibre optique), qui permettra aux informations de circuler à la vitesse de la lumière, commence à raccorder les villes. Le parc TV était presque totalement analogique à la fin de la décennie 1990, il est numérique pour 50 % des foyers en ce début des années 2010.

L'évolution de l'Internet, réseau des réseaux, est plus étonnante encore. Beaucoup avait cru, après le grand krach des « dot com » en 2000-2002, que le Net n'était qu'une mode passagère, la poudre aux yeux de financiers bien trop confiants dans ses jeunes pousses. Mais il n'en fut rien. On estime qu'Internet représentait 1,97 milliard d'usagers à la fin 2009 (Pingdom), ayant produit 202 millions de sites actifs (noms de domaine différents). Le tournant du 2.0 au milieu de la décennie écoulée a changé la face du réseau en permettant à chacun de se l'approprier. Blogger est apparu en 1999, Skyblog (France) en 2003 : sur cette dernière plateforme, on compte aujourd'hui plus de 27 millions de blogs. À l'échelle planétaire, ce chiffre s'élève à plusieurs centaines de millions – la seule Chine en compte 105 millions actifs (Wang, 2010). Facebook a été créé en février 2004 et six ans plus tard, le réseau social a conquis un demi-milliard de personnes dans le monde. En 2000, Google était inconnu et cette société représente aujourd'hui 65 % des recherches mondiales, une des premières capitalisations du Dow Jones et des dizaines d'applications gratuites utilisées par des centaines de millions d'usagers.

En fait, la plupart des noms qui nous sont désormais très familiers et qui cumulent des milliards d'usagers – YouTube, Wikipédia, Twitter, Flickr, Facebook, etc. – sont des sociétés apparues au cours de la décennie 2000 : elles se sont imposées dans le paysage numérique en quelques années seulement et nous avons l'impression que nous vivons avec elles depuis toujours. Un changement aussi rapide a peu de précédents dans l'histoire humaine. Des outils ou médias comme l'imprimerie, la radio, le cinéma, la télévision se sont généralisés plus lentement. Bien que leur nature soit différente et leur portée moindre que celles du numérique, comme nous le verrons, ces inventions ont modifié nos rapports personnels, sociaux, politiques et économiques. L'incroyable succès des nouvelles technologies de l'information et de la communication (TIC) produira à son tour une mutation de nos manières d'agir et de penser – celle-ci commence sous nos yeux, même s'il est difficile d'en avoir une vue d'ensemble. Cet essai espère apporter un modeste éclairage sur ces métamorphoses en cours.

La génération numérique grandit sous nos yeux

Les Anglo-Saxons les nomment *digital natives*, baptisée plus volontiers la « génération numérique » de ce côté-ci des rives de l'Atlantique. Nés dans les décennies 1980, 1990 ou 2000, l'Internet a accompagné leur croissance. Ils se sont approprié le réseau et c'est le principal signe distinctif par rapport aux plus anciens, qui ont plutôt vécu la démocratisation de la radio et de la télévision. On sait que les médias sont très différents : les uns sont *one-to-many*, plutôt hiérarchiques et verticaux, avec quelques voix s'exprimant en direction du grand nombre sur des canaux assez rares. Les autres, numériques, sont *many-to-many*, plus horizontaux, favorisant la participation, l'autonomie et l'expression de soi entre pairs. « *The medium is the message* », disait Marshall McLuhan, et cette observation a été vérifiée ces dernières années : par sa structure même, Internet a bouleversé le contenu des flux d'information. C'est un point parfois mal apprécié : l'Internet n'est pas un nouveau média parmi d'autres, il intègre les anciens médias à mesure qu'ils se numérisent en même temps qu'il change toutes les règles du jeu dans l'accès à l'information et le partage des connaissances.

Qui sont et que font les *digital natives* ? En France, Fréquence Écoles et la Fondation pour l'enfance ont publié début 2010 une étude très intéressante sur les pratiques numériques des collégiens et lycéens. Le premier enseignement en est la remarquable pénétration d'Internet : 99 % des enfants de 8 à 18 ans ont déjà navigué sur le web, et 44,5 % le font désormais quotidiennement. Un tiers des foyers a deux ordinateurs, un autre tiers en a trois ou quatre, seuls 1,4 % n'a aucun terminal numérique : dans les familles, la présence de l'ordinateur est devenue équivalente à celle de la télévision. Les *digital natives* conçoivent de moins en moins l'existence sans un ordinateur connecté au réseau et qu'ils sont la première génération à grandir massivement dans cette condition.

Les jeunes ne font rien d'exceptionnel sur le réseau, sinon les activités que l'on peut attendre à leur âge : 90 % d'entre eux s'intéressent aux clips, aux films et à la musique, 80 % aux jeux. On notera que beaucoup utilisent l'ordinateur afin de faire des recherches pour soi (78,1 %) et pour l'école (74,4 %), ou simplement pour discuter (74,9 %).

Un point notable dans les pratiques de la génération numérique est le plébiscite de l'ordinateur comme outil de lien avec les pairs : 75 % l'utilisent pour échanger avec des amis, et 86 % des lycéens ont une page Facebook. Quand on sait l'importance de la socialisation par les pairs chez l'enfant et l'adolescent, la forme numérique de ce rapport à autrui a de bonnes chances de produire des évolutions des comportements sociaux. Et cela montre que loin d'être un facteur de solitude et de repli sur soi, l'ordinateur est une machine manifestement sociale. D'ailleurs, les plus jeunes des enfants le pratiquent volontiers à plusieurs devant l'écran[1].

Ces chiffres se retrouvent dans toutes les sociétés industrialisées, ils sont même plus massifs encore aux États-Unis, au Japon ou en Corée du Sud. À mesure que ces générations numériques vont vieillir, et occuper des postes de décision dans les sphères économique, politique, associative et autre, elles apporteront avec elle un certain usage de l'information et un certain rapport aux autres construits sur les réseaux.

De même que la révolution industrielle n'a pas totalement éliminé le monde agricole, la révolution numérique ne fera pas disparaître notre organisation sociale actuelle, mais elle va la faire évoluer en profondeur. Il faudra toujours se nourrir, se loger, s'habiller, se déplacer, se soigner ou voyager, mais nous passerons de plus en plus de temps à nous instruire, à nous informer et à nous distraire, à travailler et à communiquer. Ces activités se déplacent dans le nouveau monde numérique.

LE NUMÉRIQUE : NOUVEAU LANGAGE
DE LA CONNAISSANCE UNIVERSELLE

On écrit beaucoup, et ce livre en est un exemple, sur le numérique et l'informatique en envisageant les conséquences sociales, politiques et économiques du phénomène – la manière dont l'Internet modifie les rapports interpersonnels, l'accès à la culture et au

---

1. Kredens E., Fontar B., *Comprendre les comportements des enfants et adolescents pour les protéger des dangers*, Fondation pour l'enfance, Fréquence Écoles, 2010.

divertissement, le commerce, le management, le droit, etc. Mais avant d'explorer ainsi les conséquences, il est toujours intéressant de bien comprendre les causes. De tout temps il a existé de grandes langues savantes et commerciales, à prétention universelle, comme le latin et le grec dans l'Antiquité et au Moyen Âge, le français au XVIIIe siècle, l'anglais aujourd'hui. On peut dire que le numérique est devenu, en ce début de XXIe siècle, notre langue universelle. Car nos outils technologiques partagent tous la même écriture en 0 et en 1 (bits) qui permet la production et la transmission des informations.

Le déferlement numérique que nous connaissons aujourd'hui a ainsi des racines anciennes : on peut dater sa naissance des années 1930-1940, quand un certain nombre de génies fondateurs ayant pour nom Alan Turing, Claude Shannon, John von Neumann ont créé une nouvelle théorie de l'information et de la communication. En 1946, le premier ordinateur au sens actuel du terme (Eniac) pesait 30 tonnes, mesurait 24 mètres de long et 6 mètres de haut (soit une surface de 160 mètres carrés). Il était capable d'exécuter une multiplication en 3 secondes. Les ordinateurs actuels ont une vitesse de calcul de quelques milliards d'opérations par seconde et ne pèsent que quelques kilos. Et les puces sont partout. L'ordinateur était un outil rare, réservé au savoir et à l'information scientifique : il est devenu un outil démocratique, indispensable au savoir et à l'information des individus comme des sociétés.

Ancien chercheur à l'INRIA, directeur scientifique de la société Esterel Technologies, Gérard Berry est également professeur associé au Collège de France, chaire de l'Innovation technologique. Il note que, si bien des gens se déclarent surpris par les progrès du numérique et les transformations associées, c'est avant tout parce qu'ils abordent la question avec un « schéma mental inadapté », signe d'un défaut de « bon sens informatique[1] ».

Le numérique est une affaire de langage : la réalité est écrite avec deux chiffres 0/1, unités d'information (bit) fondamentales dont la combinatoire permet des variations infinies. Grâce à cette « discré-

---

1. Berry G., *Pourquoi et comment le monde devient numérique*, Collège de France-Fayard, 2008.

tisation » (création de petites unités discontinues là où nous percevons parfois un ensemble continu), une lettre de l'alphabet aura un certain code en 0 et 1, de même qu'un point d'une image, un son d'une mélodie ou un élément d'une force mécanique. La singularité de ce langage : il peut tout écrire ou presque. En cela, le numérique est une invention bien plus puissante que nos langues parlées : tout ou presque peut être instantanément traduit en numérique !

Ce langage a besoin d'une *grammaire* : ce sont des algorithmes pour calculer, transporter et interpréter ces successions de 0 et de 1. Ce langage a enfin besoin d'un support : la fameuse puce en silicium, qui équipe non seulement les ordinateurs, mais aussi bien les téléphones, les fours, les appareils photos, les voitures, les avions... On peut tout graver sur du silicium, alors qu'il fallait jadis du papier pour les textes, du vinyle ou des bandes magnétiques pour les sons, du celluloïd pour les images, des fils de cuivre pour le téléphone, etc. Quand le silicium atteindra ses limites de miniaturisation, au cours de ce siècle, il sera remplacé par d'autres matériaux. L'Internet et les réseaux mobiles ne sont donc pas un aboutissement, mais un commencement : nous n'avons encore rien vu de la capacité du numérique à transformer notre vie quotidienne et notre organisation collective.

La plupart de nos engins électriques ou électroniques contiennent des puces, et il en va de même pour l'infrastructure de transport et de communication ou l'organisation des entreprises. Les ordinateurs personnels et les téléphones mobiles, adoptés par la population en l'espace d'une génération, ont démultiplié nos moyens d'échange et d'information. D'un point de vue plus fondamental, là où la connaissance indispensable de demain est produite, presque toutes les sciences expérimentales progressent désormais à l'aide de modèles numériques permettant une compréhension du réel inaccessible autrement. Ainsi, la prévision de la météo et du climat, l'analyse des effets d'une molécule sur nos tissus, la cartographie des gènes et des protéines, l'analyse des éléments du cosmos ou la physique des matériaux s'écrivent désormais en langage numérique. Du point de vue épistémologique comme du point de vue pratique, nous n'en sommes qu'au début de cette numérisation du monde. Les transformations attendues dépasseront sans doute celles de l'imprimé : c'est plutôt à l'invention de l'écriture qu'il faut songer pour trouver un précédent technoculturel comparable.

Une dimension fait toute la différence entre l'ère pré-numérique et l'ère post-numérique : celle de la démocratisation. Chaque individu a désormais le pouvoir de s'exprimer, de devenir son propre média. Et le grand nombre assemblé en réseaux démultiplie ce pouvoir d'expression. Chaque expérience et chaque savoir peuvent ainsi être publiés, diffusés, enrichis, modifiés par d'autres. Or, nous sommes tous à un degré ou à un autre détenteur de connaissances utiles.

NOTRE ENJEU DE CIVILISATION ET L'OBJET DE CE LIVRE

Un exaoctet (ou exabyte) s'écrit Eo et représente 10^{18} bits. Un 1 suivi de 18 zéros, chiffre assez difficile à se représenter. En 2005, l'humanité produisait 150 exaoctets d'information. En 2011, ce chiffre est estimé à 1 100 et la courbe ressemble à une exponentielle qui s'envole vers les nuages[1].

Mais pour chaque individu comme pour l'humanité dans son ensemble, la question se pose déjà : que faire de ce déluge d'informations ? La réponse : produire des connaissances, dont l'information n'est jamais que la matière première. La connaissance est au fondement de la construction de soi, de la maîtrise du milieu et de l'équilibre de la société. Elle est notre bien le plus précieux et, à l'âge numérique, celui qui est susceptible de s'enrichir le plus rapidement. Sans elle, nous serons des esclaves de notre époque. Avec elle, nous pouvons être les maîtres de notre avenir.

Dans cette civilisation de la connaissance, l'éducation devient plus essentielle que jamais : ce qui fut réalisé avec l'imprimé (alphabétisation) doit être repensé et réalisé avec l'Internet, nous donnant les bonnes méthodes pour assimiler les mutations rapides de notre milieu cognitif (chapitre 1). Cette éducation ne ressemblera pas forcément à celle des hussards noirs et pourra emprunter des formes ludiques : le jeu est en effet le plus singulier des médias émergents à l'âge numérique. En extension rapide, il ne concerne

---

1. *The Economist*, « Data Deluge », 25 février 2010.

plus seulement le divertissement mais aussi bien la culture et le travail (chapitre 2). Les travailleurs du savoir seront majoritaires demain, dans une économie de la connaissance. Nous examinerons la conséquence des TIC pour l'organisation de ce travail qui occupe la majorité de notre temps de veille, et dont les hiérarchies comme le management se trouvent bousculés (chapitre 3). Internet et le numérique en général produisent le déluge d'informations dont nous venons de parler : l'analyse personnelle sera indispensable si l'individu veut profiter de ce nouvel écosystème et transformer les informations en connaissances. Car la possession de l'argent deviendra moins importante que celle du savoir et de la reconnaissance (chapitre 4).

Mais d'où procède justement cette connaissance ? Intelligence collective et production collaborative sont les deux fondements de ce que je nomme le *social knowledge*. À l'ère des réseaux, les liens sont fondamentaux : nous sommes et nous savons ce que nous partageons (chapitre 5). Le passage des atomes aux bits, et de la rareté à l'abondance, fait disparaître les moyennes et les masses, dans une longue traîne de « niches » où chaque individu et chaque communauté partagent des goûts, des intérêts et des valeurs (chapitre 6). En vertu de la loi de Moore, le stockage, la duplication et le flux des connaissances ont un coût marginal qui tend vers zéro : nous verrons que l'ère de l'abondance se déploie sous le signe du gratuit et produit une société de l'échange généralisé (chapitre 7).

L'information et la connaissance à l'ère numérique ont aussi des conséquences politiques. Ce sont des biens immatériels dont la propriété est problématique et cette institution moderne est aujourd'hui la source de nombreux conflits (chapitre 8). Au-delà, les catégories politiques modernes (État-nation, démocratie, partis, parlements...) sont bouleversées par les réseaux numériques, et leurs nouveaux modes d'expression, de socialisation et de partage : l'être-ensemble et le bien commun vont muter (chapitre 9). L'individu, qui est au centre des rapports de pouvoir après le déclin des grands collectifs (nations, classes), doit défendre son autonomie : la vie privée est une frontière spontanée entre les informations que nous partageons et ne partageons pas, et cette frontière doit être repensée à l'âge numérique (chapitre 10).

La numérisation transforme le monde, et potentiellement l'homme : « La connaissance est en elle-même puissance », écrivait le philosophe Francis Bacon. Lorsqu'elle touchera notre humanité même, son partage deviendra un des plus grands défis de notre évolution. Selon la maîtrise de notre destin individuel, nous serons un pion dans un méga-Disneyworld lénifiant ou un acteur créatif dans des réseaux de plus en plus complexes (chapitre 11).

Cet essai se veut une synthèse prospective : anticiper l'évolution de notre monde à partir des lignes de force qui se dégagent sous nos yeux. Bien sûr l'avenir n'est écrit nulle part. Il est par nature imprédictible car les actions humaines forment un ensemble complexe, chaotique même (au sens de la théorie du chaos : des petites variations initiales qui modifient le comportement du système). À la fin de chaque chapitre, j'émets un certain nombre d'hypothèses sur les tendances à venir et les défis à surmonter. En même temps, je propose tout au long de l'ouvrage un court récit de fiction sur la vie possible d'une famille en 2049, si l'un des nombreux scénarios possibles se réalise. Ce récit plus incarné est une manière de se projeter dans un futur qui s'approche à grand pas et qui nous convie à des choix fondamentaux – des choix de civilisation. Dans la version numérique de ce livre (www.maitres_ou_esclaves.com), chacun peut commenter ce récit, ou proposer des scénarios alternatifs, et pourra dans un deuxième temps l'enrichir en mode wiki.

Nous, premières générations de l'ère numérique, sommes tel Jean Cadoret dans sa garrigue : la source numérique du savoir coule sous nos pieds ; notre tâche est de la découvrir et de l'exploiter. Selon que nous y parviendrons ou que nous échouerons, nous serons demain les maîtres ou les esclaves du numérique.

Chapitre 1

Nos enfants ont-ils des choses à nous apprendre ?

À l'école du numérique

À l'ère moderne, l'accès à la connaissance commence par l'éducation. On y acquiert des savoirs, et plus encore des méthodes. Seule l'alphabétisation a permis de déployer toutes les potentialités de l'imprimerie. À l'âge numérique, l'éducation est en retard sur les technologies : les plus jeunes adoptent massivement des pratiques qui ne franchissent que rarement l'enceinte de l'école.

Les technologies de l'information et de la communication appliquées à l'éducation (TICE) offrent une opportunité de renouveler le contenu comme le contenant de l'enseignement. Aujourd'hui, les TICE ne sont certes pas ignorées par les systèmes éducatifs, mais elles sont adoptées avec une prudence méfiante et une lenteur structurelle, alors que la société se numérise à grande vitesse. Au risque de perdre sur tous les tableaux : sous-utilisation chronique du potentiel pédagogique, surcroît de travail pour les enseignants, désintérêt des élèves de la génération numérique pour qui l'ordinateur est déjà une évidence hors de l'enceinte de l'école.

L'enjeu principal est le suivant : le numérique n'est pas un outil supplémentaire pour apprendre, qu'il faudrait ajouter à tous les autres, mais il jette les bases d'une nouvelle manière d'apprendre, appelée à se substituer aux autres. À la pédagogie pyramidale et autoritaire (le professeur comme conservateur de la discipline) succède une pédagogie transversale et participative (le professeur comme médiateur des systèmes de connaissance et catalyseur de la curiosité).

De là découlent plusieurs questions : comment repenser la transmission des savoirs en prenant en compte la disponibilité immédiate de toute l'information du monde et donc l'émergence d'une mémoire numérique commune, universelle et ubiquitaire ? comment utiliser le potentiel énorme des outils numériques au sein d'une classe virtuelle tout en conservant le lien humain de la classe réelle ? comment éviter que l'école ne soit marginalisée en ne garantissant plus une formation en phase avec la vie future ? comment former nos enfants à vivre dans un monde qui sera complètement différent et à exercer des métiers qui n'existent pas encore ? comment faire cohabiter le temps de la réflexion et de la concentration avec les nouvelles habitudes cognitives du numérique (zapping, copier-coller, multi-activité) ?

L'ère numérique pose un double défi à l'éducation : réviser ses méthodes et repenser ses finalités.

⊯ Les TICE : tour d'horizon

⊯ La valeur pédagogique des TICE

⊯ Le retard français

⊯ Apprendre à apprendre : vers un nouveau discours de la méthode

⊯ Le savoir est un jeu comme un autre : la révolution ludique

Un jour, un inspecteur d'académie m'a dit : « Les technologies d'information et de communication, c'est important… Mais vous comprenez, lorsque j'arrive dans une classe et que je constate un grave retard en lecture, j'ai d'autres priorités ! » Une telle attitude est révélatrice : les outils numériques seraient une entrave, et non une aide à l'apprentissage des savoirs, y compris fondamentaux. Ce sentiment que les TIC ne sont pas au « cœur du réacteur » domine largement dans le monde de l'éducation. Beaucoup d'enseignants pensent encore que le but serait d'apprendre à se servir de ces outils (faire des cours sur les technologies numériques), alors que l'objectif réel est de mettre ces outils au service des missions pédagogiques.

Certes, les difficultés de l'école sont réelles. Notamment en France. En 2010, la Cour des comptes a produit un rapport sévère sur le système éducatif français :

> *« Les enquêtes nationales et internationales livrent des résultats convergents et peu satisfaisants sur les résultats du système scolaire : ainsi, à la fin de la scolarité obligatoire, la proportion d'élèves éprouvant des difficultés sérieuses en lecture est de l'ordre de 21 % et cette proportion augmente depuis 2000. De même, une proportion considérable d'élèves ne maîtrise pas les acquis attendus des programmes d'enseignement : cette proportion était par exemple de 72 % en mathématiques en fin d'école primaire, de même qu'en fin de collège. Enfin, les comparaisons internationales de l'OCDE, qui mesurent les compétences acquises par les élèves de quinze ans, montrent qu'il existe en France une aggravation de l'écart entre les résultats scolaires des meilleurs élèves et des plus faibles qui révèle un problème aigu, spécifique et croissant de traitement de la difficulté scolaire »* (Cour des comptes, 2010).

Cette carence sur les fondamentaux de lecture et calcul est inquiétante à l'heure où la manipulation de l'information, la gestion des savoirs et la valeur ajoutée des connaissances deviennent un des moteurs de l'économie, ainsi qu'une dimension émergente des liens sociaux. Mais les outils numériques, loin d'être une complication, pourraient bien détenir la solution de ces problèmes.

LES TICE : TOUR D'HORIZON

La nouvelle génération vit dans un monde numérique : immergée dans ce milieu technologique dès sa naissance, elle sait très tôt se servir de ses outils… ce qui n'est pas toujours le cas des enseignants. L'imprimerie a été inventée vers 1450, mais il a fallu attendre en France les lois de Jules Ferry de 1881 pour que la scolarité gratuite, laïque et obligatoire démocratise réellement les savoirs issus de la révolution de l'imprimé. La technologie ne crée pas toute seule la connaissance et son partage. Internet est né en 1990 : l'émergence de l'école et de l'université numériques est un défi d'ampleur comparable. Comme le remarque Richard Descoings, directeur de Sciences Po, à propos du pilotage de numérisation des cursus dans les grandes écoles : « La révolution numérique est tellement rapide que même ceux qui ont un peu d'avance sont en retard[1] ! » Il observe un fossé réel de génération :

---

1. Regards sur le numérique, « École du futur », 5 mars 2008.

« Le passage au numérique, les réseaux sociaux, MSN, *Second Life*…, tout cela est en train de créer un incroyable fossé entre le savoir et le savoir-faire des nouvelles générations *versus* le non-savoir et le non-savoir-faire des générations précédentes. Les enfants et les adolescents se construisent aujourd'hui, à un moment très important de leur vie, dans un monde dont leurs parents sont complètement exclus. C'est une situation inédite et fondamentale. »

En ce domaine, l'éducation a sans doute un rôle d'accompagnement et d'approfondissement afin de permettre aux jeunes d'améliorer leur utilisation instinctive par un apprentissage réfléchi et de les aider à décrypter le monde numérique dans lequel ils vivent. Elle doit aussi réduire les inégalités d'accès (fracture numérique). Selon le CREDOC, par exemple, 24 % des Français n'ont pas encore d'ordinateur à domicile et 29 % n'ont pas d'accès Internet haut débit chez eux[1].

Mais l'enjeu principal de l'éducation n'est pas d'apporter un apprentissage des terminaux et plateformes numériques : il s'agit de mettre pleinement et massivement ces outils au service de l'enseignement. Et l'emploi des outils numériques dans l'enseignement dépend avant tout de leur appropriation par les enseignants : les élèves sont déjà prêts !

Différents outils numériques sont expérimentés depuis quelques années et certains sont en phase de déploiement massif :

- des matériels avec des logiciels spécifiques tels que les ordinateurs personnels type notebooks, les e-books, les cartables numériques, les tableaux blancs interactifs ;

- des logiciels et contenus pédagogiques comme ceux fournis en France par le ministère de l'Éducation (CNDP, CNED et projet Académie en ligne, rectorats, ONISEP, voir par exemple le site Educnet ou la vidéothèque en ligne Canal U) ;

- du contenu multimédia pédagogique produit par d'autres acteurs publics, comme la chaîne de télévision France 5, ou privés, comme le Canal numérique des savoirs.

---

1. « La diffusion des TIC dans la société française », 2010, pdf.

On peut distinguer les outils selon qu'ils sont au service de l'étudiant ou destinés à l'enseignement.

Les outils au service de l'étudiant, même s'ils ont des noms spécifiques au monde de l'éducation, sont en général des matériels qui existent déjà et qui font l'objet de simples adaptations.

- Les microportables étudiants, comme ceux de l'opération « Portable à 1 € pour les étudiants » lancée à la demande de François Fillon en 2004, sont des ordinateurs dont l'ergonomie, la puissance, les logiciels, la durée d'utilisation ont été pensés pour les étudiants. Mais ils ne sont pas fondamentalement différents de ceux utilisés en entreprise ou dans un cadre familial.

- Les cartables numériques, promus notamment par Xavier Darcos, sont avant tout des ordinateurs dotés de logiciels d'utilisation et de contenus adaptés aux élèves, du type manuels numériques avec accès aux espaces numériques de travail (ENT).

Tablettes et liseuses : les supports éducatifs de demain ?

Le Kindle d'Amazon et le Reader de Sony, rapidement suivis par une trentaine de « clones », ont marqué l'émergence des liseuses électroniques après de nombreuses et infructueuses tentatives depuis deux décennies. La tablette iPad d'Apple, elle aussi déjà copiée par des concurrents et ouverte au multimédia, marque une autre étape importante de la portabilité numérique. Liseuses et tablettes ont de bonnes chances de bouleverser le paysage éducatif dans les décennies à venir. Tous les tests ne sont pas encore concluants (voir par exemple les réserves de l'université de Princeton et de la Darden Business School sur le Kindle), mais les observateurs s'accordent à dire que les terminaux numériques multimédias et connectés devraient remplacer livres et cartables à plus ou moins brève échéance. Des tablettes comme Kno s'orientent ouvertement vers le marché de l'éducation, avec toutes les fonctionnalités nécessaires au travail de l'étudiant et à ses échanges avec l'enseignant.

Les outils destinés à l'enseignement sont généralement des logiciels ou des applications conçus pour répondre à la demande du monde de l'éducation.

- Les ENT, mis en place dans un peu plus de mille établissements en France, sont concrètement des portails qui assurent la consultation des emplois du temps, des notes, de la documentation, du travail à faire, des relations avec l'école, mais qui permettent aussi d'effectuer un travail collaboratif.

▸ Les tableaux blancs interactifs, aussi utilisés en entreprise, sont de grands panneaux numériques qui remplacent les tableaux noirs. En les regardant, on a tendance à ne voir que le matériel (le tableau), alors que leur valeur cognitive ajoutée réside bien sûr dans le logiciel qui les fait fonctionner. En pratique un enseignant peut écrire des notes, montrer un graphique, une photo ou un film, afficher un exercice présent dans une base, demander aux élèves d'y répondre au moyen de boîtiers qui interagissent avec les tableaux, demander à un élève de se placer devant le tableau, d'effectuer des manipulations et des exercices. Les résultats de l'élève sont aussitôt analysés et enregistrés.

Le retard français

En 2010, la mission parlementaire dirigée par Jean-Michel Fourgous a fait le point sur la modernisation numérique de l'école (Réussir l'école numérique). Constat : « La France accuse un fort retard pour ce qui est de l'équipement et de l'utilisation des TICE en cours par les enseignants. »

Ainsi, la France se situe au 21ᵉ rang sur 27 en Europe, selon la dernière enquête comparative de la Commission européenne de 2006 (*Benchmarking Access and Use of ICT in European Schools*). Le premier degré accumule les carences, il est quatre fois moins bien loti que le second degré. À titre d'exemple : au Royaume-Uni, plus de cent mille classes sont équipées de tableaux blancs interactifs, en France seules cinq mille écoles en disposent ! Selon l'enquête ETIC 2010, on compte en France 22,7 élèves pour un ordinateur en maternelles, 9 en école élémentaires, 5,6 en collège, 3,1 en lycée général et 2,5 en lycée professionnel. De ce point de vue, l'école rencontre le même type de problème que l'entreprise : l'équipement que l'individu possède chez lui est souvent bien plus performant que celui disponible sur son lieu de travail !

En comparaison, la Finlande se caractérise par d'excellents résultats scolaires depuis 2000 aux tests PISA. Elle fait également partie des pays où les inégalités sont le mieux corrigées et où les outils numériques sont les plus déployés : 100 % de ses enseignants sont formés à leur usage pédagogique. Au Royaume-Uni, équipement et maintenance sont gérés par des sociétés privées au service des établissements. L'accès aux outils pédagogiques y est facilité par la mise en place du dispositif Curriculum Online, comprenant plus de dix mille ressources évaluées par des enseignants. Aux tests PISA 2006, 13,9 % des jeunes Britanniques se sont hissés aux niveaux les plus élevés (niveaux 5 et 6) de l'échelle de culture scientifique contre 8 % en France. Depuis 2009, le Royaume-Uni met l'accent sur l'accompagnement des enseignants, dont l'appropriation des outils numériques est primordiale pour une évolution de la pédagogie.

Mais le meilleur exemple n'est pas européen : aujourd'hui, la Corée du Sud est le pays le plus avancé en matière d'infrastructures TIC, avec 86 % des foyers connectés au haut débit en 2009, ainsi qu'un réseau WiFi couvrant toutes les villes et donnant un accès permanent au réseau. D'ici 2013, ce chiffre devrait s'élever à 93 %, suivie par les Pays-Bas (88 %) et le Danemark (81 %) (Gartner, 2009). Dès 1996, un plan national a lancé la numérisation des écoles du pays. Quinze ans plus tard, tous les pupitres des enseignants ont un PC connecté à un projecteur, et 72 % d'entre eux l'utilisent chaque jour. En 2012, les élèves abandonneront tous leurs manuels pour des tablettes interactives. Par ailleurs, les écoles disposent de bibliothèques virtuelles ainsi que de plateformes de connaissances partagées, et le *cyberhome learning* (apprentissage à domicile) est vivement encouragé par le gouvernement. Le jeune Coréen ne passe que 6 000 heures sur les bancs de l'école entre 7 et 14 ans (7 750 en France) et l'objectif est de réduire encore ce taux (réf. Rapport Fourgous, 2010). Bien que les classes soient plus chargées (18,2 élèves par enseignant contre 12,2 en France dans le secondaire), l'enseignement est nettement plus individualisé et les résultats s'en ressentent : la Corée du Sud est au premier rang de tous les pays de l'OCDE pour la compréhension de l'écrit et au 2e rang pour la compréhension des mathématiques (enquête PISA, voir ci-dessus). En Europe, c'est la Finlande et le Danemark qui se rapprochent le plus de ce modèle coréen.

L'exemple de l'université et des grandes écoles

Si la maternelle, le collège et le lycée restent trop souvent les parents pauvres de la pédagogie numérique en France, l'enseignement supérieur développe souvent des initiatives plus novatrices. Quelques exemples :

- L'université de Paris Descartes (Paris V) a lancé une plateforme proposant à tous les étudiants et personnels de l'université de créer un blog en forme de « journal coopératif ». Concrètement, les membres, via leurs blogs, sont invités à partager leur veille où à travailler en réseaux, autour d'un thème ou d'un mot-clé, par exemple. Ces « Carnets de Paris V » ne visent pas une communication verticale (des professeurs vers les élèves et inversement), mais une véritable mise en réseau. L'université parle même d'auto-apprentissage.

- Le fabricant de verres correctifs Essilor a passé un contrat avec l'université de Créteil. L'entreprise accueille au sein des équipes BAG (bureautique et applications génériques) une quinzaine de jeunes qui partagent leur temps entre l'entreprise et la fac. Essilor attend de ces étudiants qu'ils créent des blogs ou des wikis, et proposent des projets numériques créatifs.

- La faculté de médecine de Grenoble distribue en première année des supports de cours en forme de CD-ROM. Les étudiants sont invités à suivre le cours chez eux, durant par exemple une semaine. La semaine suivante, les cours en présentiel sont l'occasion de poser des questions aux professeurs et d'approfondir certains points mal compris. Les gains sont multiples : ils ont limité le recours à des cours privés et du tutorat payant pour les étudiants, les professeurs peuvent ajuster leurs cours et les réactualiser plus souvent en fonction des questions des étudiants… et cela a fait cesser le traditionnel chahut des carabins en première année !

LA VALEUR PÉDAGOGIQUE DES TICE

Dans le *Phèdre*, le philosophe Socrate se lamente… de l'invention de l'écriture. Ses arguments ne sont pas sans rappeler certaines attitudes conservatrices vis-à-vis de l'Internet :

> « Elle [l'écriture] ne peut produire dans les âmes, en effet, que l'oubli de ce qu'elles savent en leur faisant négliger la mémoire. Parce qu'ils auront foi dans l'écriture, c'est par le dehors, par des empreintes étrangères, et non plus du dedans et du fond d'eux-mêmes, que les hommes chercheront à se ressouvenir. Tu as trouvé le moyen, non point d'enrichir la mémoire, mais de conserver les souvenirs qu'elle a. Tu donnes à tes disciples la présomption qu'ils ont de la science, non la science elle-même. Quand ils auront, en effet, beaucoup appris sans maître, ils s'imagineront devenus très savants, et ils ne seront pour la plupart que des ignorants de commerce incommode, des savants imaginaires au lieu de vrais savants. »

2 500 ans plus tard, il n'est pas rare de rencontrer une semblable défiance : le numérique en général et Internet en particulier rendraient les jeunes gens incapables de mémoriser et de raisonner !

Les outils numériques au service de l'éducation ont pourtant de nombreux avantages. On peut notamment en citer trois :

▸ les TICE favorisent la représentation, la compréhension et la mémorisation des sujets enseignés, notamment par l'utilisation de l'image et du son. Le traditionnel savoir « livresque » est figé et parfois peu adapté à la représentation intuitive de certains phénomènes complexes. Ainsi, rien de tel qu'une animation pédagogique multimédia pour expliquer une éruption volcanique, le fonctionnement d'un moteur ou la multiplication des cellules. Cette représentation globale d'un sujet n'empêche pas l'approfondissement ultérieur par la lecture d'un manuel : elle en constitue un préalable qui permet de gagner du temps ;

▸ les TICE sont particulièrement bien adaptés au travail en groupe, aux études de cas et à l'échange entre l'enseignant et l'élève. Elles facilitent grandement la mise en commun de documents, la répartition des tâches, le suivi des modifications, les présentations finales… Cela d'autant que les élèves ont déjà l'habitude de s'entraider pour faire des devoirs, et qu'ils sont pour la plupart familiarisés avec les plateformes de partage en dehors de l'école ;

▸ les TICE permettent un suivi individuel très poussé des collégiens, lycéens et étudiants, donc un apprentissage personnalisé. En enregistrant les interactions de chacun, les logiciels aident à repérer individuellement les retards et les difficultés, ou au contraire les atouts d'un élève. Ils permettent donc de concevoir des parcours adaptés à chacun.

Un certain nombre de travaux montrent ainsi les effets bénéfiques de l'adoption des TICE.[1]

---

1. *Cf.* notamment Lebrun M., *Théories et méthodes pédagogiques pour enseigner et apprendre. Quelle place pour les TIC dans l'éducation ?*, De Boeck, 2007 ; Andler D. et Guerry B., *Apprendre demain : éducation et sciences cognitives à l'ère du numérique*, Hatier, 2008.

> ## Former aussi des citoyens
>
> Le jeu sérieux peut concerner les savoirs fondamentaux, mais aussi bien les engagements citoyens et grands débats de société : Clim City demande de gérer sur cinquante ans le développement du transport en fonction du coût de l'énergie et de l'évolution des températures dans un climat réchauffé ; EcoVille (Ademe) propose de construire une « ville durable » en initiant aux matériaux et nouvelles sources d'énergies renouvelables ; Planète Précieuse initie les plus jeunes aux gestes quotidiens pour éviter la dégradation des milieux et économiser l'énergie.

Plusieurs milliers d'études empiriques ont été menées depuis les années 1990 sur l'éducation en ligne. À la demande du département américain de l'éducation, Barbara Means et ses collègues ont procédé en 2009 à une méta-analyse de ces travaux pour le niveau universitaire. Ils ont retenu les travaux scientifiques comparant les programmes en face à face et les programmes intégrant l'apprentissage en ligne, avec un échantillon assez large pour éviter les biais statistiques. Résultat : les étudiants de classe en ligne ont en moyenne de meilleurs résultats que les étudiants de classes traditionnelles[1]. Comme le relève le groupe Compas, un laboratoire d'idée français spécialisé en sciences cognitives et savoirs numériques, ces évaluations restent provisoires, avec des résultats inégaux selon les expériences. Elles indiquent au minimum que les TICE ne nuisent pas à la qualité de l'enseignement, mais leur optimisation pour l'école et l'université demandera « une démarche interdisciplinaire impliquant des professionnels venus des domaines de la psychologie cognitive, de la modélisation, de la biologie théorique, du jeu vidéo, ou encore du design ».

Marc Prensky étudie de longue date les *digital natives* et réfléchit aux meilleurs modes d'enseignement[2]. Il pointe notamment les traits spécifiques des jeunes générations numériques : l'impatience (besoin de réactivité rapide dans les rapports humains ou les inter-

---

1. Means B. *et al.*, *Evaluation of Evidence-Based Practices in Online Learning : A Meta-Analysis and Review of Online Learning Studies*, Center for Technology in Learning, US Department of Education, 2009.
2. Prensky M., *Teaching Digital Natives : Partnering for Real Learning*, Corwin, 2010.

faces machine), le multitâche (habitude d'utiliser plusieurs médias à la fois pour les deux tiers d'entre eux), la communauté virtuelle (chat à plusieurs, réseaux sociaux), le flux continu (besoin de rester connecté ou proche d'un accès). Selon Prensky, ces caractéristiques peuvent être exploitées dans un cadre éducatif à condition de trouver le bon équilibre entre les attentes des élèves et les exigences des résultats. Elles créent une pression sur le système éducatif qui risque de se retrouver « largué » s'il persiste à prendre à rebrousse-poil les nouvelles habitudes cognitives des élèves.

Il ne s'agit nullement de sacrifier l'éducation à la mode du « zapping » : le but reste l'apprentissage des fondamentaux et la construction d'une culture personnelle, mais les moyens pour cela doivent changer. L'enquête HBSC (*Health Behaviour in School-Aged Children*) menée, en 2006, dans quarante pays sous l'égide de l'Organisation mondiale de la santé (OMS) et publiée en France par l'Institut national de prévention et d'éducation pour la santé (INPES) a montré qu'à quinze ans, près de 90 % des garçons et 87 % des filles déclarent ne pas aimer l'école. De tels chiffres sont si massifs qu'ils ne peuvent être attribués à la seule responsabilité d'un élève réfractaire. Mais ils ne doivent pas être pris comme une fatalité !

« Simplexité » : chemins de la connaissance numérique

Comme l'observe le rapport Fourgous (*Réussir l'école numérique*, 2010) : « Deux mots caractérisent la civilisation du numérique : facilité et complexité, facilité dans l'accès à l'information, à la communication, dans le mode de vie et dans le bien-être général des citoyens mais complexité des modes de pensée, de raisonnement et de "management" de la société. Cette complexification de la société va nécessiter la mise en place d'un véritable plan de formation : la formation des jeunes à la gestion de cette complexité mais également aux différents risques et dangers qui apparaissent (désinformation, addiction...). » On pourrait qualifier de « simplexité » cette révolution numérique de la connaissance : tout est plus simple dans l'accès, mais tout devient plus complexe dans la maîtrise. Si les enfants et adolescents sont souvent plus à l'aise que leurs aînés dans la manipulation des terminaux numériques, cela ne signifie nullement qu'ils en exploitent les potentialités culturelles et intellectuelles.

Apprendre à apprendre :
vers un nouveau discours de la méthode

Apprendre… ou apprendre à apprendre ? Ce sera tout l'enjeu de l'éducation au XXIe siècle.

Nos représentations du savoir ne sont pas figées : elles évoluent au cours du temps. L'idée d'une forme canonique ou indépassable d'éducation est contredite par l'histoire humaine. Ian McNeely et Lisa Woverton suggèrent ainsi que la connaissance a été réinventée au moins six fois dans l'histoire occidentale, à travers six institutions-modèle : la bibliothèque, le monastère, l'université, la république des lettres, les disciplines savantes, le laboratoire. L'Internet représente une septième étape, et ses bouleversements sont d'une ampleur sans précédent[1].

Posons un paradoxe : dès lors que l'Internet est entré dans les foyers et dans les lieux d'enseignement… il n'y a plus rien à apprendre ! Toute la connaissance est désormais à portée de main : Internet devient la grande bibliothèque universelle, où se trouvent toutes les questions et toutes leurs réponses.

Ainsi, les chercheurs distinguent notamment deux types de mémoire : la mémoire procédurale et la mémoire épisodique. La première concerne l'acquisition de savoir-faire, la seconde celle d'événements et de souvenirs. Ces deux mémoires sont mobilisées par l'éducation : on apprend à faire des divisions (mémoire procédurale) comme on s'informe sur le siècle de Louis XIV (mémoire épisodique).

Là où Internet change la donne : toutes les informations sont disponibles dans cette mémoire externe de l'humanité en croissance permanente. La qualité de ces informations est certes variable, mais il en allait de même dans le monde imprimé : tous les livres sur un sujet ne sont pas aussi fiables. La différence entre savoir numérique et savoir papier est que le premier est désormais très accessible : tout élève peut trouver en 10 secondes la liste des

---

1. McNeely I.F., Wolverton L., *Reinventing Knowledge : From Alexandria to the Internet*, New York, Norton, 2008.

départements français qu'il apprenait jadis par cœur en dix semaines… sans trop savoir pourquoi.

Dès lors que l'information est ainsi à portée de clic, l'éducation est obligée de se réinventer. Cela n'a aucun sens pour elle d'essayer de concurrencer une masse de savoirs qui s'enrichit à chaque seconde, ou de demander à des élèves des efforts de mémorisation « brute » dont ils perçoivent intuitivement l'inutilité. L'éducation se voit en revanche confier un rôle primordial, outre les fondamentaux (lire, écrire, calculer) : former l'esprit à utiliser le flux d'information au lieu de s'y noyer. Citons encore le rapport Fourgous (2010) :

> « *Les compétences à acquérir pour s'épanouir dans la société numérique sont diverses : maîtrise des langues étrangères, des outils numériques, acquisition des compétences juridiques et citoyennes s'y rapportant, aptitude à l'analyse critique, à la créativité, au travail collaboratif, aptitude à communiquer, à travailler en groupe, ouverture sur le monde et les autres cultures… La capacité à se former tout au long de la vie devenant une nécessité, l'autonomie et la confiance en soi se révèlent être également des aptitudes essentielles à développer. Les outils numériques favorisent l'acquisition de toutes ces aptitudes et permettent de développer des compétences auxquelles ils n'auraient pas accès autrement.* »

Avec comme conséquence :

> « *Le métier d'enseignant évolue : il doit créer des activités permettant à chaque élève de construire et de s'approprier ses propres connaissances. Il devient un ingénieur pédagogique.* »

Cette mutation prend la forme d'un passage vers la méta-information : il importe déjà et il importera toujours davantage de saisir l'architecture, la classification, la compatibilité, la qualification et l'actualisation des données que l'on rencontre. Sur un sujet donné, on ne peut connaître LA vérité absolue ou LE contenu définitif, mais plutôt un panel organisé d'accès aux connaissances mises à jour, appuyé sur une hiérarchisation personnelle des sources.

Pour se construire ce panel, l'élève devra nécessairement mettre en place des stratégies de recherche. Et leur apprentissage sera nécessaire : apprendre à apprendre, donc. La stratégie dite du « butinage », consistant à naviguer de liens en liens sans tenir compte de leur pertinence, sera par exemple bannie. *Idem* pour le copier-coller à source unique, aussi paresseux que risqué (si la source est mauvaise). Les pages Internet, quant à elles, devront aussi recourir plus largement aux balises « méta », afin de guider l'élève dans les moteurs de recherche : c'est un des enjeux actuels du web sémantique « 3.0 » en cours de constitution.

Quelles sont les qualités des futurs élèves à l'ère numérique, sur lesquelles l'éducation doit concentrer dès aujourd'hui ses efforts ?

- la *curiosité intellectuelle* : elle est le carburant de la volonté de savoir, le désir d'expérimenter, de tester, de découvrir ;

- la *vitesse de compréhension* : elle est indispensable pour traiter des gros volumes d'information ;

- la *qualité de lecture, d'écoute et d'observation* : elle permet d'observer les articulations et hiérarchies d'un support ;

- *l'esprit de synthèse* : il consiste à extraire le signal du bruit, c'est-à-dire les informations essentielles des informations accessoires ;

- *l'esprit critique* : il met en garde contre les pièges rhétoriques, les manipulations, la passivité ;

- le *travail en équipe* : il partage, organise, entraîne l'accès aux savoirs.

Vers des tests de compétence en e-learning

Au Royaume-Uni, Ann Wilkinson et ses collègues travaillent déjà à la mise au point de divers tests psychométriques qui permettent de mesurer les capacités de l'étudiant à utiliser les TIC, ainsi que ses attitudes vis-à-vis du e-learning (*Computer and Human Behavior*, 2010). Les tests d'intelligence (QI), très utilisés dans le monde anglo-saxon, pourraient être remplacés par des systèmes d'évaluation plus adaptés à notre nouvel environnement cognitif : il s'agit plutôt de repérer les élèves en difficulté dans l'accès aux informations numériques, car cet accès conditionnera la construction du savoir personnel et la performance dans les tâches intellectuelles.

Comme on peut le constater, ces traits cognitifs ne sont pas propres à une discipline particulière, mais s'appliquent à tous les savoirs potentiels qu'un individu peut mobiliser dans son existence, par goût ou par nécessité. C'est ce que Joël de Rosnay appelle le passage d'une « pédagogie analytique » à une « pédagogie systémique[1] ». La première découpe la réalité, la complexité de la nature et de la culture, en disciplines séparées (biologie, physique, histoire, etc.) et exige de se concentrer sur les détails. La seconde insiste sur les relations à l'œuvre dans la même réalité. La pédagogie systémique ne va pas faire disparaître la pédagogie analytique : elle forme plutôt une autre entrée du savoir, particulièrement adaptée aux plus jeunes.

LE SAVOIR EST UN JEU COMME UN AUTRE : LA RÉVOLUTION LUDIQUE

Serious games ou « jeux sérieux » : l'appellation peut sembler étrange. Sous couvert d'un jeu ou d'une simulation, ces jeux ont une visée pédagogique. Ils permettent de s'immerger dans un environnement ludique, tout en répondant à des objectifs pédagogiques.

Comme le souligne David Sloan Wilson, spécialiste mondialement célèbre de l'évolution biologique et culturelle, dans un entretien à *Nature* (25 mai 2010), nous devons prendre en compte les conclusions des travaux récents sur les sciences de la cognition, du comportement et de l'évolution. Et cela s'applique à la réforme de l'éducation moderne :

> « *Si vous regardez une société de chasseurs-cueilleurs, il n'y a presque rien qui ressemble à une éducation formelle. L'éducation prend la forme du jeu, et les adultes ne donnent des informations plus ou moins explicites qu'à la demande. Mais ce système spontané d'éducation n'est pas seulement non-exploité par l'éducation formelle, il est nié. [...] Nous avons besoin de faire des expériences. Il se peut que les aptitudes dont nous avons besoin aujourd'hui soient si différentes que d'autres méthodes d'éducation soient nécessaires. Mais peut-être n'y a-t-il pas une si grosse différence.* »

Les sociétés modernes sont bien plus complexes que celles de nos ancêtres, mais la manière dont fonctionne notre esprit n'a pas beaucoup évolué depuis 10 000 générations : vouloir contraindre les cerveaux de nos enfants à un régime pédagogique auquel il n'est

---

1. De Rosnay J., *L'Éducation en 2020*, Cité des sciences, 2005.

pas adapté risque de miner l'efficacité de l'acquisition des savoirs, surtout pour ceux qui éprouvent des difficultés avec cet enseignement très formel. L'enjeu ultime est de comprendre : on peut très bien comprendre l'économie ou la biologie par un jeu mettant l'élève en situation d'apprendre les règles de ces disciplines pour progresser.

Le premier public est bien sûr celui des enfants et adolescents, puisque l'éducation est au cœur de la société du savoir que nous construisons ensemble. Dès 2001, Larry D. Rosen (université d'État de Californie) a mené les premières études empiriques sur l'usage des jeux (vidéo, PC et arcades) pour l'enseignement. Sur deux panels de 914 et 682 élèves, il a montré que les élèves capables de passer des heures scotchés sur leur chaise face à un écran supportent mal de faire la même chose en classe, pour plusieurs raisons : la motivation est moindre, le jeu est individualisé tandis que le groupe est privilégié, l'environnement ludique est plus changeant et plus stimulant. Il en a conclu que l'école ne gagne rien à « lutter » contre les nouvelles habitudes des élèves, mais peut au contraire en profiter à condition de faire un usage intelligent du jeu[1].

En France par exemple, on relève des initiatives de différentes ampleurs. Le jeu *Happy Hours* a été développé à l'initiative de la ville de Nantes. Il a pour but de sensibiliser les jeunes aux dangers de l'alcool : l'utilisateur est invité à se glisser dans la peau d'un personnage et doit, à partir de quelques objets et de témoignages de ses amis, revivre une soirée où il a trop bu. Dans le cadre de l'école, Jean Heutte, de l'IUFM Nord-Pas-de-Calais Université d'Artois, a montré en suivant cent trente et un élèves du CM1 que plus les élèves sont habitués à l'outil informatique, plus ils sont capables d'apprendre à partir de documents numériques : l'usage crée rapidement une appropriation de l'outil[2].

---

1. Lary D. Rosen, Michelle M. Weil, *Are Computer, Video and Arcade Games Affecting Children's Behavior ? An Empirical Study*, California State University, Human-Ware, 2001.
2. Heutte J. *Influence de l'habituation à l'usage de l'outil informatique sur l'apprentissage et les résultats scolaires d'élèves du cycle 3 de l'école primaire*, Spiral-E, 2008.

Toujours en France, les quarante collaborateurs de la société Symetrix développent des solutions à moindre coût pour l'école – sachant que le budget de développement d'un jeu atteint couramment plusieurs dizaines de millions d'euros, et que trop abaisser la qualité ou la complexité du « jeu sérieux » serait une erreur : les enfants se détournent facilement de jeux qu'ils perçoivent comme de médiocres copies de leurs contreparties commerciales. Le ministère de l'Économie a apporté en 2010 son soutien au développement d'une quinzaine de jeux sérieux à visée éducative, parmi lesquels par exemple *Donjons&Radon* (jeu de rôle sensibilisant les étudiants aux sciences physiques), *Kaisha* (découverte du vocabulaire et des fonctionnements dans une entreprise), *MecaGenius* (initiation et formation continue en génie mécanique), *Play&Cure* (corps humain virtuel pour les étudiants enmédecine et les lycéens)…

ARG et humanités : sur les traces de Kerouac

Les jeux à réalité alternée (ARG) désignent des jeux consistant à résoudre des énigmes fragmentées, dont les clefs et les indices se trouvent sur le web, et parfois dans l'espace physique. Les joueurs se lancent dans une quête généralement collective (forums, blogs, rencontres) pour rassembler tous les éléments du puzzle. Steven Spielberg en a fait usage pour le lancement promotionnel d'*Artificial Intelligence*, avec le jeu *The Beast*. John Gosney explique dans son livre *Beyond Reality : a Guide to Alternate Reality Gaming* comment sa classe de littérature profite de l'ARG : pour faire découvrir à ses élèves le *Beat Generation* et Jack Kerouac, il a conçu le jeu *Route 66* par lequel chacun doit prendre part à un voyage virtuel sur les traces des écrivains des années 1960-1970. Le devoir final est le compte rendu de ce voyage.

En 2009, European Schoolnet a publié une étude de synthèse sur la progression de ces jeux électroniques pédagogiques dans huit pays européens (Autriche, Danemark, Espagne, France, Italie, Lituanie, Pays-Bas, Royaume-Uni)[1]. Si la plupart des expériences sont encore limitées à des classes isolées, certaines prennent déjà plus d'ampleur.

---

1. Wastiau P., Kearney C., Van den Berghe W., *Quels usages pour les jeux électroniques ?*, European Schoolnet/EUN Partnership AISBL, 2009.

Les jeux sérieux éducatifs en Europe

Le projet italien DANT associe enseignants, chercheurs et techniciens pour développer des jeux éducatifs dans l'enseignement des mathématiques et de la langue. Il a concerné un millier d'enseignants et plus de dix mille élèves de 7 à 10 ans. DANT a été étendu à la quasi-totalité du territoire italien. Le projet écossais *The Consolarium* a testé l'impact de jeux électroniques commerciaux (Programme d'entraînement cérébral du Dr Kawashima, Nintendogs, etc.) sur certaines compétences des élèves. Il concerne plus de cinq cents enseignants et plus d'une trentaine d'autorités locales. Le projet Games Atelier aux Pays-Bas, après une phase pilote d'élaboration d'un jeu électronique éducatif « portable » (*mobile game-based learning*), est accessible depuis l'année 2009 à toutes les écoles secondaires du pays. Son lancement, à travers un concours, a mobilisé une cinquantaine de groupes d'élèves issus d'une douzaine d'écoles.

Parmi les constats opérés par l'étude on note :

- une meilleure motivation des élèves (prise en compte de leur réalité quotidienne, finalité concrète des apprentissages dans le jeu, approche ludique) ;
- une meilleure coopération des élèves (ceux qui sont familiarisés au monde des jeux initient leurs camarades) ;
- une confiance accrue chez les élèves en difficultés dans l'apprentissage traditionnel ;
- une facilitation de la rétention de savoir et d'information (par répétitions non lassantes des données dans le jeu) ;
- une amélioration significative de la concentration, des compétences sociales et de certaines capacités intellectuelles.

De tels résultats demandent bien sûr à être confirmés par des études plus précises sur les progrès des compétences cognitives et leur évolution dans le temps.

Du côté des freins, on relève une double réticence des enseignants : ils ne sont pas aussi familiers des jeux que leurs élèves et ils craignent une image négative auprès de leurs autorités de tutelle ou des parents. On mesure là encore le fossé qui sépare la génération familière des nouveaux environnements numériques à celle de ses aînés. Les élèves, pour leur part, trouvent ces jeux souvent moins élaborés que les jeux commerciaux auxquels ils sont habitués. Si jeu sérieux rime avec jeu ennuyeux, le bénéfice pédagogique sera quasiment nul : il faut que l'élève soit plongé dans le récit ludique pour profiter pleinement des gains cognitifs liés aux informations qu'il manipule et aux réflexions qu'il développe.

C'est la raison pour laquelle deux pistes sont privilégiées : développer des versions pédagogiques des jeux du commerce ; laisser les élèves concevoir leurs propres jeux. Cette dernière hypothèse est sans doute la plus révolutionnaire – une certaine autogestion de l'éducation par les enfants ! –, mais aussi la plus intéressante pour la créativité et la motivation.

Quest to learn, la première école ludique

À New York, l'école *Quest to learn* (Quête de l'apprentissage) est entièrement fondée sur le jeu vidéo. Cette institution-pilote rassemble soixante-douze enfants dont le parcours éducatif est assuré par des modules ludiques : *Codeworlds* (math et anglais), *Being, space and place* (sciences humaines et langue), *The way things work* (sciences), *Wellness* (santé, éducation physique)… Les élèves apprennent aussi à programmer leurs propres jeux. Élisa Aragon, directrice, note : « *Quest* permet aux enfants de prendre l'identité et le comportement des explorateurs, des mathématiciens, des historiens, des écrivains ou des biologistes, à travers des parcours dynamiques, fondés sur des défis, avec un contenu riche permettant l'accès aux cours des savoirs. » À la suite de premiers résultats prometteurs, il est prévu l'ouverture d'une nouvelle école *Quest to learn* à Chicago à la rentrée 2011.

En 2010, le rapport *Imagine – Game Based Learning* (Roger Blamire, European Schoolnet) a publié onze conclusions et quinze recommandations sur le développement du jeu dans le système éducatif européen. Parmi les conclusions, l'auteur souligne que le faisceau de preuves sur la qualité pédagogique des jeux sérieux est de plus en plus convergent et que leur développement forme une priorité pour construire l'école de demain.

Comme nous le verrons au prochain chapitre, cette « révolution ludique » est loin de se limiter à l'éducation et forme un des phénomènes émergents les plus intéressants de l'ère numérique.

Conclusion prospective

» Le potentiel des technologies d'information et de communication appliquées à l'éducation, aujourd'hui sous-exploité, va se développer considérablement dans les prochaines années, à l'école comme à sa périphérie. La lenteur structurelle d'évolution des systèmes éducatifs entre en conflit avec l'adoption rapide par les nouvelles générations des outils numériques.

» La classe numérique tout entière deviendra un environnement intelligent, un terminal de connaissances auquel chaque élève sera connecté en permanence, autorisant un suivi individualisé poussé de ses progressions et de ses difficultés.

» Internet s'imposant comme la mémoire collective des savoirs, un « second cerveau » accessible partout, dépassant largement la capacité d'une mémoire individuelle humaine, l'effort sera mis sur l'aptitude à identifier, sélectionner, ordonner des informations pertinentes. Cela passe par le développement de l'esprit critique et de l'esprit de synthèse, de la réactivité et de la créativité.

» Associer l'apprentissage à la peine, à la souffrance et à l'ennui devient de plus en plus contre-productif. Des modes ludiques d'accès au savoir et de mémorisation permettent une bien meilleure motivation de l'élève. Le travail coopératif en équipe prendra une place de plus en plus importante à l'école, comme il l'a déjà dans la vie professionnelle à laquelle prépare l'éducation.

» Le temps scolaire sera repensé, avec une présence en classe concentrée sur le contact humain, l'échange direct avec les professeurs, et une moitié du temps devant des écrans, pour des jeux, des explorations et des initiatives perçues comme gratifiantes. Dès le plus jeune âge de la vie, l'accès à la connaissance sera une nécessité vitale pour les individus, mais il devra être perçu comme un plaisir et une découverte.

JOURNAL DU MILIEU DE SIÈCLE (EN 2049…)

20 décembre 2049 : encore quelques jours et nous atteindrons la moitié de ce siècle. Nous avons décidé de passer un Noël traditionnel en famille, puis de fêter la Saint-Sylvestre dans notre métavers préféré, un refuge au pied de l'Himalaya. Ma fille n'a pas été en classe ce matin : mal de gorge et petite fièvre, le nanotest a révélé une angine à Streptococcus pyogènes. L'antibiotique a été produit immédiatement. Ce n'est pas bien grave, Lydia suivra le cours en temps réel dans le caisson 3D du salon, qui est plus puissant que celui de sa chambre. Elle n'a pas envie de le rater : sa classe se déplace à Athènes, en 428 avant J.-C., pour suivre un dialogue de Socrate dans un gymnase au bord de l'Agora. Les nouvelles projections 3D en simulation corticale ont atteint un réalisme incroyable. Je repense aux tablettes et écrans géants de ma jeunesse : dire que l'on se croyait moderne ! Les contrôles continus de Lydia sont toujours bons, sauf en langue. Mais à dire vrai, les options anglais et mandarin sont à peu près aussi utiles que le grec et l'hébreu depuis la mise au point du Turing Translator. Nous parlons et écrivons désormais toutes les langues, un dialecte africain n'est ni plus ni moins avantagé que l'anglais commercial. À Noël, j'ai prévu d'offrir à Lydia un abonnement à Zeth-Land. De l'Alaska à l'Australie, presque toutes ses copines sont déjà dans le jeu, et il paraît que les énigmes de certains niveaux sont coriaces.

(À suivre à la fin du prochain chapitre…)

Le jeu deviendra-t-il notre premier média ?

Vers un savoir ludique

Créés dans les années 1960, popularisés dans les années 1970, les jeux électroniques sont devenus un véritable phénomène de société. On estime que 80 % à 95 % des enfants et adolescents les pratiquent dans les sociétés industrialisées. Mais la moyenne d'âge des joueurs se situe aujourd'hui autour de 35 ans, et elle ne cesse d'augmenter à mesure que vieillit la première génération de joueurs, ayant conservé ses habitudes ludiques à l'âge adulte. Contrairement aux idées reçues, les jeux les plus populaires ne sont nullement les plus violents : les jeux sociaux, familiaux ou de simple détente représentent un marché bien plus important. De même, 40 % des joueurs sont des femmes.

Le jeu électronique représente une industrie florissante, dont le chiffre d'affaires a déjà dépassé celui du cinéma et ses produits dérivés. Du point de vu créatif, les jeux de console les plus élaborés se rapprochent désormais du septième art et pourraient prendre sa place au cours de ce siècle, comme divertissement de masse fondé sur une immersion des joueurs dans un univers esthétique et émotionnel. Ces jeux sont à l'avant-garde des évolutions technologiques, non seulement par la puissance des machines à usage personnel, mais aussi pour les interfaces révolutionnaires homme-machine (analyse des voix, des visages, des postures, des gestes, des émotions, des intentions, etc.).

Les jeux ont pour particularité de s'adapter à tous les supports dont ils forment souvent le premier marché applicatif. Les téléphones mobiles 3G et les réseaux sociaux voient ainsi le retour triomphal des *casual games* tandis que l'Internet permet le développement très rapide de jeux entièrement nouveaux dans leur philosophie : les jeux en ligne massivement multi-joueurs et les univers virtuels (métavers).

Les caractéristiques psychologiques du jeu fascinent aujourd'hui les chercheurs, car cette activité permet de concilier des tendances habituellement contradictoires (concentration et détente, répétition et plaisir, compétition et coopération, etc.). Depuis les années 2000, on assiste à un décollage étonnant des « jeux sérieux » destinés aux apprentissages, que ce soit en science, en médecine, à l'école, dans l'armée ou dans les entreprises, ainsi qu'à travers les nombreux *casual games* destinés à améliorer sa mémoire, son attention ou ses connaissances sur un domaine précis.

Média à part entière, à la pointe de l'interactivité homme-homme et homme-machine, pionniers de la créativité numérique et artistique, les jeux n'ont plus rien du divertissement pour adolescents que l'on regardait jadis avec une pointe de mépris. Notre siècle pourrait bien être caractérisé par une extension rapide de la sphère ludique à tous les domaines d'activité. Le jeu, devenu massivement multi-joueurs, serait alors une porte d'entrée privilégiée dans le monde de l'information et de la connaissance.

▸▸ Du divertissement au média à part entière et à l'avant-garde technologique

▸▸ Un modèle économique, sociétal et artistique diversifié

▸▸ Le jeu victime des idées reçues

▸▸ Psychologie du jeu : les leviers de la passion

▸▸ Après *World of Warcraft* et *Second Life* : les mondes sociaux-virtuels à venir

▸▸ Jeux sérieux : la connaissance en s'amusant (et en partageant)

Son origine est aussi ancienne que celle de la civilisation. On le trouve sur tous les supports possibles et imaginables, dans tous les matériaux et, à l'âge numérique, sur tous les écrans : calculettes, montres, téléphones, tablettes, baladeurs et bien sûr ordinateurs. Dans sa forme physique, il concerne tous les humains et plus d'un sur deux dans sa forme électronique. Il déchaîne les passions et les enthousiasmes, il mobilise les énergies, il représente des milliards d'heures cumulées d'attention et de concentration chaque jour, il pèse des centaines de milliards de dollars dans l'économie mondiale. Il peut concerner de un à douze millions de personnes respectant toutes les mêmes règles de conduites au même moment.

Quelle est cette mystérieuse activité ? Le jeu.

Comme le remarquait l'historien et anthropologue Joahn Huizinga (*Homo ludens*), l'homme n'est pas seulement *Homo sapiens* (le connaisseur) ni *Homo faber* (le travailleur), mais aussi *Homo ludens* (le joueur). Les cultures humaines ont donné au jeu une dimension civilisatrice. Elles ont inventé notamment le code, c'est-à-dire des règles du jeu que nous créons et transmettons. Cet ordre imposé est non seulement accepté, mais exigé pour que le jeu ait un sens : « Nous sommes des créatures qui fabriquons et recherchons des règles, notre amour de l'ordre a même colonisé le jeu », observe Tom Chatfield[1].

Depuis des millénaires, nous jouons ainsi aux cartes, aux pions, aux dés, à la balle ou simplement avec nos corps. Et nous en tirons un immense plaisir, dès les premiers âges de la vie. Quel que soit le domaine où il s'applique, un jeu réussi devient l'antidote de l'ennui comme du souci.

L'ère numérique n'a pas échappé à cette orientation ludique de nos existences individuelles et collectives. Au contraire, elle lui a donné une nouvelle dimension. Grâce à un autre type de code, informatique cette fois, non seulement nous créons des règles mais les mondes émergents qui les accompagnent, issus de l'imagination et de la créativité humaine. Les jeux nous immergent en eux, ils nous transportent dans le passé ou dans l'avenir, ils nous ouvrent des mondes inconnus. Le développement des réseaux permet de jouer des parties gigantesques, de plusieurs centaines d'heures, avec des millions de compagnons de jeu.

---

1. Chatfield T., Fun Inc., 2, Virgin Digital, 2009, p. 2.

Du divertissement au média à part entière et à l'avant-garde technologique

Historiquement, le jeu a été la première application par laquelle le grand public a compris que l'informatique ne consistait pas seulement en d'immenses machines consommatrices de cartes perforées, réservées aux chercheurs et ingénieurs. Stephen Russell, du MIT, est généralement crédité de l'invention du premier jeu électronique : *Spacewar !*, sur le processeur PDP-1 (1961). Dix ans plus tard, un autre étudiant du MIT (Nolan Brushell, avec Ted Dabney) conçoit le premier jeu vraiment grand public, sur console Atari : *Pong !* Cette interface très rudimentaire consistait à se renvoyer une balle avec deux raquettes : pourtant, elle a colonisé à une vitesse incroyable un grand nombre de foyers. Et par la suite, les cafés où régnaient en maîtres flippers et baby-foot se sont vus envahis par les bornes d'arcades, avec des jeux ayant marqué leur génération comme *Space Invaders* (1978) ou *Pac-Man* (1980)

L'invention de la console portable ou fixe dans les années 1980 par les fabricants japonais (Nintendo, Sega, Sony), rejoints par Microsoft, a boosté le marché du jeu électronique en lui donnant une nouvelle dimension. À partir d'un support et d'un format propriétaires, les industriels de jeu sont entrés en concurrence pour offrir des machines de plus en plus puissantes et des jeux de plus en plus complexes. Des milliards d'exemplaires ont été écoulés sur les différentes générations de console, dont la durée de vie est de 6 à 8 ans. La septième génération voit l'affrontement de trois concurrents majeurs (Wii de Nintendo, Xbox 360 de Microsoft et Play Station III de Sony). En 2010, 136 millions d'exemplaires de ces modèles en milieu de vie ont déjà été vendus (*source* : AFIJ). La plus forte croissance est aujourd'hui observée pour le « *cloud gaming* » (jeu dans les nuages), praticable sur n'importe quel support numérique connecté en ligne (tablette, téléviseur, ordinateur), qui devrait représenter en 2012 un marché de 400 millions d'euros[1].

---

1. *Source* : « AFIJ, Jeu vidéo à la demande, Quel marché pour quels acteurs ? », article en ligne, 2011.

Les jeux vidéo ne sont donc pas un passe-temps occasionnel et une activité somme toute périphérique, comme beaucoup se les représentent encore. Ils sont devenus un média à part entière, une forme intégrée de loisir, d'expression et de communication. Contrairement aux anciens jeux de cartes, de dés ou de pions, qui permettent d'inventer des variantes, et aux divers *casual games* numériques de type Tetris ou Sudoku, qui offrent un simple passe-temps, les jeux de console comme les jeux en ligne multi-joueurs et les univers virtuels sont conçus autour d'un monde à part entière, un environnement où l'on s'immerge. Les possibilités offertes par le jeu en termes d'actions, de symboles ou de relations sont codifiées dans sa structure. Cela permet au cerveau de se concentrer très rapidement sur sa tâche.

Avec les consoles ultrapuissantes et souvent familiales, l'image du jeu vidéo a progressivement changé : à l'évidence, ce n'est plus seulement un divertissement pour adolescent mâle et rebelle, mais un phénomène de société, une industrie conquérante, un nouveau média. Par ailleurs, la console de jeu se situe désormais en bonne place pour réaliser le vieux rêve d'intégration de toutes les fonctions numériques au foyer : en raison de sa puissance et de sa convivialité, elle peut commander la chaîne hi-fi, la radio, la télévision, les applications domotiques et servir de terminal Internet.

Le jeu est ainsi le domaine où s'inventent les usages de demain, comme par exemple le dépassement des interfaces rudimentaires n'ayant guère évolué depuis des décennies, comme le clavier ou la souris. Identification de l'usager, décryptage de ses intentions et de ses émotions, échanges complexes par tous les moyens de communication verbaux et non verbaux… ces progrès sont souvent réalisés et démocratisés dans le cadre des jeux. Depuis longtemps, l'évolution de la puissance même des machines grand public (mémoire vive, horloge, carte graphique, son, lecteur DVD) est en partie guidée par l'impératif de leur utilisation ludique. La plupart des applications bureautiques n'ont que faire d'une telle gabegie : mais un joueur ralenti à un moment crucial de son jeu ne pardonnera jamais la faiblesse de son matériel !

> ## De la Wii à Kinect :
> ## le jeu à l'avant-garde des nouvelles interfaces
>
> Lancée en 2006 par Nintendo, la Wii a ouvert la voie à une nouvelle génération de console. Moins puissante et moins chère que ses concurrentes, son innovation révolutionnaire réside dans une télécommande sans fil et intelligente, dotée d'un accéléromètre qui détermine la position et les mouvements du joueur. La manette et le joystick ont pris un coup de vieux du jour au lendemain.
>
> Au salon E3 2009 de Los Angeles, Microsoft avait dévoilé son projet Nata, rebaptisé Kinect et dont dix millions d'exemplaires ont déjà été écoulés au printemps 2011. Le cinéaste Steven Spielberg y voit un « tournant décisif par lequel nous irons bien au-delà des jeux vidéo ». Il s'agit d'un périphérique connecté sur la console Xbox 360, permettant un interfaçage naturel avec l'utilisateur. Grâce à des senseurs et un traitement logiciel approprié, Kinect reconnaît les voix, les gestes, les postures ainsi qu'un certain nombre d'objets et d'images. De manière intéressante, le procédé imaginé par Microsoft a été rapidement détourné et approprié quand il est arrivé sur le Web 2.0, certains informaticiens craquant les codes pour proposer des usages ludiques que les concepteurs n'avaient pas imaginés. On voit que devenir maître des innovations, et non simplement esclaves de leurs stratégies de commercialisation, est une tendance solidement implémentée dans la ludosphère.

Un modèle économique, sociétal et artistique diversifié

Par rapport aux autres industries du divertissement, le jeu vidéo possède plusieurs avantages économiques. Il est présent sur tous les supports : téléphone, consoles, arcades, ordinateurs, baladeurs. Dès qu'un nouveau terminal numérique apparaît, le jeu est le premier marché de ses applications. Dans la première année d'existence de l'iPhone et de son App Store (2008-2009), les jeux (18 %) et les divertissements (14 %) ont par exemple représenté les deux premiers postes de téléchargement, chiffres auxquels il faut ajouter les 6 % de jeux sérieux de la rubrique éducation[1].

Le jeu électronique a bien sûr l'avantage de conquérir de très jeunes publics, même si nous verrons que la moyenne d'âge des joueurs n'est pas celle que l'on croit. L'analyse du Pew Center sur les pratiques des adolescents américains montre que 94 % des jeunes filles et 99 % des

---

1. *Source* : Chatfield, *op. cit.*, p. 213.

jeunes garçons pratiquent au moins un jeu électronique. Fait notable : ils sont 76 % à jouer avec des amis, en direct ou en ligne, ce qui montre le caractère social du jeu. Une forte proportion de ces joueurs adolescents deviendra des joueurs adultes. On observe des données similaires – voire supérieures encore – en Asie, notamment au Japon et en Corée où le jeu vidéo est un élément central de la culture nationale.

Du côté des consoles, la complexité des jeux rend particulièrement difficile leur piratage (pour les jeux en ligne, le problème ne se pose pas). Leur rentabilité est d'ailleurs ultrarapide en cas de succès : *Grand Theft Auto-IV*, la plus grosse vente de tous les temps en console, a coûté environ 100 millions de dollars en développement ; les ventes ont représenté 500 millions de dollars la première semaine, dont 310 millions… le premier jour ! Et en 2008, la firme japonaise Nintendo a été classée au-dessus de Google en rentabilité par employé.

Produits dérivés : l'exemple de Guitar Hero

Comme nous le verrons dans les chapitres *propriété* et *gratuité*, les producteurs de contenu ont du mal à repenser leurs modèles économiques. L'exemple du jeu *Guitar Hero* peut donner des idées. Cette série lancée en 2005 et ayant connu une dizaine d'éditions depuis est un jeu de rythme où l'adolescent (voire l'adulte) accompagne des morceaux de son choix à la guitare. C'est un succès énorme, près de 15 millions d'unités vendues, plus d'un milliard de dollars de chiffre d'affaires. Mais surtout, *Guitar Hero* a entraîné un marché secondaire du téléchargement de morceaux de musique (plus de 50 millions de chansons). Le jeu est un média ouvert aux autres médias, il peut facilement servir d'incitation à la consommation de produits annexes.

Les grosses productions sur console représentent bien sûr des risques importants en cas d'échec. Mais là comme ailleurs, les ventes numériques ont simplifié la chaîne de distribution. Et la diversification est la règle : à côté des « jeux de fond » (*core games*), coûteux à la production et à l'achat, représentant des dizaines ou des centaines d'heures d'expérience ludique, le marché des « jeux de détente » (*casual games*), bien plus légers, continue de se développer à grande vitesse. Avec 100 millions de ventes payantes entre 2005 et 2010, le record des jeux sur mobile est détenu par l'inaltérable… *Tetris*, développé par Alexei Pajitnov en 1984 !

Le jeu épouse ainsi avec une étonnante fluidité toutes les évolutions du monde numérique. Le boom des réseaux sociaux (MySpace,

Facebook, Bebo) a par exemple vu l'ascension fulgurante de la société spécialisée Playfish, qui possède un million de fans sur son groupe Facebook. Son jeu *Pet Society* est régulièrement au palmarès des applications du réseau social, avec près de 3 millions d'utilisateurs quotidiens et 11 millions d'utilisateurs mensuels actifs (WebCite). On peut aussi citer les jeux de la société Zinga avec *Farmville* et son derner carton *CityVille*, dérivé de *SimCity* en jeu social qui a atteint 98 millions d'utilisateurs mensuels dès sa version bêta ! Le cas n'est pas isolé puisque sur les cinq applications les plus populaires, quatre sont des jeux sociaux.

Le jeu sera-t-il le cinéma de demain ?

Le jeu *Heavy Rain* (2010), dont la réalisation a été dirigée par David Cage, a demandé un an d'écriture du scénario, quatre ans de développement, quatre-vingts acteurs et cascadeurs, deux cents développeurs, deux mille pages de script... À l'évidence, le jeu ainsi conçu se rapproche de l'art en général et du cinéma en particulier. Steven Spielberg a déjà dirigé *Boom Blox* (2008), et des jeux comme *Ico* (2001) de Fumito Ueda ont déjà marqué les esprits comme de véritables créations artistiques, porteuses d'un univers onirique.

David Cage observe : « D'habitude le jeu vidéo se résume à une logique de challenge, de performance, ici l'important c'est l'émotion. Nous souhaitons offrir un impact émotionnel digne d'un film, déclencher des émotions complexes comme l'empathie, la tristesse, le sourire... Créer une sorte de voyage émotionnel. D'un point de vue strictement artistique, l'interactivité est une plateforme extraordinaire pour créer toutes les émotions humaines. Au-delà de la simple représentation, il permet une profonde immersion du joueur dans un univers et une histoire, lui permet de changer ce qui s'y passe, et ce faisant, fait du joueur un acteur de l'expérience. L'interactivité est le seul média permettant au joueur de participer activement au spectacle et de le modifier en temps réel » (entretien CCM).

Le réalisateur français Mathieu Kassovitz s'apprête quant à lui à franchir le pas et observe : « Le cinéma se meurt et le relief tente de le sauver. Je pense que le jeu vidéo est le renouveau du cinéma, que l'avenir du cinéma passe par les consoles avec un cinéma devenu interactif. » *Avatar* de James Cameron (2009), un *planet opera*, s'est révélé le plus grand succès de toute l'histoire du cinéma en étant le premier film à atteindre les 2 milliards de dollars après quelques semaines d'exploitation. En utilisant massivement le numérique et la 3D, *Avatar* brouille déjà la frontière entre l'univers esthétique du jeu et celui du cinéma traditionnel, habituant les spectateurs à leur possible fusion à venir. Dans un futur proche, il sera possible de devenir soi-même l'acteur d'un film aux scénarios multiples...

Le jeu victime des idées reçues

Les jeux vidéo étant d'émergence assez récente, ils ont représenté un fossé générationnel. Voici peu encore, bien des parents n'avaient strictement aucune idée de ce que leurs enfants faisaient quand ils passaient des heures devant leurs écrans. De même, les décideurs et les relais d'opinion parlaient d'un phénomène qu'ils n'avaient que rarement éprouvé eux-mêmes. Mais les choses sont en train de changer, puisque les premiers joueurs sont désormais trentenaires ou quadragénaires.

L'esprit humain étant méfiant vis-à-vis des changements trop rapides, toute nouveauté a inévitablement mauvaise réputation chez certains. Les jeux vidéo n'ont pas échappé à la règle, d'autant qu'ils séduisent d'abord les jeunes. Mais les faits contredisent aujourd'hui massivement les nombreuses craintes qui ont été exprimées.

Aujourd'hui encore, on se représente le joueur type comme un adolescent mâle. En réalité, les Centers for Disease Control (CDC) américains ont mené une enquête publiée dans l'*American Journal of Preventive Medicine* et montré que l'âge moyen du joueur vidéo se situe désormais autour de 35 ans. Ce chiffre corrobore les données des constructeurs de consoles, des réseaux sociaux ou des associations de joueurs. Il s'agit d'un âge *moyen*, ce qui signifie que le jeu vidéo concerne aussi bien des seniors désormais. Quant au sexe, il est bien loin d'être quasi exclusivement masculin : selon la plus puissante association de jeu vidéo (Entertainment Software Association of America), 40 % des joueurs en 2009 sont des joueuses !

Notre jeune ado bourré d'hormones est donc un mythe que les statistiques ne corroborent plus. Il en va de même pour la violence : les jeux les plus populaires seraient des *shoot-them-all* pour arriérés mentaux consistant à massacrer ses voisins dans un bain d'hémoglobine. Mais parmi les vingt jeux électroniques de console les plus populaires de tous les temps, on n'en trouve qu'un seul mettant en scène la violence dans le monde réel (l'inévitable *Grand Theft Auto* – GTA), le top étant occupé par des jeux tout à fait paisibles et familiaux : Wii Play, Nintendogs, Pokemon[1]. Quant

---

1. *Source* : Chatfield, *op. cit.*, p. 82-83.

à GTA, dont la violence est indéniable, il n'aurait certainement pas eu le succès planétaire que l'on sait s'il se réduisait à des successions ennuyeuses de massacres, courses-poursuites, agressions et scènes sexuelles : ses *aficionados* soulignent aussi bien la qualité des scénarios et des graphismes, les références discrètes à tout un imaginaire issu des thrillers et la culture cyberpunk.

Avec la montée en puissance du *casual gaming*, des jeux massivement multi-joueurs en ligne comme *World of Warcraft*, la pure violence des jeux est donc aujourd'hui très minoritaire. Il n'est par ailleurs nullement démontré qu'un jeu violent implique un comportement violent. Aucune étude n'est parvenue à séparer l'hypothèse de la désensibilisation (on s'habitue à la violence et on passe plus facilement à l'acte dans le monde réel) et l'hypothèse de la catharsis (on se défoule dans le monde virtuel et on devient plus paisible dans la rue). Le plus récent passage en revue scientifique de toutes les études publiées à ce jour sur le rapport entre la violence des images sur écran et celle des individus dans la vie livre une conclusion simple : « L'analyse actuelle ne soutient pas la conclusion que la violence d'un média conduit à un comportement agressif[1]. » Une simple observation l'indique : la consommation des jeux (dont inévitablement des jeux violents) a augmenté de plusieurs milliers de pour-cent entre 1970 et 2010 : il n'en va fort heureusement pas de même pour les statistiques de meurtres et d'agressions physiques, qui ont même baissé dans des sociétés réputées joueuses et violentes comme les États-Unis.

Une autre idée reçue concerne la menace que feraient peser les jeux sur la socialisation des individus : immergés dans un univers virtuel, ils seraient quasiment en voie de devenir des asociaux, sinon des autistes. Mais c'est le contraire qui se vérifie depuis les origines du jeu : le comportement ludique est la première voie de socialisation ! En 2010, 24 % des internautes pratiquent ainsi des jeux sociaux (Enquête PopCap, 2010) et la montée en puissance des jeux multi-joueurs indique combien les individus recherchent des interactions. Nous avons vu que les trois-quarts des ados préfè-

---

1. Ferguson C.J. et Killburn J., « The public health risks of media violence : a meta-analytic review », *J. Pediatr.*, 2009, (5), p. 759-763.

rent jouer avec des amis plutôt que seuls (Pew Center, 2008). Même dans un jeu solitaire, le joueur n'est presque jamais isolé : il échange sur des sites et des revues spécialisées, ou lors de rencontres *in real life*, avec ceux qui partagent sa passion. Il se peut donc que le comportement de jeu permette de révéler qu'un individu souffre antérieurement d'anxiété sociale, d'agoraphobie ou de personnalité antisociale, mais aucune étude médicale ne révèle de lien de cause à effet. Le jeu paraît plutôt comme un refuge dans ce cas, et il apporte souvent le soutien d'une communauté de joueurs.

Il en va de même pour l'addiction. Pour tous les jeux, à commencer par ceux d'argent et de casinos donnant lieu à des dérives bien connues menant à des interdictions, il existe une petite minorité de joueurs développant un comportement compulsif ou addictif. Une expertise collective de l'Inserm (2008) ayant passé en revue deux cents études de prévalence suggère que 1 % à 5 % des joueurs d'argent et de hasard souffrent d'un comportement se rapprochant de l'addiction, sans que l'on puisse établir de semblable proportion sur les jeux électroniques pour le moment. En fait, on sait aujourd'hui que tout comportement procurant du plaisir au système dopaminergique de récompense de notre cerveau peut provoquer des mécanismes rappelant ceux d'une addiction : les jeux vidéo ne diffèrent en rien de ce point de vue du shopping, du sport extrême, du travail intensif ou de toute autre activité devenant une passion un peu trop exclusive.

Quand le jeu développe la créativité des soldats...

La chose militaire est réputée une affaire sérieuse : l'armée est pourtant une des premières consommatrices de jeu. Selon Ray Perez, officier américain de l'Office of Naval Research en charge du programme des « jeux intelligents », des tests ont montré une amélioration de 20 % des capacités perceptives et cognitives de soldats ayant suivi un entraînement ludique par rapport à ceux ayant bénéficié d'un enseignement classique. Il ne s'agissait pas seulement de simulation des champs de bataille, mais de stimulations inventives et créatives pour contrer des stratégies adverses.

Psychologie du jeu : les leviers de la passion

Pourquoi le jeu possède-t-il une telle séduction sur notre esprit ?

Les jeux sont aussi vieux que les sociétés humaines. En fait, les biologistes ont montré que de nombreuses espèces non humaines connaissent déjà le jeu comme forme d'apprentissage des codes comportementaux indispensables à la survie, à l'échange avec les congénères et à l'exploration du monde. Quiconque a possédé des chiots ou des chatons sait ainsi que leurs premiers mois d'existence sont occupés par ce qui ressemble fort à des jeux observés dans nos cours de récréations.

La notion de plaisir ou d'amusement – le mot *fun* de la langue anglaise – est indissociable du jeu. Un jeu où l'on s'ennuie trop vite n'a aucun succès commercial et ne crée aucune tradition sociale : il est tout simplement abandonné au profit d'un jeu plus plaisant. Le paradoxe apparent du jeu est que nous trouvons du plaisir dans l'effort. Dans un jeu traditionnel comme dans un jeu électronique, nous répétons à de multiples reprises les mêmes actions, sans éprouver d'ennui, en améliorant peu à peu nos aptitudes. Sans le plaisir, cet apprentissage itératif serait impossible.

Les jeux électroniques offrent un avantage qui était inconcevable avec les jeux plus anciens : ils permettent d'enregistrer en temps réel les comportements, les attitudes, les réactions de chaque joueur. Ces milliards de données offrent bien sûr des opportunités économiques pour améliorer les jeux en pointant leurs forces et faiblesses. Mais elles permettent aussi aux chercheurs de progresser de manière rapide dans la compréhension de nos états d'esprit face au jeu.

Le psychologue américain d'origine hongroise Mihaly Csikszentmihalyi est spécialiste de la créativité et du plaisir. Dans les années 1970, il a observé et théorisé le concept de *flow* : un état maximal de concentration et de plaisir quand une personne est pleinement immergée dans son activité. Les caractéristiques du flow se retrouvent dans le jeu : objectifs précis, déconnexion provisoire de l'environnement, équilibre entre buts et capacités, concentration sélective, rétroaction immédiate de la réussite, plaisir issu de la sensation de progression et de maîtrise[1].

---

1. Csikszentmihalyi M., *Vivre : la psychologie du bonheur*, Paris, R. Laffont, 2004.

Richard Bartle, créateur des premiers MUD et désormais chercheur mondialement reconnu sur les jeux vidéo, a suggéré que les motivations des joueurs peuvent se représenter dans quatre schémas de personnalité : le tueur (compétitivité), le performeur (réussite), l'exploreur (curiosité) et le socialiseur (coopération). Bien sûr, nous possédons à des degrés variables chacune de ces motivations : six cent mille personnes se sont déjà livrées au test psychologique du joueur, permettant à chacun de définir les traits dominants de sa personnalité (GameDNA).

Plusieurs autres modèles du jeu ont été proposés. Nick Yee (Palo Alto Research Center, Californie) a travaillé sur plus de quarante mille joueurs dans le cadre du projet Daedalus : l'immersion, la socialisation et la réussite ressortent comme les trois principaux moteurs des participants. Nicole Lazzaro (XEODesign) a identifié pour sa part quatre axes de l'engagement dans le jeu : expérience intérieure, expérience sociale, défi et stratégie, immersion et divertissement.

Ces différents travaux convergent pour expliquer l'extraordinaire succès des jeux dans l'histoire humaine. En fait, le jeu lorsqu'il est bien conçu semble la seule activité qui parvienne à concilier facilement des tendances considérées comme antagonistes dans la plupart des nos autres activités :

- compétition et coopération ;
- concentration et détente ;
- combativité et partage ;
- répétition et motivation ;
- apprentissage et plaisir ;
- isolement et ouverture.

Ces qualités très particulières expliquent que le jeu à l'âge électronique sera de moins en moins cantonné dans la seule sphère ludique.

APRÈS *WORLD OF WARCRAFT* ET *SECOND LIFE* : LES MONDES SOCIAUX-VIRTUELS À VENIR

Si les consoles ont dominé le marché du jeu vidéo dans les années 1980 et 1990, celui-ci n'a jamais abandonné son lieu de naissance : l'ordinateur. Grâce à l'Internet, les années 2000 à 2010 se présentent comme un retour en force du jeu sur ordinateur : en termes d'heures passées à jouer, le réseau est d'ores et déjà la première arène mondiale du jeu. En 2010, le nombre d'heures passées à jouer en ligne chaque semaine est de huit heures, une progression de 10 % par rapport à l'année précédente ; 54 % des joueurs sur tous supports utilisent Internet et 20 % de l'ensemble des jeux sont téléchargés (*source* : NPD). Deux phénomènes ont illustré cette nouvelle configuration ludique au cours de la décennie 2000 : *Word of Warcraft* (WoW) pour les jeux en ligne massivement multi-joueurs et *Second Life* pour les univers virtuels.

Le premier monde réellement virtuel et multi-joueurs a été conçu par Roy Trubshaw et Richard Bartle entre 1978 et 1980 : *Multi-User Dungeon* (MUD) qui allait donner lieu à un genre à part entière, inspiré de la littérature fantastique. Mais c'est *World of Warcraft* qui allait, quinze ans plus tard, donner sa réputation aux jeux en ligne multi-joueurs. Lancé en 1994 dans sa première version de jeu de stratégie en temps réel, WoW compte aujourd'hui près de 12 millions de joueurs inscrits à travers le monde. Il met en scène un monde imaginaire de type médiéval-fantastique (Azeroth), où le joueur se choisit un personnage parmi la dizaine de races disponibles, opposées en deux factions. Outre sa race, le joueur doit choisir une classe et développer des compétences dans plusieurs métiers. D'innombrables quêtes et défis commencent alors.

WoW n'est pas isolé : il existe des dizaines d'autres jeux en ligne multi-joueurs (*EverQuest* venant en second), dont le chiffre d'affaires global, dans les seules sociétés occidentales était estimé à 1,4 milliard de dollars au début 2009 (*source* : Harding-Rolls, 2009, pdf). Et dans les marchés non occidentaux, le phénomène est parfois plus marqué encore : en Corée du Sud, la participation à des concours de jeux électroniques individuels ou collectifs est l'équivalent de notre télé-réalité en termes de ferveur populaire et de notoriété pour les meilleurs.

Une des caractéristiques de WoW est la possibilité de rejoindre des groupes (clans, guildes) ce qui produit énormément d'échanges entre les joueurs pour coordonner les stratégies d'attaque ou de défense. Dans la très sérieuse *Harvard Business Review*, revue de référence dans le monde des affaires, trois spécialistes en management ont été jusqu'à souligner qu'atteindre le niveau 70 (le plus élevé) dans une guilde de WoW était probablement un meilleur gage de leadership que de posséder un MBA !

> **Le sang contaminé Hakkar : quand la réalité virtuelle de WoW fait progresser la connaissance scientifique**
>
> En 2005 survint un épisode célèbre sur WoW. Les concepteurs ont introduit une nouvelle figure, Kakkar l'écorcheur d'âmes, ayant la capacité de frapper les joueurs d'une arme appelée « sang vicié ». Mais les combattants ne perdaient pas immédiatement la vie. Certains d'entre eux (rares) qui avaient atteint le monde d'Hakkar sont ainsi revenus dans les autres niveaux du jeu, porteurs du terrible germe. Et ils ont été à l'origine d'une gigantesque épidémie dans tout *Word of Warcraft* !
>
> Mais l'histoire ne s'arrête pas là. À partir de 2007, plusieurs chercheurs spécialisés en épidémiologie ou en contre-terrorisme ont noté que l'incident Hakkar présentait des similitudes étonnantes avec des phénomènes catastrophiques de la vie réelle. Ils ont analysé dans des revues tout à fait scientifiques les mécanismes de progression de la contamination ainsi que de désorganisation qui s'ensuivirent.
>
> La réalité virtuelle et la réalité augmentée intéressent de longue date plusieurs domaines de la recherche. Mais elles ne permettaient pas de reproduire des phénomènes complexes et systémiques. Il semble que les jeux en ligne multi-joueurs constituent désormais un laboratoire de choix en santé publique ainsi qu'en sciences humaines et sociales.

Second Life appartient pour sa part à un autre monde, celui des univers virtuels ou métavers. Il ne s'agit pas d'une plateforme de jeu au départ, mais d'un programme *open source*, lancé par Linden Lab en 2003, simulant un monde réel avec ses métiers, ses bâtiments, ses échanges, etc. Le programme a été lancé sur le net en 2003, et au début 2010, 18 millions de comptes étaient officiellement enregistrés. Là encore, un phénomène de masse, même si le rythme semble s'essouffler.

Après sept ans d'expérience, la dimension la plus étonnante de *Second Life* est le mélange de jeu et de sérieux. Bien que les membres de ce métavers soient libres de développer les objectifs de leur choix, on observe qu'ils reproduisent finalement un monde très semblable au nôtre. Après avoir été très populaire dans les années 2006 à 2008, *Second Life* est en nette perte de vitesse. Probablement en raison de son positionnement hésitant entre un jeu grand public et une plateforme d'intermédiation pour les entreprises. Mais d'autres métavers sont en gestation ou développement (voir le site spécialisé *The Metavers Journal*, http://www.metaversejournal.com). Des acteurs publics, notamment l'administration américaine (initiative vGov), soutiennent fortement de nouveaux projets. Nul ne peut prédire... Des entreprises (Crédit Agricole, Caisse d'Épargne, Lacoste, L'Oréal, Orange, etc.) ont ouvert des bureaux, des pays (Suède) ont des ambassades ou des collectivités territoriales (Seine-Saint-Denis) des représentations. De prestigieuses universités comme Harvard et Stanford n'ont pas hésité à développer des îles consacrées à l'enseignement à distance, l'analyse *in situ* des nouveaux médias ou la formation pour l'entreprise.

Second Life est en nette perte de vitesse en ce début des années 2010, mais d'autres métavers sont déjà en gestation ou en développement (voir le site spécialisé « The Metaverse Journal » http://www.metaversejournal.com/). Nul ne peut prédire celui qui va grandir dans les années à venir jusqu'à atteindre une masse critique où il deviendra un phénomène planétaire.

Cloud Gaming

À l'âge de la fibre optique, qui va accélérer les transmissions à la vitesse de la lumière, l'avenir pourrait être au *cloud gaming* : loin des ordinateurs et consoles à la puissance toujours démultipliée, les joueurs s'abonneront et des serveurs distants seront en charge des interfaces. Ce jeu à la demande sera dématérialisé, et il pourra être massivement social (voir aussi page 46 : de la Wii à Kinect).

On observe donc que cette nouvelle génération de jeux sociaux et virtuels ne se limite pas au divertissement : elle forme aussi un outil tout à fait inédit de partage de la connaissance et de l'expérience. Ainsi qu'un univers parallèle où l'on peut se rendre maître d'un territoire symbolique conçu en pixels.

Jeux sérieux : apprendre en jouant (et en partageant)

« Maturité de l'homme : retrouver le sérieux qu'il mettait au jeu, étant enfant. » Cette fine observation du philosophe Nietzsche rappelle à bon escient une évidence. Dans l'esprit de beaucoup de gens, il existe une séparation étanche entre le monde du jeu et celui du travail. Le premier renvoie au plaisir, voire au défoulement, le second à la nécessité, voire à l'obligation. Dès l'enfance, le temps de l'école s'oppose à celui de la récréation. Et pourtant, il suffit d'observer le comportement d'un joueur pour comprendre que cette division binaire n'est pas très solide du point de vue psychologique et comportemental (voir ci-dessus). Nous consacrons au contraire beaucoup d'énergie, de temps, de concentration et finalement de sérieux dans nos jeux. Nous y recherchons la performance, le dépassement, la compétition, la coopération, l'émulation, l'apprentissage, le partage, l'expression de soi... autant de choses que l'on retrouve dans le monde du travail ! Par ailleurs, des développements récents comme WoW et *Second Life* montrent que la sphère ludique s'interpénètre peu à peu avec les sphères économique, sociale, managériale, éducative, culturelle...

L'éducation, dont nous avons parlé au précédent chapitre, est loin d'être le seul domaine concerné par les jeux sérieux. En fait, tous les domaines de notre existence adulte pourraient bien être bouleversés par la fusion entre l'expérience ludique et le progrès cognitif, au sein d'une « économie du savoir ludique ».

Cet état d'esprit révolutionnaire s'inscrit dans la suite logique de la culture de l'Internet : le réseau en lui-même (les tuyaux) est « idiot », chaque utilisateur placé à un bout de ce réseau y apporte sa contribution, et c'est la rencontre de ces milliards de flux d'information qui fait émerger des créations et des solutions nouvelles : la générativité, décrite par exemple par Jonathan L. Zittrain dans son livre *The Generative Internet* (la générativité ne vient pas du haut, avec une solution clé en main d'un expert isolé, mais du bas, avec un *work in progress* inspiré des connaissances et des expériences de chacun). En vertu de ses étonnantes propriétés psychologiques, le jeu est l'outil idéal pour mobiliser les énergies intellectuelles en vue de résoudre des problèmes concrets et d'imaginer des réalités nouvelles.

La sortie en 2004 du logiciel *Brain Age* du docteur Kawashima, succès mondial vendu à 17 millions d'exemplaires, a marqué le véritable coup d'envoi des « jeux sérieux » à visée pédagogique ou cognitive. Ces jeux sérieux concernant ainsi potentiellement toutes les grandes problématiques du monde contemporain et tous les enjeux concrets qu'une collectivité (association, entreprise, ville, pays, ONG...) doit affronter. Dès 2005, le programme alimentaire mondial de l'ONU a par exemple produit le jeu *Food Force* dont l'objectif est de sensibiliser les populations aux problèmes humanitaires et sanitaires liés à la faim. Le groupe international Games for Health rassemble de son côté des spécialistes de diverses disciplines scientifiques et médicales ainsi que des développeurs de jeux. C'est ainsi qu'a été conçu l'étonnant *Fold-It*, qui propose aux joueurs… de devenir éventuellement prix Nobel ! Il s'agit, à travers un environnement scientifiquement réaliste mais accessible, de parvenir à comprendre tous les moyens par lesquels les protéines se déploient en trois dimensions et se lient entre elles. Chaque joueur ou groupe de joueurs peut tester des solutions. De telles découvertes sont indispensables à la physiologie moléculaire et à la mise au point de traitements contre d'innombrables pathologies.

Comme nous l'avons signalé précédemment, les militaires ont très vite compris l'intérêt des jeux pour simuler des situations de combat ou pour permettre des apprentissages d'armements sophistiqués. Aux États-Unis, dans le cadre de son recrutement, le ministère de la Défense a développé depuis 2002 un jeu à version successive (nous en sommes à la 2.8), très sophistiqué et multi-joueurs, appelé *America's Army*. Basé sur des simulations hyper-réalistes, il donne lieu à des championnats internationaux de haut niveau. Le code du jeu a été conçu selon des situations réelles de conflit. D'autres jeux, qui ceux-là sont évidemment secrets, sont désormais utilisés en routine pour l'entraînement des troupes.

En 2010, le ministère de l'Économie a soutenu en France le développement d'une quarantaine de jeux sérieux, dans le volet numérique de son plan de relance. La diversité des thèmes indique combien ces jeux vont se répandre dans la société, la santé et l'économie : formation virtuelle à la conduite de bus en milieu urbain dense ; plateforme pour neuropsychologues et orthophonistes de simulation cognitives et linguistiques ; formation des AVS pour les personnes âgées ; gestion de crise dans l'univers de la défense maritime ; conseil sur l'orientation professionnelle ; formation à la prise en charge relationnelle des patients ; à la gestion des tensions ou diversités culturelles ;conduite du changement dans les entreprises industrielles ; ralentissement du développement de pathologies neurologiques ; études marketing en ligne et évaluation des données de qualité ; simulation des problèmes de sécurité et d'environnement…

Jane McGonigal est chercheuse et conceptrice de jeux. Elle a consacré des réflexions aux liens entre l'esthétique immersive et le jeu collectif. Trois étapes permettent de mobiliser pleinement l'intelligence d'une équipe pour résoudre un problème présenté sous la forme d'un jeu :

 rassembler le plus grand nombre de participants (dans l'école, l'entreprise, la société…), afin de créer une « ruche cognitive » ;

 permettre la coopération et la création de sens (quand toutes les données sont réunies mais qu'il faut imaginer les solutions par sélection des meilleures hypothèses) ;

 laisser le jeu inachevé, contrairement aux *core games* programmés du début à la fin. Ce dernier point est important : quand les joueurs ont progressé grâce à l'immersion et l'apprentissage partagés dans une problématique de jeux sérieux, ils ont fait apparaître de nouveaux paramètres totalement imprévus et le jeu doit permettre de les intégrer pour poursuivre la réflexion.

Word without Oil (WWO) a été conçu selon ces principes. Il se fonde sur une problématique très sérieuse : l'inévitable crise pétrolière qui surgira lorsque les ressources seront en voie d'épuisement et que le déséquilibre offre-demande provoquera une flambée des prix remettant en cause nos habitudes de vie et nos équilibres économiques. À partir d'une réalité alternative conçue autour de 1 500 sites (vidéos, blogs, etc.), les joueurs doivent construire un monde futur réaliste. Toutes les hypothèses qu'ils brassent ainsi rejoignent finalement les travaux très sérieux du GIEC, groupe d'experts sur le climat travaillant à limiter les émissions de CO_2. Mais ici, les experts sont des dizaines de milliers de personnes qui réfléchissent à partir de leurs savoirs personnels et de leurs observations locales, et qui confrontent la viabilité de leurs idées.

Amy Jo Kim a travaillé sur la coopération dans les jeux multijoueurs afin de réfléchir à leurs caractéristiques transférables à d'autres domaines, notamment l'entreprise. Elle a identifié cinq points clés dans l'architecture des communautés en ligne qui réussissent : *collecting, points, feedbacks, exchanges, customisation.*

 Collecting : l'usager doit pouvoir très vite collecter dans l'environnement virtuel les informations qui lui plaisent ou qui lui sont nécessaires. Plus c'est difficile, moins il entre dans la communauté et moins il est assidu ensuite.

▸ *Points* : l'usager apprécie la notation partout où cela est possible, non seulement parce qu'il veut donner son avis, mais parce que l'avis des autres l'aide à sa collecte.

▸ *Feedbacks* : l'usager cherche, au-delà des points, à recevoir et donner des commentaires, des aides, des conseils, des bonnes pratiques de la façon la plus fluide possible.

▸ *Exchanges* : quand l'usager trouve une chose qui lui plaît (un contenu, un commentaire), il aime l'échanger avec d'autres et cet échange doit donc être le plus intuitif et le plus facile possible.

▸ *Customization* : l'usager aime personnaliser son espace virtuel… et profiter de la personnalisation de celui des autres.

Le jeu sérieux peut ainsi devenir un « catalyseur de l'intelligence collective », comme l'observe le spécialiste français Rémi Sussan.

Culture dominante de la jeune génération, mais aussi des (moins jeunes) trentenaires ou quadragénaires, devenu massivement social et multisupport, le jeu électronique devient un média à part entière. Mais il est aussi un formidable outil de partage des connaissances, aussi bien adapté aux milieux professionnels. Et comme nous le verrons dans le prochain chapitre, ce monde du travail est en passe d'être bouleversé de fond en comble par la numérisation et l'automatisation.

CONCLUSION PROSPECTIVE

▸▸ En essor régulier depuis vingt ans, le secteur des jeux possède de nombreuses opportunités de croissance sur l'ensemble des supports du monde numérique : *casual games* sur les *smartphones* de nouvelle génération et les réseaux sociaux, *core games* et jeux émotionnels-artistiques proches du cinéma sur les consoles à interfaces augmentées, jeux multi-joueurs en ligne et univers virtuels sur Internet.

▸▸ En même temps qu'il s'est imposé comme un business planétaire, un média à part entière et un art en devenir, le modèle économique du jeu échappe largement aux menaces qui pèsent sur les autres producteurs de contenu (musique, imprimé, cinéma). Il peut donc former un paradigme pour repenser des activités numériques intégrées où les notions de plaisir, d'interactivité, d'émotion et de divertissement sont mêlées à la découverte, à la connaissance et à l'information.

▸▸ Avec les consoles nouvelles générations apparues au cours des années 2000 et au début des années 2010, les jeux ont ouvert la voie à de nouvelles interfaces : homme-machine et cerveau-ordinateur, accessibles pour le grand public. La console intelligente capable de décrypter les visages, les gestes, les émotions et les intentions des utilisateurs va connaître un essor rapide. De même, l'immersion au sein d'une réalité 3D virtuelle et augmentée forme dès aujourd'hui une nouvelle frontière pour des expériences inédites. Il en va de même pour la fusion de l'intelligence collective humaine et de l'intelligence artificielle des machines. Les applications seront innombrables dans la sphère ludique, mais aussi bien dans tous les domaines d'activité.

▸▸ Les jeux sérieux commencent à se développer ; ils devraient profiter des avancées rapides de la psychologie et des sciences cognitives, notamment acquises grâce à l'observation en temps réel des comportements individuels et collectifs des joueurs. Au cours des prochaines décennies, l'école, l'université, l'entreprise, l'hôpital, le laboratoire vont être le lieu d'expérimentations ludiques visant à optimiser les apprentissages et stimuler de nouvelles formes de créativités communautaires.

▸▸ La tradition judéo-chrétienne et l'ensemble des croyances issues du néolithique renvoyaient le travail à la souffrance, à la soumission et au désagrément. Cet imaginaire négatif est en train d'être sapé par l'évolution du réel : nous avons la possibilité entièrement nouvelle de créer de la valeur et de l'intelligence tout en jouant. On pourra à l'avenir passer plusieurs heures par jour à des jeux conçus pour relever des défis concrets en stimulant l'imagination, en mobilisant la créativité et en distribuant la recherche de solutions. Le jeu permet d'envisager une transition rapide de la « culture de l'effort » subi vers la « culture du plaisir partagé ». Le gai savoir pourrait bien dominer ce siècle !

Journal du milieu de siècle (en 2049…)

À propos de jeu, je dois participer tout à l'heure à la réunion du game-staff de notre société, Hedometrix. On conçoit des ludo-immersions pour nos clients, les dernières générations en réalité neuro-augmentée. Les résultats des premiers tests quali sur les niveaux d'entrée de Doom of the Last Kingdom n'ont pas été fameux : trop complexe, trop ésotérique, les gens n'adhèrent pas. Le taux de réponse dopaminergique observé dans le cerveau du groupe témoin est à peine au-dessus du score standard et le client veut que l'on revoie la copie de DLK. Je vais passer mon hiver sur les scénarios de reprogrammation. Il faut dire que depuis le succès de Zettrik, avec ses 170 millions d'abonnés, la barre est haut placée. Notre société est devenue l'une des plus cotées de ce côté-ci des Cités centrales associées, et à chaque fois on nous demande le miracle. Les gens s'amusent bien de l'autre côté des métavers, mais la somme de boulot pour y parvenir est impressionnante, même si plusieurs bots IA rédigent directement les codes standard. Cela dit je ne me plains pas, la conception des scénarios est plutôt stimulante. Mais quand Kev saura que les deux cent mille lignes de l'algorithme-cœur du prétest sont à pilonner, il ne va pas être de très bon poil. Avant de partir, je réveille mon hologramme clone pour gérer les flux du domicile et surveiller la fièvre de Lydia.

(À suivre à la fin du prochain chapitre…)

Chapitre 3

Comment devenir un artisan de la connaissance ?

Le nouvel esprit du travail

Depuis deux siècles, les économies développées progressent par « création destructrice » : les innovations scientifiques et technologiques guident la croissance, supprimant certaines activités et faisant émerger de nouvelles. Les productions primaire (agriculture) et secondaire (industrie d'extraction et transformation), largement automatisée, occupent de moins en moins de monde : ce gisement d'emploi concernait neuf personnes sur dix hier, une sur trois aujourd'hui, probablement une sur dix demain. Nous entrons dans une économie où des paramètres immatériels – méthode d'organisation, gestion d'information, innovation de process, création de contenus – assurent l'essentiel de la valeur ajoutée. Cette « économie du savoir » dessine une « société de l'esprit », où l'offre et la demande de connaissances prennent une place de plus en plus importante.

L'ère numérique ne modifie pas seulement les bassins d'emploi, mais aussi les manières de travailler. Les collaborateurs d'une entreprise sont connectés en permanence, la séparation entre la vie professionnelle et la vie personnelle devient floue, les désirs d'autonomie sont plus affirmés, les travaux sont de moins en moins routiniers. En management comme en ressources humaines, les générations numériques seront séduites et mobilisées par les entreprises évoluant au rythme du nouvel écosystème d'information, selon des modes d'organisation du travail plus souples, plus autonomes et plus gratifiants, où le partage des connaissances sera le fondement de la créativité et du dynamisme des entreprises. Chaque époque a ainsi ses entreprises phare qui illustrent son esprit dominant : Ford et le « fordisme » pour la première moitié du XXe siècle, Toyota et le « toyotisme » pour la seconde moitié. Notre siècle commence avec Google, qui n'a pas seulement révolutionné la recherche d'information et le marché publicitaire, mais aussi incarné une nouvelle manière de travailler.

L'économie de la connaissance est donc en train de métamorphoser nos emplois du temps, nos manières de travailler, nos modes de partage. La « génération Y » née avec le numérique va produire une « entreprise Y » très différente de ses ancêtres du XXe siècle.

▸▸ Économie du savoir : du muscle à l'esprit

▸▸ Entreprise et management : de Ford à Google… et au-delà

▸▸ Les métamorphoses du travail à l'âge numérique

Des économistes américains ont voulu un jour chiffrer les bénéfices économiques direct et indirect que l'humanité retire de la pollinisation des abeilles. Ils se sont apperçus que la somme représente trois cent cinquante fois le manque à gagner des seuls apiculteurs si les abeilles disparaissaient, et avec elles le transport du pollen. Cette anecdote, rapportée par Henri Verdier[1], illustre l'esprit de la civilisation numérique : la valeur ne vient pas de l'exploitation intensive et contrôlée d'une matière (ruche), mais plutôt de la circulation et de l'appropriation d'une méthode et de ses bénéfices (pollinisation).

L'innovation est le vrai moteur de la croissance économique : ce qui paraissait déjà évident à l'ère industrielle est devenu manifeste à l'ère informationnelle. Or, pour l'humanité et à l'échelle de l'histoire, c'est une mutation sans précédent. L'immense majorité de nos grands-parents, ou arrière-grands-parents (selon l'âge du lecteur !), travaillaient aux champs ou en usine : on exploitait leur force physique plus que leur énergie psychologique.

---

1. Verdier H., Fondation Telecom, « Cap Digital » in *TIC2025, les grandes mutations*, 2010, p. 132.

ÉCONOMIE DU SAVOIR : DU MUSCLE À L'ESPRIT

Depuis l'origine des sociétés humaines, le travail consiste à exploiter des ressources en vue de survivre et de croître. Mais la nature de ce travail s'est profondément modifiée au fil de l'histoire. Jusqu'à la révolution industrielle, plus de 90 % des populations humaines vivaient du travail physique de la terre. Vint ensuite, avec l'industrie, le travail physique de transformation de la matière en vue de produire des biens d'équipement et de consommation. Les ouvriers ont alors remplacé les paysans, qui représentent moins de 5 % de la population active aujourd'hui.

Mais l'industrie elle-même a commencé sa mutation peu après. Les progrès de l'automatisation et de la robotisation ont rendu de plus en plus inutile le travail physique humain, demandant en revanche des savoir-faire plus techniques pour maîtriser les outils. Le symbole de cette révolution – la machine à vapeur – était déjà de nature mécanique, et non humaine : le machinisme était le destin de l'industrialisme. La globalisation a par ailleurs délocalisé les centres de production industrielle dans les pays émergents où les coûts salariaux sont plus bas. Dans ces pays comme jadis en Occident, les paysans deviennent ouvriers.

Ce double gain de productivité et de compétitivité entraîne une disparition progressive des besoins de travail physique : les ouvriers, comme les paysans avant eux, sont de moins en moins nombreux dans les vieilles nations industrialisées de l'Occident. Et cette tendance finira par gagner les pays émergents eux-mêmes. On peut imaginer qu'à terme, 10 % ou 15 % de la population active seront suffisants pour assurer la production mondiale des biens primaires (agricoles) et secondaires (industriels) – et cela d'autant que la mutation technoscientifique de nos modes de production ne fait que commencer (voir le chapitre « Vers un monde hybride »).

Par ailleurs, le réchauffement climatique, la perte de la biodiversité, la pollution et l'ensemble des crises environnementales ont montré que l'humanité ne peut créer indéfiniment de la richesse en se fondant uniquement sur des biens matériels. Les énergies comme les matières premières n'étant pas toutes renouvelables, une croissance fondée exclusivement sur la surabondance « physique » – avoir trois voitures plutôt qu'une, trois téléviseurs plutôt que deux, etc. – risque de rencontrer rapidement les limites de sa progression exponentielle. Si les 9 milliards d'humains estimés en 2050 adoptaient par exemple le mode de vie actuel des Américains, la planète deviendrait invivable en très peu de temps. Le règne de la quantité montre ses limites : la prochaine révolution industrielle sera placée sous le signe de la qualité.

Du point de vue de la production comme de la consommation, la grande métamorphose du travail concerne donc le passage d'une économie fondée sur le muscle et la matière (travail physique de transformation) à une économie fondée sur l'esprit et l'information (travail intellectuel d'organisation et de création).

Le triomphe des valeurs numériques en Bourse

Le concept de *knowledge economy* a été popularisé voici quarante ans déjà (par exemple par Peter Drucker, dans *The Age of Disconinuity*, 1969). Mais il n'est une réalité que dans l'intervalle, avec l'informatisation de toutes les tâches de l'entreprise (de la *supply chain* à la relation client), l'automatisation de la production, le poids croissant des fonctions financières, l'émergence de la *net economy*, freinée par le krach de 2000-2001, repartie de plus belle depuis. Plus de la moitié (17 sur 30) des entreprises du Dow Jones Industrial Average, le plus vieux et le plus suivi des indices boursiers du monde, est désormais constituée de firmes travaillant dans le tertiaire (banque et assurance), l'informatique, le divertissement ou la recherche de pointe (pharmacie, défense, aéronautique). À la suite du triomphe de Google et d'Apple, et d'acteurs moins connus comme Demand Media ou Dangdang, plusieurs sociétés prévoient en 2011 de s'introduire en Bourse : Facebook, Linkedin, Groupon ou Skype, parmi les plus célèbres.

L'importance croissante du marketing, de la recherche et développement, de la logistique, des départements financiers ou juridiques depuis trois décennies témoignent d'une même réalité : la production physique d'un bien à bas coût ne représente plus un enjeu compétitif ni un facteur de différenciation. L'entreprise gagne sur la concurrence par tout ce qu'elle apporte en plus du bien, que ce soit des innovations, des valorisations symboliques (marque), des services aux clients, des personnalisations de plus en plus poussées. Or tous ces facteurs relèvent du travail intellectuel. Comme le soulignent Alain Fustec et Bernard Marois, le capital immatériel représente déjà les deux tiers des valeurs des entreprises cotées en Bourse : portefeuilles de clients, brevets, marques, systèmes d'information et de gestion, capital humain[1]… On a d'abord travaillé pour le produit (jusqu'aux années 1960, dominance de fonctions de production, d'ingénierie et de R&D), puis pour le client (jusqu'aux années 2000, dominance du marketing). On travaille désormais avec le client, ainsi qu'en s'ouvrant à toutes les parties prenantes de la production collaborative, en vue d'innover sur les produits ou leur usage.

Autre évolution notable : la croissance exceptionnelle des industries du divertissement, de la culture, de l'information et du jeu. Nous sommes là en plein cœur de la créativité de l'esprit. Le temps de travail hebdomadaire a été peu à peu raccourci dans les métiers les plus pénibles par une meilleure productivité en même temps que progressaient les loisirs. Presse, édition, télévision, musique, cinéma et jeu ont colonisé ce temps libre afin de répondre aux besoins de se former, de s'informer, de s'éduquer, de se divertir. Aujourd'hui, tous ces médias se retrouvent sur Internet qui devient le réseau global de la créativité humaine, distribuée à plus de 1,5 milliard d'individus, sans doute le double d'ici 2020. Logiquement, les entreprises chargées des « tuyaux » (opérateurs de télécommunication, constructeurs de mobiles, d'ordinateurs, de semi-conducteurs) bénéficient de la forte croissance des entreprises produisant des contenus.

Qu'on l'appelle « économie du savoir », « société de la connaissance » ou « capitalisme cognitif », la création de valeur au XXIe siècle est en train de changer de nature et le rythme de ce changement va s'accélérer avec celui de la numérisation :

- l'immatériel (ou informationnel) prime sur le matériel ;

- l'intelligence, la créativité, l'agilité sont des facteurs de succès compétitif ;

- la maîtrise des technologies d'information et de communication est une condition d'organisation de la production comme de la diffusion, et il en va de même des savoir-faire techniques et scientifiques dans des secteurs plus spécialisés (nanotechnologie, biotechnologie, écotechnologies…) ;

- la sobriété énergétique et le respect environnemental sont des garants d'une croissance durable et socialement acceptable ;

---

1. Fustec A. et Marois B., *Valoriser le capital immatériel de l'entreprise*, Éditions d'Organisation, 2006.

- le bien et le service valent par leur qualité, mais surtout par leur réponse aux attentes précises des consommateurs et des usagers, avec un degré croissant de personnalisation ;
- le « travailleur intellectuel » sera de plus en plus dominant car l'employabilité dépend de la capacité à donner une valeur ajoutée par l'intuition, l'innovation, l'imagination, l'empathie, et toutes sortes de qualités psychologiques.

Pour les économies industrialisées, comme l'observait Jacques Attali sur son blog, le temps est venu de « profiter de la mondialisation en se focalisant sur l'économie de la connaissance et sur l'ensemble des secteurs qui y concourent, de la maternelle aux laboratoires, des petites entreprises au numérique et aux biotechnologies ».

ORGANISATION DE L'ENTREPRISE ET MANAGEMENT : DE FORD À GOOGLE... ET AU-DELÀ

La société industrielle a été caractérisée par des modèles d'organisation du travail dans l'entreprise. Le plus ancien est le modèle fordiste-taylorien. Il est marqué parce que l'on peut appeler la « rationalisation contrôlée de masse ». « Rationalisation » car des bureaux d'études et des ingénieurs concevaient des processus rationnels de production. « Contrôlée » car l'entreprise était organisée de manière verticale ou pyramidale, avec une surveillance étroite des employés par l'encadrement. « De masse » car, dominée par un travail physique peu automatisé et peu qualifié, l'entreprise employait à la chaîne une main-d'œuvre abondante, qui avait une certaine sécurité de l'emploi mais très peu de perspectives de carrière. On passait sa vie dans la même usine, de l'embauche à la retraite.

Le modèle fordiste-taylorien a été assoupli dans une seconde étape, notamment grâce aux progrès de l'information et de l'automatisation au sein de l'entreprise. On a qualifié cette nouvelle phase de modèle « toyotiste » dans les années 1970 et 1980. L'accent était mis sur le flux tendu et le juste-à-temps (par les systèmes d'information de *supply chain*), l'autonomie des équipes en vue d'une amélioration continue à la base, les cercles de qualité afin d'ajouter à la dimension purement quantitative du précédent modèle des soucis de progression régulière dans la conception du produit comme dans les conditions de travail.

Ford et Toyota sont des constructeurs de voitures, symboles de la précédente révolution industrielle sur le déclin. Le modèle des années 2000 et 2010 s'inspirent plutôt de l'informatique et de l'Internet triomphant, particulièrement du champion de cette « nouvelle économie » : Google. Jeff Jarvis vante sa « méthode », Bernard Girard applaudit sa « révolution du management », David A. Vise et Mark Malseed applaudissent son « triomphe ».

À travers le succès exceptionnel de la firme de Mountain View, c'est une certaine organisation du travail qui est en train d'émerger et qui va s'imposer comme un standard. Quels en sont les traits dominants ?

- **Des étapes courtes, des objectifs précis.** Google parvient à développer des centaines de projets différents car il fixe des délais très courts pour les étapes intermédiaires (généralement six semaines), avec des objectifs quantifiés de progression pour les équipes. Cela évite l'ennui, la routine et la démotivation quand les perspectives sont trop lointaines.

Réunionite : une maladie en voie de disparition

La réunion est typiquement le rassemblement imposé de collaborateurs où il est fréquent de perdre du temps pour une information pas toujours utile. Courtney Hole, président de *MySpace Music*, demande désormais à ses collaborateurs de rester debout : plus pressés, ils vont à l'essentiel ! La société Behance n'envisage pas cette extrémité comme le meilleur remède à la réunionite. Elle mesure le nombre de points abordés dans la discussion ayant un effet réel pour les collaborateurs : tous les autres auraient pu et dû être traités par courrier électronique. Les entreprises adoptant cette solution économisent rapidement un temps précieux, sans parler de la nécessité de concentrer son attention sur les points essentiels au lieu de les noyer dans le « bruit » d'une discussion informelle et inorganisée.

- **Des équipes petites, connectées et autonomes.** En moyenne dans les entreprises, on trouve un cadre pour 7,5 employés ou ouvriers. Chez Google, la proportion se situe à un responsable pour vingt à quarante personnes selon les projets. Ses fondateurs ont observé les effets pervers des bureaucraties qui, même dans les entreprises privées, perdent un temps et une énergie considérables à gérer la « technostructure » (Galbraith). D'où la hiérarchie de l'encadrement : beaucoup de gens travaillent à surveiller le travail des autres et régler les inévitables conflits humains. La priorité de Google, comme de la plupart des sociétés émergentes dans la nouvelle économie de l'esprit, a été donnée à la souplesse, la réactivité et l'agilité. Les équipes opérationnelles sont réduites à quelques dizaines d'individus autour d'un projet, ce qui permet une coordination efficace.

▶ **Équipement TIC... bien sûr.** Il va sans dire que les employés de Google, et la société elle-même, sont en permanence connectés par des outils d'information, de communication et de coopération : visioconférence, messagerie directe, wiki et forum, édition partagée et distribuée, *workflow* automatisé. Cette infrastructure informationnelle permet la fluidité et la permanence des échanges, l'identification rapide des problèmes et la mise au point tout aussi rapide des solutions, la circulation des idées innovantes ou des propositions originales. Comme l'observe Bruno Carrias, directeur des affaires sociales chez Capgemini, à propos des réseaux internes des entreprises : « Avec des modes participatifs et contributifs bien plus ouverts, agréables et spontanés, ces communautés d'intérêt et d'engagement renforcent le lien social et le sentiment d'appartenance, confortent le plaisir d'entreprendre, redonnent du sens au projet collectif, développent le goût de l'échange, du partage et de la solidarité[1]. »

Vendeurs connectés

Aux États-Unis, les magasins Best Buy sont des détaillants de produits électroniques et hi-tech. Entre 1999 et 2010, ils ont connu une hausse de 42 % de leurs ventes contre 26 % pour le reste de la profession. Le secret ? Une réforme entreprise voici quelques années et visant à faire de chaque vendeur un acteur de la communauté locale, au cœur d'un réseau social personnalisé de clients. Plus de vingt-deux mille *followers* sont ainsi connectés aux vendeurs par Twitter (Twelpforce). Chaque magasin optimise son espace selon des données locales : ici une forte communauté polonaise dans le quartier, là des touristes qui apprécient un café, un donuts et une hôtesse multilingue, etc. À cela s'ajoute l'ouverture 24 heures sur 24 : le client peut vérifier par Tweet que le produit de son achat « coup de foudre nocturne » est bien en magasin.

---

1. Carrias, B., *TIC2025 : Les grandes mutations*, FYP éditions, 2010, p. 145.

▶ **Jugement des pairs, méritocratie et réputation.** Une bonne idée doit être reconnue par tous et le mérite revient à son inventeur : Google a fait sienne cette devise qui nourrit par exemple le *peer-review* et l'index de citation dans le domaine scientifique. Au contraire des « entreprises en silo » très fragmentées, l'entreprise fait circuler au maximum l'information entre et au sein des équipes, en demandant à tous de noter des remarques critiques, des évaluations. Le meilleur stimulant est la réputation, mais aussi la reconnaissance du mérite, quelle que soit sa place dans la hiérarchie. Le partage de la connaissance est structurellement valorisé par l'entreprise.

▶ **Règle des 20 %.** Les employés de Google travaillent 80 % de leur temps pour les objectifs fixés dans l'entreprise, mais ils disposent de 20 % (généralement une journée) pour leurs recherches personnelles. Cette règle n'a pas été inventée par Google (on la retrouve chez 3M, Hewlett-Packard, Microsoft) mais la société californienne l'a rendue célèbre. Elle est le symbole de l'autonomie accordée aux employés face au contrôle strict de l'encadrement. Cette règle n'est pas désintéressée : une partie des projets de Google est née d'idées que les ingénieurs ont conçues dans ces moments de réflexion personnelle ou d'échange collectif !

Repos et vacances... à volonté

À compter de l'année 2010, la société de marketing sur Internet HubSpot a supprimé les trois semaines de vacances que ses cadres devaient réserver longtemps à l'avance. Pour le CEO Brina Halligan, cela rappelle « l'époque où l'on devait être de 9 heures à 17 heures à son bureau. Désormais, les gens travaillent souvent le soir ou le week-end avec leur Blackberries, et il paraît ridicule de ne pas le reconnaître d'une manière ou d'une autre ». Désormais, les cadres de HubSpot prennent leurs vacances quand ils veulent : la souplesse exigée dans le travail se traduit par une souplesse accordée dans la détente.

▶ **Changer les règles, oublier les idées reçues.** La prime est toujours donnée à l'audace, à l'imagination, à la créativité. Détail révélateur : Google change régulièrement son logo sur la page d'accueil, alors que la règle d'or du marketing est de ne jamais toucher au sacro-saint symbole de sa marque ! Plus profondément, Google a joué le jeu de l'*open source* et de la gratuité à fond, en visant d'abord à rendre des services non payants à ses usagers, quitte à voir ensuite si leur popularité permet une exploitation publicitaire. Alors que beaucoup d'entreprises traditionnelles (surtout en France) restent attachées à des convenances, de protocoles, des formalités, le web donne la prime aux bonnes idées capables de changer les règles pour le bénéfice de l'entreprise.

▸ **Le plaisir avant tout.** Les employés de Google sont pour la plupart des ingénieurs, des développeurs ou des managers qui aiment leur métier et le font par vocation plus que par contrainte. Mais leur entreprise ne néglige pas le plaisir sur le lieu de travail : repas gratuits, crèches, massages, salles de sport, piscines, transporteurs personnels (Ginger)… les conditions de travail sont plus progressistes que partout ailleurs ! La contrepartie est bien sûr une exigence d'excellence : mais Google ne croit pas à l'enfantement dans la douleur…

Si Google les a transformées en plus grand succès managérial et boursier de la dernière décennie, ces règles ne sont nullement spécifiques à la société californienne. Elles traduisent une nouvelle manière de travailler à l'âge numérique, à l'heure où les rythmes d'innovation et d'adaptation s'accélèrent. Le temps des gigantesques entreprises à réactivité lente et à contrôle étendu est compté dans la plupart des secteurs producteurs de biens ou de services.

LES MÉTAMORPHOSES DU TRAVAIL À L'ÂGE NUMÉRIQUE

Le mot travail vient du latin *tripalium*, qui signifie « trois pals » et désigne… un instrument de torture. « Tu gagneras ton pain à la sueur de ton front », dit la Bible menaçante aux pauvres humains. Cette vision très négative du travail est née à l'époque néolithique : comme nous l'avons vu, le travail de la terre concernait les neuf-dixièmes de la population, il s'agissait d'un travail répétitif, pénible et incertain dans ses résultats. La première révolution industrielle a reproduit ce schéma de la peine, avec des journées de dix à douze heures dans des travaux parfois très difficiles.

Pour autant, l'équation « travail = souffrance » est simpliste. Il est courant de distinguer le travail autonome ou choisi du travail hétéronome ou subi. Les artisans, les artistes, les chercheurs sont des exemples du travail autonome : ils agissent par vocation, ne comptent pas leur temps, trouvent du plaisir dans leur activité. Leur inspiration ne s'arrête pas à la fermeture d'un bureau : elle est toujours en éveil. Mais même des travaux moins inspirés procurent des gratifications aux individus : le travail a toujours été un moyen de socialisation, de rencontre, d'intégration et d'émancipation. On sait que les ouvriers étaient attachés à leur outil de production. De plus, le travail n'est presque jamais une simple affaire de calcul intéressé. Les travaux classiques de Philippe d'Iribarne (*La Logique de l'honneur*) ont par exemple montré que les individus au travail reproduisent des traits culturels et historiques, par exemple les Français sont sensibles à l'honneur et à la hiérarchie, les Américains à la liberté et la souplesse, les Néerlandais à l'objectivité et à l'équité.

Plus fondamentalement, à l'heure où les modèles nationaux sont moins homogènes, chaque individu agit à partir de communautés d'appartenance et d'identités partagées, le travail n'échappant pas à cette transformation. Le prix Nobel George A. Akerlof parle désormais d'une « économie identitaire » repensée à partir des normes des individus et des communautés, au lieu d'une pure rationalité instrumentale et universelle[1]. Comme le souligne Philippe Bernoux[2] : « Il se construit [...] dans la relation de travail, une identité et une relation sociale, ce qui veut dire que le travail ne peut être réduit à la seule fonction de gagner sa vie. »

Quelles tendances pour le travail à l'âge numérique ?

▸ **La barrière travail-loisir et bureau-domicile s'estompe.** La connexion permanente des individus fait qu'ils ne quittent jamais véritablement leur bureau, devenu en partie mobile, mais aussi que les horaires très stricts de bureau ne sont plus indispensables. Le e-travail ou télétravail pendant plus de huit heures

---

1. Akerlof et Kranton, *Identity Economics*, Princeton University Press, 2010.
2. Bernoux Ph., *Sociologie du changement dans les entreprises et les organisations*, Le Seuil, 2004.

par mois concerne déjà en 2010 : 33 % des Finlandais, 28 % des Américains, 25 % des Japonais… et seulement 5 % des Français ! Selon les pays, la proportion a été multipliée par 2 à 3 au cours de la décennie 2000, et cette tendance va s'accentuer à mesure que l'activité concernera des flux immatériels d'informations, de données et de contenus. On estime que plus de 50 % de la population active pourraient être concernés par un télétravail partiel d'ici 2020[1]. Pour autant, le travail « posté » ne va pas disparaître car les échanges directs restent nécessaires à certaines décisions, ainsi qu'à la cohésion des équipes. Mais le temps de travail sera plus souple et l'individu aura plus d'autonomie ; en contrepartie, il sera mobilisable de façon plus diffuse. Dans les tâches cognitives propres à l'économie du savoir, cela n'a pas de sens d'« arrêter net de penser » à une certaine heure de la journée !

▸ **Déconnexion temporaire des flux : une nécessité.** L'économie du savoir est fortement mobilisatrice d'attention, de concentration et d'énergie « mentale ». Mais cela peut conduire au *burnout* (« syndrome d'épuisement professionnel » en France, *karoshi* au Japon). L'individu éprouvera le besoin de déconnexions temporaires des flux d'information dans lesquels il sera par ailleurs plongé en permanence par écrans interposés. Il faut pouvoir quitter son bureau nomade ! Cela peut prendre la forme des 20 % de temps libre comme Google et d'autres le font (voir ci-dessus) ou bien de courtes périodes sabbatiques alternant avec des plages de travail plus intensives. Ces rythmes flexibles doivent aussi suivre la chronobiologie et la psychologie des individus. Le modèle unique des anciennes entreprises orientées vers le contrôle et la discipline (chacun doit travailler huit heures de suite au même moment et au même endroit, puis prendre quatre semaines de vacances d'affilée) sera remplacé par un modèle plus adaptatif.

▸ **La génération numérique et ses motivations.** Henri Verdier (Fondation Telecom Cap Digital, *op. cit.*) observe, dans les entreprises, « la coexistence de deux cultures, assez étanches,

---

1. Centre d'analyse stratégique, *Le Développement du télétravail dans la société numérique de demain*, 2009.

globalement réparties entre les plus de 40 ans et les autres ». Les premiers ont une tendance à la rétention d'information, au cloisonnement du management, au rapport d'autorité assez traditionnel, c'est-à-dire pyramidal ; les seconds jouent plus volontiers la carte de la diffusion des informations (y compris à fin de réputation), des rapports informels et horizontaux. La fracture numérique des générations va se résoudre d'elle-même avec le temps : les purs *digital natives*, nés dans les années 1980-1990, forment dès la fin de cette décennie 2010 et formeront plus encore par la suite les gros bataillons des entrants sur le marché du travail. Leurs aînés trentenaires ou quadragénaires ont déjà plus d'expérience d'Internet que leurs prédécesseurs en fin de carrière. Comme le montre la récente étude de Jean M. Twenge (encadré ci-dessous), les entreprises doivent prendre garde de ne pas plaquer maladroitement les modalités venues de l'Internet : par exemple, ce n'est pas parce qu'un réseau social interne est créé dans l'entreprise que Facebook ou Twitter deviennent moins attractifs. Il ne s'agit pas de concurrencer le web, mais bien de mettre certains outils et certaines méthodes au service d'objectifs professionnels. Si le cadre de travail ressemble trop au management rigide et statique d'avant l'ère numérique, les seules variables de motivation seront l'argent et le statut. Si l'activité parvient à instiller ouverture, initiative, autonomie et inventivité, elle sera plus motivante.

Comme l'observe Jean-Philippe Courtois (Microsoft) à propos des *digital natives* amenant au travail leurs habitudes de fluidité et d'accès, « la question essentielle posée par les jeunes générations est l'équilibre, en tout cas la façon dont ils perçoivent cet équilibre, entre vie personnelle et vie professionnelle. Nous avons au cœur de nos préoccupations de donner un environnement de travail personnel et professionnel qui puisse s'accompagner d'un environnement sportif, un environnement culturel, des souplesses dans la manière de consommer le travail ou le loisir. Nous sommes loin des standards rigides définis par l'entreprise il y a cinq ou dix ans[1] ».

---

1. J. Attali (dir.), *Le Sens des choses*, Robert Laffont, 2009, p. 55.

Génération Y : l'entreprise doit la séduire... et ce n'est pas évident !

Jean M. Twenge et ses collègues ont étudié les valeurs associées au travail dans une étude longitudinale menée sur de jeunes diplômés américains (plus de 16 000) en 1976, 1991 et 2006. Cette enquête sur la durée permet de comparer ce que l'on a appelé la génération baby-boom, la génération X (*GenX*) et la « génération Moi » (*GenMe*, aussi appelée « génération Y » ou « génération du millénaire » dans les études de ce type). Parmi les résultats, on observe en premier lieu que l'importance accordée aux loisirs et au divertissement augmente de génération en génération, et que la centralité du travail (comme valeur de l'existence) diminue en proportion. Les « valeurs intrinsèques » du travail (le fait de trouver son job intéressant en soi et le goût des résultats) sont aussi en baisse régulière. La génération Moi n'est pas prioritairement intéressée par les « valeurs sociales » du travail (se faire des amis et des relations) ni par l'altruisme (aide, engagement sociétal). En fait, cette génération trouve déjà la satisfaction de tels besoins dans la vogue des réseaux sociaux et des rencontres affinitaires « in real life », le travail perd donc un peu son ancienne vertu de socialisation. Logiquement, les entrants sur le marché professionnel se rabattent sur des « valeurs extrinsèques » : le statut et l'argent, ayant connu leur pic d'intérêt avec la génération X, restent plus importants pour la génération Moi que pour les baby-boomers. Les entreprises sont donc confrontées au défi de motiver durablement sur un enjeu professionnel. Il leur faut réinventer le travail, comme le font certaines entreprises de pointe de la nouvelle économique numérique (Google)[a]!

a. Twenge J.M., Campbell S.M., Hoffman B.J., Lance C.E. (2010). « Generational Differences in Work Values : Leisure and Extrinsic Values Increasing, Social and Intrinsic Values Decreasing », *Journal of Management*, epub, doi : 10.1177/0149206309352246.

▷ **La frontière entre entreprise et société, intérêt privé et utilité sociale devient poreuse.** Une entreprise passe de plus en plus de temps à gérer ses relations avec ses parties prenantes (clients, actionnaires mais aussi voisins, associations, élus, ONG, etc.). Les acteurs économiques ont gagné en puissance et en liberté grâce à la déréglementation, mais cela implique un surcroît de responsabilité dans leur action. L'entreprise doit désormais assumer une partie de ses externalités, c'est-à-dire des répercussions sociales et environnementales de son activité. C'est une conséquence de la société de l'information : la bonne image de l'entreprise dépend de sa capacité à répondre de ses actes et à dialoguer avec tous ses interlocuteurs. Elle ne peut se conduire comme un « isolat » fermé du monde. Il en résulte que la grande entreprise accomplira de plus en plus de tâches relevant d'une certaine « utilité sociale », comme par exemple : réfléchir à limiter ses nuisances, trouver des solutions adaptées à ses publics en difficulté, s'engager dans les débats locaux, trouver des solutions innovantes à des problèmes communs, etc. Par ailleurs, un nombre croissant d'entreprises choisissent des engagements humanitaires (commerce équitable, investissement dans les pays non encore émergents) : des marges de profit bien plus faibles, mais une action rendue nécessaire par l'inefficacité des politiques publiques d'aide au développement souvent due à la méconnaissance des contextes locaux. Le numérique permet la circulation des informations indispensables pour s'adapter à chaque contexte.

L'entreprise en réseau ouvert : transparence et externalité

Dans la livraison d'avril 2010 de la *Harvard Business Review*, Christopher Meyer et Julia Kirby ont publié un article sur le « leadership à l'âge de la transparence » qui a soulevé de nombreux commentaires. Ils observent que l'information du public a changé grâce à l'Internet. Il est de plus en plus facile de publier une information et si celle-ci heurte l'opinion publique, elle connaîtra une diffusion virale : de nombreuses entreprises sont épinglées pour leurs pratiques jugées préjudiciables à l'environnement, l'équité ou l'éthique. Meyer et Kirby soulignent que l'entreprise a longtemps mis en avant la « transparence » comme principe de gouvernance, mais qu'elle s'en est rarement donné les moyens. Selon les deux auteurs, cela passe par une révolution consistant à admettre des externalités : on qualifie par ce mot l'effet secondaire (positif ou négatif) d'une activité économique sur l'environnement, la santé, la qualité de vie ou tout autre facteur. La pollution par production de métaux lourds ou émission d'aérosols toxiques est une externalité bien connue, de même que les émissions de CO_2 en lien avec le changement climatique. Pour Meyer et Kirby, les entreprises leaders de demain sont celles qui assumeront publiquement l'existence et la mesure de ces externalités, en feront les bases d'une discussion avec toutes leurs parties prenantes, mettront au point des programmes d'internalisation des externalités négatives, orienteront leur politique de recherche et d'innovation dans l'objectif de les réduire ou de les faire disparaître[a].

a. Meyer C., Kirby J., « Leadership in the Age of Transparency », *Harvard Business Review*, avril 2010.

Pour trouver sa place dans l'économie de demain, chacun devra donc être capable de développer des analyses personnelles et pertinentes face aux flux permanents d'information. Cette « écologie de l'esprit » sera indispensable à l'âge numérique de la connaissance, et nous allons voir dans le prochain chapitre qu'elle concerne les individus comme les groupes.

CONCLUSION PROSPECTIVE

▸ Dans l'« économie du savoir » ou le « capitalisme cognitif », la création de valeur mobilisera de plus en plus la matière grise et la maîtrise des TIC. Certaines tâches seront spécialisées, mais la plupart demanderont des capacités d'adaptation, de mobilité, d'agilité et de partage des connaissances. La production comme la consommation deviendront de plus en plus fluides, « liquides » (Zygmunt Bauman) à l'instar des flux d'information autour desquels se produira l'essentiel de la plus-value.

▸ Cette évolution peut être accompagnée de tensions importantes : les individus doivent être formés à ces enjeux, faute de quoi ils subiront ses évolutions plutôt que d'en profiter (voir les chapitres « À l'école du numérique » et « Vers un monde hybride »). Une division des sociétés du savoir en « classes cognitives » inclues/exclues est une hypothèse que l'on doit prendre au sérieux. La production primaire et secondaire, largement automatisée et de faible valeur ajoutée, n'assurera plus l'existence de bassins d'emploi importants : la fin des ouvriers est programmée après celle des paysans. Les services à la personne ne peuvent assurer à eux seuls le transfert de travail, et les métiers des biens immatériels (contenus, inventions, découvertes, méthodes, brevets, services informationnels, loisirs, culture, etc.) demanderont un personnel adapté à des innovations relevant surtout de l'esprit.

▸ Le travail était historiquement perçu comme une « peine », une « souffrance », une « obligation ». Et il était assorti d'un contrôle plus ou moins étroit du collaborateur, par des horaires et une présence obligatoires. Le mouvement d'autonomie des individus et des équipes, déjà amorcé depuis vingt ans, va considérablement s'étendre dans les décennies à venir. Le « sur-mesure » deviendra la règle d'avenir dans la production (comme dans la consommation), c'est-à-dire que les organisations les plus souples, laissant leurs collaborateurs s'organiser pour atteindre les objectifs, attireront plus facilement les meilleurs éléments que les entreprises plus rigides. La manière de travailler changera également. Les jeux sérieux donnent l'exemple de l'association de finalités professionnelles et de moyens ludiques (voir chapitre « Vers un savoir ludique »). Plus généralement, la diversité, l'originalité des tâches seront les garantes d'une mobilisation efficace de l'attention. Le travail de l'ère numérique devra concilier la rigueur des objectifs et la flexibilité de leur mise en œuvre.

▸▸ L'entreprise numérique sera aussi une entreprise sociale, en interne comme en externe. En interne, car elle intégrera tous les outils de l'intelligence collective, de la production collaborative et du réseau social (voir le chapitre « Le temps du *social knowledge* »). En externe, car cette entreprise, reliée à son milieu local d'implantation comme à ses parties prenantes et au réseau global d'information, consacrera une part de son temps au dialogue, à l'amélioration de ses impacts sur la santé, l'environnement et la qualité de vie ainsi qu'aux innovations à valeur sociétale ajoutée. Ce n'est pas seulement un souci d'image qui dictera cette évolution, mais avant tout la nécessité d'un climat de confiance (des actionnaires, des gestionnaires, des collaborateurs, des clients et au final des citoyens) indispensable à la conduite des affaires.

Journal du milieu de siècle (en 2049…)

… Les locaux d'Hedometrix surplombent la Seine dans le district des Mureaux, au 54ᵉ arrondissement du Grand Paris. Circulation fluide, aucun incident en vue dans le planneur GPS, ma solylette regonflée aux photons solaires file en silence le long des quais. Le froid du matin glisse sur ma combinaison en bulles de vide. De l'autre côté du fleuve, une fumée s'élève du quartier de Mézy. Sur un coin de ma visière, un reportage de la télé locale repasse les images des émeutes de la semaine dernière. Toujours le même problème : le Mouvement des déclassés fait monter la pression sur le Conseil du Grand Paris pour étendre la protection de base aux nouvelles thérapies géniques, et le Conseil freine des quatre fers vu le coût. Zurtek, le leader des Déclassés de ce côté-ci des Cités associées, fait observer que notre société n'offre aucun débouché à sa population la moins instruite et que les nouvelles générations de réplicantes 3D en temps réel ont éliminé pas mal de petits boulots depuis quinze ans. Je me dis qu'il n'a pas tort, même si la violence ne me paraît pas une solution. Les neuroplants, qui devraient permettre à toute personne de se connecter directement au Réseau et d'y acquérir tous les savoirs utiles, sont encore bloqués par le comité d'éthique des Cités centrales. Cela me paraît pourtant une voie plus prometteuse que de préserver des travaux devenus inutiles. Les réplicantes ont aussi baissé à presque rien le coût des besoins de base, c'est surtout la perte de statut symbolique qui est dure à avaler pour ces gens. Je pense à Lydia qui doit être en ce moment avec Socrate dans le salon, et à sa sœur Perle qui vient de décrocher son stage chez Carbone Tech. Elle est folle de joie parce qu'elle doit partir à Bombay après les fêtes pour étudier les toutes dernières générations de nanocapteurs CO_2 en suspension tropopshérique…

(À suivre à la fin du prochain chapitre…)

Chapitre 4

Quelles sont les voies d'une analyse personnelle ?

Maîtres ou esclaves de l'information

L'évolution fulgurante des techniques de communication depuis l'invention de l'imprimerie a entraîné une accumulation sans précédent des informations. On a estimé que la lecture d'un seul numéro de nos hebdomadaires apporte plus d'informations nouvelles sur le monde que ne pouvait en récolter tout au long de son existence un paysan du XVe siècle. Avec Internet, cet écosystème moderne de l'information prend une dimension nouvelle : la totalité des contenus (texte, son, image) produit par l'esprit humain est potentiellement accessible à l'individu depuis un terminal numérique fixe ou mobile. Par sa rapidité et son universalité, cette mutation cognitive est exceptionnelle dans l'évolution humaine : elle exige l'équivalent de ce que fut l'alphabétisation pour l'imprimerie.

Notre siècle s'ouvre donc sur une situation tout à fait inédite. Faire confiance à sa mémoire, c'était hier se reposer sur sa capacité à retrouver des informations enfouies en soi, hiérarchisées selon nos besoins et nos envies, souvent chargées de sens et d'émotions. Dans un monde numérique où la mémoire est en partie collective, faire confiance à sa mémoire signifie que l'on délègue en bonne partie à une collectivité la charge de classer l'information et d'y associer du sens. Dans l'ordre de la réflexion, Internet consomme de plus en plus de temps, mais il nous apporte simultanément des outils nouveaux permettant d'aller beaucoup plus vite, d'être plus efficace dans nos analyses. De nouveaux enjeux personnels et collectifs se dessinent : gérer l'information et les savoirs, les classer, les vérifier, apprendre à contrôler son attention, à la diriger vers ce que l'on a choisi, à encadrer la tendance au vagabondage, développer des visions d'ensemble ou approfondir des secteurs de connaissance très précis. Alors qu'une multitude de savoirs est en permanence numérisée ou réactualisée, et que l'information devient la source de la création de valeur sociale et économique, quelle sera la place de la réflexion personnelle ?

L'information trace peu à peu une frontière invisible mais bien réelle entre ceux qui participent à sa production et ceux qui se contentent de la consommer. Engloutie passivement ou anarchiquement, l'information ne peut pas produire de savoir, de connaissance et donc de pouvoir sur les événements. On est esclave alors du temps court, de l'éparpillement, de la perte de sens et de perspective. Gérée activement, l'information permet au contraire à l'individu de bâtir une réflexion autonome, de diversifier ses sources et de participer à des projets collectifs. Le partage de la connaissance suppose ainsi de participer activement à la construction du sens individuel et collectif de l'existence à l'ère de l'information généralisée.

» *Homo zappiens* : l'Internet nous rend-il idiot ?

» Comment fonctionne l'esprit humain à l'âge électronique

» Six règles pour survivre dans la jungle cognitive

> *« Avec les iPod, les iPad, les Xbox et PlayStation, l'information devient une distraction, une diversion, une forme d'amusement plutôt qu'un outil d'épanouissement ou un moyen d'émancipation [...] Vous entrez dans la vie adulte dans un monde où nous sommes bombardés d'informations en continu sur toutes sortes de sujets et qui nous exposent à toutes sortes d'argumentaires dont la véracité de certains est pour le moins douteuse [...] Tout cela non seulement met de la pression sur chacun de nous, mais aussi sur notre pays et notre démocratie. »*

Lors de la cérémonie de remise des diplômes de l'université Hampton en Virginie (9 mai 2010, *Le Monde*), le président américain Barack Obama a synthétisé des inquiétudes que beaucoup d'autres ont exprimées avant lui.

100 000 mots et 34 Go d'infos chaque jour !

En 2009, l'université de Californie (San Diego) et sept entreprises se sont associées pour produire un rapport annuel sur la consommation d'informations aux États-Unis. Les informations concernées proviennent d'un média quel qu'il soit (téléphone, courrier, journaux, livres, films, musiques, jeu vidéo, etc.), et écartent celles issues de nos relations personnelles et sociales. Il en ressort que les Américains consomment de l'information en moyenne 12 heures par jour, au bureau, à domicile ou en déplacement. Cela représente le traitement d'environ 100 500 mots chaque jour (et l'équivalent global de 34 Go de données en stockage informatique). Il est probable que ces chiffres sont extrapolables à l'Europe, puisque les taux d'équipement en média et les taux de connexion à Internet sont très comparables de part et d'autre de l'Atlantique.

La comparaison avec les plus anciennes études (1980) montre une augmentation de 2,6 % par an dans la durée horaire et de 5,4 % par an dans l'équivalent octet. Il est à noter que cette forte croissance est toutefois nettement moins prononcée que celle de la production d'informations… Cette dernière obéit en effet à la loi de Moore (doublement de la capacité des transistors tous les 18 mois), avec une croissance exponentielle de 30 % par an ! Il y a donc une limite humaine, cérébrale et temporelle, dans l'aptitude à traiter la masse croissante de productions cognitives au sens large. Deux conclusions sont à noter : grâce à Internet, environ un tiers des informations sont désormais consommées suivant des modalités plus interactives que passives ; le volume de lecture a triplé en trente ans bien que le livre et les journaux aient stagné en raison de l'usage massif des mobiles et d'Internet[a].

En 2011, ce calcul a été généralisé par une étude de Martin Hilbert et Priscila López, parue dans la revue *Science*[b]. Les auteurs s'intéressent à la quantité d'information que l'humanité a pu technologiquement stocker, communiquer et calculer entre 1986 et 2007, période à laquelle s'applique leur travail. Parmi leurs conclusions :

- Sur ses supports numériques et analogiques, l'humanité peut stocker 295 exabits d'information (il faut donc ajouter 20 zéros à 295 pour avoir le chiffre exact). Il y a autant de bits d'information dans nos machines que 315 fois le nombre de grains de sable sur terre !
- L'année 2002 peut être considérée comme la naissance officielle de la société numérique. Cette année-là, pour la première fois, l'information stockée sur supports numériques a dépassé celle stockée sur supports analogiques. Et depuis, les avancées sont très rapides, puisque qu'en 2007, 94 % de l'information archivée individuellement était de nature numérique.
- En 2007, environ 1,9 zettabit d'information ont été communiqués sur des télévisions ou des systèmes GPS, soit l'équivalent des mots contenus dans 174 journaux par personne et par jour. La communication interpersonnelle de données par téléphone mobile, mail ou autres techniques représente un échange annuel de 65 exabits (six journaux par personne et par jour).

a. Références : Bohn R., Short J., Lane P., *How much Informations 2009 ?*, UC San Diego, Global Information Industry Center School of International Relations and Pacific Studies, 2009.

b. « The world's technological capacity to store, communicate, and compute information », *Science*, epub, doi:10.1126/science.1200970, cité par le blog Inférences en mars 2011.

Collectivement aussi bien qu'individuellement, nous serions immergés dans une masse exponentielle et indifférenciée d'informations, nous confrontant au risque de noyade dans l'insignifiance. Le temps réel est l'horizon spontané du web, avec des outils comme Twitter ou Facebook, la mise à jour permanente des flux RSS et fils d'actualité, l'accès en mobilité. Yannick Lejeune (directeur Internet Ionis) décrit ainsi ce nouveau monde :

> « *On contribue à des projets collectifs comme Wikipédia, on publie directement sa création sur Dailymotion, sur Flickr, sur Jamendo. On met en commun, on réutilise, on remixe. On crée à plusieurs, c'est le crowdsourcing, on finance à plusieurs, c'est le crowdfounding. Certains proposent leurs idées, d'autres les conçoivent, des tiers les réalisent[1].* »

Rafi Haladjian, fondateur de Francenet et de Sen.se, résume d'une phrase la diffusion universelle de l'information et de la communication par la technologie : « L'ordinateur n'est pas sur un écran dans un endroit circonscrit, nous sommes assis dedans plutôt que devant[2]. » Nicolas Bordas, président de TBWA France, souligne que ces outils serviront de plus en plus à des « innovations à valeur sociétale ajoutée[3] ».

Dans ce nouveau cadre, quelle place reste-t-il pour l'analyse personnelle ? Comment, alors qu'une multitude de savoirs, sans cesse réactualisés, sont disponibles, l'individu peut-il mener une réflexion de fond, sans se faire phagocyter par toute l'information arrivant sur son écran ? La production d'une pensée propre, subjective, construite n'est-elle pas menacée par Internet ?

Pour répondre à ces questions, examinons d'abord les termes du réquisitoire que certains dressent depuis dix ans contre l'Internet.

HOMO ZAPPIENS : L'INTERNET NOUS REND-IL IDIOT ?

Les *digital natives* sont parfois qualifiés d'*Homo zappiens* : la génération qui zappe sans rien n'approfondir. En juin 2008, l'observateur influent Nicolas Carr a publié un article très commenté, « Google nous rend-il idiot ? » Et il tend à répondre par l'affirmative :

---

1. *TIC2025 : Les grandes mutations, op. cit.*, 13.
2. *Ibid.*, p. 80.
3. *Ibid.*, p. 115.

> *« Pour moi, comme pour d'autres, le Net est devenu un média universel, le tuyau d'où proviennent la plupart des informations qui passent par mes yeux et mes oreilles. Les avantages sont nombreux d'avoir un accès immédiat à un magasin d'information d'une telle richesse, et ces avantages ont été largement décrits et applaudis comme il se doit. [...] Mais cette aubaine a un prix. [...] Les médias ne sont pas uniquement un canal passif d'information. Ils fournissent les bases de la réflexion, mais ils modèlent également le processus de la pensée. Et il semble que le Net érode ma capacité de concentration et de réflexion. Mon esprit attend désormais les informations de la façon dont le Net les distribue : comme un flux de particules s'écoulant rapidement. Auparavant, j'étais un plongeur dans une mer de mots. Désormais, je fends la surface comme un pilote de jet-ski. »*

Quels sont donc les maux qui nous guettent ? Dans le numéro spécial de la revue *Books* consacré au sujet (février 2010), Olivier Postel-Vinay résume un des enjeux dans son éditorial :

> *« Le vrai débat porte [...] sur le point de savoir si la culture du Net est en passe de balayer la vieille culture humaniste, fondée sur le respect de la profondeur, sur la préférence pour la réflexion solitaire, au profit d'une culture privilégiant la vitesse et le fragmentaire, mais aussi la réflexion collective. »*

Les gens lisent-ils moins de livres ?

« La baisse de la lecture a été importante au cours des vingt dernières années. » Ce terrible constat ouvre une enquête de l'Insee menée en... 1990[a] ! Autant dire que l'Internet ne peut pas être accusé d'une tendance longue qui l'a largement précédé.

De surcroît, les choses ne sont pas aussi évidentes. TNS-Sofres a mené des enquêtes régulières entre 1981 et 2009 (*Les Français et la lecture*). Le nombre total de lecteurs de livres dans la population a augmenté sur la période, passant de 66 % à 69 %. Les « petits lecteurs » ont augmenté (de 14 % à 34 % pour la lecture d'un à cinq livres) tandis que les moyens et grands lecteurs ont baissé (de 28 % à 25 % et de 14 % à 10 % respectivement). Mais le mouvement d'ensemble est faible, surtout que les marges d'erreur sont de l'ordre de 2 % à 3 % : ni la télévision ni Internet n'ont détruit la lecture longue de livre. De surcroît, les personnes interrogées sur leurs motivations de lecture répondent en premier lieu la détente (50 %), ensuite la culture (49 %) et très vite l'évasion (38 %). L'idéal humaniste

...|...

---

a. Dumontier F., de Singly F. et Thélot C., « La lecture moins attractive qu'il y a vingt ans », *Économie et statistique*, p. 233, juin 1990.

exagère quelque peu la portée du livre papier, qui correspond souvent à un besoin de se délasser : le livre a été logiquement concurrencé par d'autres loisirs. Mais le socle de ceux qui lisent beaucoup (10 % des adultes) est stable depuis quinze ans. Enfin, contrairement à la radio et à la télévision, Internet est un outil de communication qui privilégie le texte et la participation : loin d'être maltraitée, la lecture est au fondement de la navigation et de la participation sur Internet !

Nous aurions donc une génération numérique incapable de se concentrer, de fixer son attention sur un texte ou un problème difficile, de reconnaître les valeurs des anciennes humanités, de s'immerger dans une réflexion autonome. À ces maux supposés s'ajoute le « culte de l'amateur » fustigé dans un long essai par l'essayiste Andrew Keen (au nom du culte de l'expert comme le remarque malicieusement Francis Pisani) : non seulement l'internaute zappe d'une information à l'autre, mais il se contenterait d'informations de médiocre qualité, n'émanant plus des autorités reconnues du savoir.

Au soupçon de nihilisme s'ajoute l'accusation d'amateurisme et au final de relativisme : tout vaut tout, un blog sera aussi fiable que le site d'un grand quotidien, une encyclopédie collaborative sera plus fréquentée qu'une encyclopédie traditionnelle rédigée par un comité de rédaction spécialisé…

Dans la même veine, Albert du Roy titre son essai (2007) *La Mort de l'information* et annonce : « Trop d'infos tue l'info. » Le mythe de la transparence engendre selon lui l'opacité, et celui de l'abondance provoque la confusion.

Ce que l'on reproche à Internet n'est en réalité pas tellement nouveau. Comme l'observe Vaughan Bell, psychologue de l'université d'Antioquia à Medellin (Colombie), « les résultats de plusieurs années de recherches suggèrent que la surconsommation de télévision semble avoir un effet négatif sur notre santé et notre capacité de concentration. On n'entend presque jamais parler de ces études-là parce que la télé c'est un peu ringard, que nos peurs ont besoin de se fixer sur des technologies bien plus récentes, et que de toute façon, même si on a la preuve que quelque chose est sans danger, ça ne sera jamais aussi vendeur que les gros titres racoleurs des médias » (Slate 2010).

Ainsi, toute nouvelle technologie focalise les craintes. Le phénomène n'est pas nouveau : Socrate mettait en garde contre l'invention de l'écriture destinée à ruiner la mémoire humaine (voir chapitre éducation) ; Conrad Gessner a publié un livre entier au XVIe siècle pour démontrer que l'imprimerie allait nous submerger d'informations et nous placer dans une situation « déroutante et néfaste » ; deux siècles plus tard, Malesherbes vitupérait contre l'invention des journaux et la manie inutile à ses yeux de se plonger dans les nouvelles du jour ; l'alphabétisation et la scolarité ont soulevé des craintes au XIXe siècle sur l'épuisement du système nerveux trop fragile et trop complexe des enfants ; la radio a été vue comme une menace pour les collégiens et lycéens plus attirés par le haut-parleur que par les devoirs ; et l'historienne des médias Ellen Wartella a montré dans ses travaux que « ses détracteurs étaient inquiets de la façon dont la télévision pourrait mettre en péril la radio, la conversation, la lecture, et le modèle familial de l'époque, et aboutir à une vulgarisation accrue de la culture américaine ».

Autant dire que la menace sur l'intelligence, la culture et la réflexion pèse depuis des millénaires !

Conclusion de Vaughan Bell :

> *« L'homme craint le trop-plein d'informations depuis toujours, et chaque génération essaie d'imaginer les conséquences que pourrait avoir la technologie sur nos esprits et nos cerveaux. D'un point de vue historique, ce qui est frappant, ce n'est pas l'évolution de ces préoccupations sociales, mais au contraire leurs similitudes d'un siècle à l'autre, au point où lorsque ce discours refait inéluctablement surface, seule sa forme a changé, mais le fond est resté le même. »*

COMMENT FONCTIONNE L'ESPRIT HUMAIN À L'ÂGE ÉLECTRONIQUE

Il est toujours facile aux Cassandre de proclamer des catastrophes à venir : nous sommes portés à faire attention aux mauvaises nouvelles plutôt qu'aux bonnes ! Mais en dernier ressort, la réalité de ces menaces doit être vérifiée scientifiquement.

L'honnêteté intellectuelle exige d'abord de reconnaître qu'il n'existe à ce jour aucune réponse scientifique claire et définitive à ces questions de l'influence des nouvelles technologies numériques sur l'esprit.

Elles sont bien trop récentes ! Les psychologues disposent de batteries de tests pour mesurer les différentes composantes de l'intelligence humaine – par exemple, la capacité verbale, l'aptitude logique, la mémoire de travail ou de long terme (mémoire sémantique, mémoire procédurale). Et les neurologues parviennent même à analyser les corrélats biologiques de ces capacités, c'est-à-dire l'activation des aires cérébrales concernées par ces différents états cognitifs.

Le problème ne réside donc pas dans l'impossibilité de tester les effets d'Internet sur l'intelligence, la mémoire, la concentration ou la motivation, mais dans le caractère encore très récent du développement du réseau dans la vie quotidienne : les études restent peu nombreuses, sur des échantillons dispersés, selon des méthodes par toujours normalisées. D'autant qu'Internet évolue dans son contenu et son mode de navigation. Les revues scientifiques spécialisées comme *Computers in Human Behavior* ou *Cyberpsychology, Behavior and Social Networking* produisent donc des études aux résultats partiels, et parfois contradictoires.

Facebook : préjudiciable au succès scolaire et universitaire ?

Un exemple de la cacophonie des études actuelles : l'influence bénéfique ou maléfique de Facebook, l'incontournable réseau social. Au printemps 2009, sur la base d'une étude de 219 étudiants dont 148 utilisateurs de Facebook, Aryn Karpinski (université de l'Ohio) conclut que ceux qui passent le plus de temps sur le réseau social ont aussi les plus mauvais scores à leur université. De nombreux médias reprennent l'information, obligeant Karpinski à une mise au point sur les limites de son travail. Un mois plus tard, sur First Monday, trois chercheurs essaient de répliquer les résultats de Karpinski mais sur un échantillon bien plus vaste : 1 060 étudiants en université, 1 250 lycéens et étudiants de la cohorte National Annenberg Survey of Youth (NASY)/Adolescent Risk Communication Institute (ARCI). Résultat : aucun rapport ne peut être établi entre la pratique de Facebook et les notes obtenues à l'école et à l'université. Mais cette information, bien moins sensationnelle, n'a pas été reprise par les médias…

En fait, il n'y a pas de raison particulière de penser que le cerveau humain sera totalement transformé par une technologie purement externe (voir en revanche le chapitre « Vers un monde hybride » pour des transformations possibles). Comme l'a fortement souligné Steven Pinker, et avec lui toute une génération de psychologues d'inspiration scientifique, l'esprit humain n'est pas une « page blanche » ou une « cire molle » sur laquelle viendrait s'inscrire n'importe quelle action ou information de notre milieu. Et fort heureusement, faute de quoi nous serions des sortes de pantins, dénués de libre arbitre et de réflexion autonome, manipulables à volonté par le milieu familial, social, culturel ou cognitif.

L'esprit possède en revanche une étonnante *plasticité*, c'est-à-dire qu'il est capable de *s'adapter* à des milieux changeants, et non de les *subir*.

L'imprimerie, la radio ou la télévision n'ont pas produit par elles-mêmes des mutants. Elles ont en revanche modifié les flux d'information dans la société, à commencer par leur importance dans le destin de l'individu. C'est ainsi que l'invention de l'imprimerie a conduit aux progrès de l'alphabétisation, car le fait de savoir lire et écrire devenait une condition de succès dans des sociétés plus complexes. On peut penser que l'invention de l'Internet produira le même genre de nécessité (voir le chapitre « À l'école du numérique »). Autre exemple : avant l'invention de l'écriture et de la lecture, la dyslexie n'existait pas : cette pathologie se traduisant par une difficulté à lire, et touchant un enfant sur dix, est apparue en même temps que la nécessité de lire a été inventée (avec l'écriture) et généralisée (avec l'éducation). On peut imaginer à titre d'hypothèse qu'Internet fera apparaître demain l'existence de troubles… que nous ignorons encore ! Par exemple une « dysnautie » qui serait une incapacité à naviguer rapidement d'une page à une autre sans perdre le fil de ses idées. Cela signifie que le cerveau humain s'adapte à des nouvelles sources d'informations sur son environnement, mais que tous les cerveaux ne sont pas également « adaptables ».

iBrain : notre cerveau vieillirait mieux avec le net

Gary Small est professeur à l'université de Californie (Los Angeles), spécialisé dans le vieillissement cognitif. Avec Gigi Borgan, il a notamment publié un essai consacré aux rapports entre l'esprit et les nouvelles technologies[a]. En 2008, le docteur Small a étudié vingt-quatre volontaires sains, âgés de 55 à 76 ans. La moitié d'entre eux

.../...

a. Small G. et Borgan G., *iBrain : Surviving the Technological Alteration of the Modern Mind*, William Morrow, 2008.

> était des internautes, l'autre non. Les sujets sélectionnés avaient le même niveau d'éducation. Une analyse en imagerie par résonance magnétique fonctionnelle a montré que lors du passage de tests cognitifs, les internautes montraient une activation cérébrale plus prononcée des aires dédiées à la prise de décision et au raisonnement complexe. L'échantillon n'est bien sûr pas très important, comme c'est souvent le cas en IRMf des neurosciences cognitives, mais le résultat va à l'encontre de ceux qui prédisent un effet néfaste d'Internet sur les capacités de concentration. En fait, il a été montré depuis longtemps que la stimulation cognitive est plutôt bénéfique dans le cadre du vieillissement. La dimension active d'Internet (par rapport aux médias passifs) devrait donc avoir un effet positif sur l'âge de nos neurones : cette stimulation pourrait être liée à la série de décisions que l'internaute est obligé de prendre lorsqu'il est devant une page web. Alors que pour la lecture d'un document papier le lecteur a une attitude complètement passive ; *a contrario*, la lecture d'un document numérique force le lecteur à être acteur et l'oblige sans arrêt à prendre des décisions : cliquer sur l'un ou l'autre des liens, lire la suite, etc. Et, paradoxalement, la structure hypertextuelle des documents numériques force *a priori* l'internaute à prendre des décisions et à analyser le contenu de la page pour juger de la pertinence de tel ou tel lien.

L'un des meilleurs spécialistes internationaux de l'intelligence, Robert J. Sternberg, a édité un livre collectif consacré à l'impact des outils technologiques sur l'intelligence[1]. Comme l'observent dans cet ouvrage deux chercheurs, Gabriel Salomon et David Perkins, « la question fondamentale n'est pas "à quelle vitesse fonctionnent nos neurones ?" ou des approches dans cet esprit, mais plutôt quel genre de performance cognitive nous déployons – "avec quelle efficacité résoudre des problèmes et prendre des décisions ?" ou "à quelle vitesse et avec quelle sensibilité percevoir des environnements complexes ?" ».

L'intelligence humaine est en grande part une faculté *adaptative* : celle de trouver plus ou moins rapidement des solutions à des problèmes. De ce point de vue, l'Internet facilite énormément les choses puisque la masse d'informations disponibles a de grandes chances de contenir celles qui sont utiles à une recherche en cours (voir le chapitre « Le temps du *social knowledge* »).

---

1. Salomon G. et Perkins D., *Intelligence and Technology : The Impact of Tools on the Nature and Development of Human Abilities*, Routledge, 2005.

L'intelligence est aussi une faculté *créative*. Il est évident que celle-ci peut demander des périodes plus ou moins longues de déconnexion, afin de se concentrer pleinement sur une réflexion. Mais on doit reconnaître aussi que nos réflexions ne naissent pas dans le vide. « Si j'ai pu voir si loin, c'est que j'étais juché sur l'épaule de géants » disait Newton en reprenant un mot de Bernard de Chartres. Cela signifie que toute réflexion personnelle se nourrit de réflexions antérieures qu'elle dépasse, améliore et enrichit. Là encore, la disponibilité immédiate et de plus en plus souvent gratuite des contenus que permet l'Internet est de nature à nourrir l'intelligence humaine au lieu de l'assécher.

> ## Les trois niveaux de contenu du web social : séparer utile et futile
>
> Fondateur de Kelkoo et de Wikio, Pierre Chappaz observe sur son blog que l'Internet produit trois types de contenus : « *Le futile* : ma vie, mes photos, mes humeurs ; *le bouche-à-oreille* : ce que j'aime et n'aime pas, les articles qui m'ont tapé dans l'œil (et sur lesquels je peux éventuellement réagir) ; *l'information et l'opinion* : mes infos (souvent originales si je suis un expert ou un passionné), mes avis, mes analyses, mes débats. » Le web social a plutôt favorisé le futile et le bouche-à-oreille ; Mais en contrepartie, les blogs sont souvent devenus plus pertinents : ceux qui les utilisaient faute d'un meilleur outil social les ont abandonnés pour Facebook ou Twitter, mais les blogs survivants montrent des qualités parfois comparables au journalisme professionnel. Et ces blogs bénéficient beaucoup des outils de bouche-à-oreille qui renforcent leur audience. Le futile n'est donc pas condamné à faire disparaître l'utile : l'Internet opère aussi une sorte de « sélection naturelle » des sources les plus intéressantes.

SIX RÈGLES POUR SURVIVRE DANS LA JUNGLE COGNITIVE

Organiser le flux

C'est la condition *sine qua non* pour réussir à survivre dans la société de l'information et être en mesure de produire une analyse propre. Alors que les sources abondent, aucun utilisateur n'est aujourd'hui en capacité, et ne le sera sans doute jamais, d'absorber toutes ces informations. C'était déjà vrai avec l'imprimerie, mais le numérique rend manifeste cette limite individuelle. Aussi, les utilisateurs doivent, dès aujourd'hui, employer des outils offrant un panel assez large et représentatif des informations qui sortent chaque minute sur la toile.

L'organisation de l'information peut se faire à l'échelle individuelle (voir encadré ci-dessous par exemple), mais elle peut aussi utiliser des outils sociaux. Le *following* sur Twitter utilise massivement ce principe : on repère une source intéressante d'information, qui peut être un expert en son domaine, et on se tient informé de ses réflexions, de ses liens ou de ses publications. Nous ne pouvons pas faire le tri de toutes les informations ; mais nous pouvons en revanche plus facilement constituer un réseau d'amateurs (ou d'experts) qui font chacun le tri dans leur domaine de compétence.

Le lecteur de flux RSS

Le *Really Simple Syndication* (RSS) est l'un des outils Web 2.0 par excellence. Il permet d'agréger les informations issues des sources sélectionnées par l'utilisateur lui-même et organisées selon ses soins. Cela permet d'avoir accès à tout moment à l'actualisation des flux de données utiles. Il s'agit typiquement d'un outil qualitatif : on ne reçoit pas un flux indifférencié sur son centre d'intérêt, mais uniquement des sources dont on a apprécié la qualité et la pertinence.

Hiérarchiser l'urgence

Une célèbre étude menée par Hewlett-Packard en 2005 a montré que les cadres d'entreprise incapables de gérer leur temps de connexion se montraient moins efficaces que les autres, et qu'ils perdent même des points de QI ! Mais l'effet dure seulement le temps de la distraction : il s'agit d'une simple perte de concentration. Le problème est exactement le même dans la vie personnelle que dans la vie professionnelle. L'Internet, comme tout moyen de communication, impose ce que Bernard Stiegler nomme une « écologie de l'esprit », une bonne gestion du temps et de l'espace de nos connexions (Ars Industrialis). Nous serons amenés à passer de plus en plus de temps devant les écrans de nos terminaux numériques : cela impose de se fixer, au sein de la journée, de la semaine et de l'année, des périodes de déconnexion permettant de concentrer toute son attention sur la résolution de problème ou la création de contenu. C'est simple à dire mais cela va nous demander une réelle discipline.

Vérifier l'information

Comment connaître la valeur relative d'une information ? Ce point est celui qui soulève le plus de scepticisme sur la valeur de l'Internet : le pire y côtoie le meilleur, et l'usager est condamné à utiliser des sources incertaines s'il ne fait pas appel à des spécialistes de la vérification et de la qualification de l'information, comme par exemple les journalistes.

Notons d'abord que l'Internet permet de collecter les informations des journalistes eux-mêmes, avec des services comme Google Actualités agrégeant toutes les sources médiatiques gratuites sur un thème. La différence est qu'au lieu d'avoir un journal ou un magazine traitant de tous les sujets d'actualité à la fois, chaque utilisateur peut faire une revue de presse sur les sujets qui l'intéressent. De plus, une source non journalistique n'est pas nécessairement privée de valeur, car bien des amateurs spécialisés connaissent mieux leur domaine de prédilection que des rédacteurs généralistes (voir le chapitre « Le temps du *social knowledge* »).

Une des voies pour sélectionner des informations est la « popularité ». Une information qui est recommandée par un grand nombre de personnes est intéressante. C'est ainsi que le moteur de recherche Google a intégré dans son algorithme d'indexation de pages un indice de popularité : plus la page est liée par d'autres sites, mieux elle est référencée. Ce système a des limites : ce n'est pas parce que le plus grand nombre trouve un contenu intéressant qu'il l'est. De plus, certains blogueurs influents peuvent travailler de concert avec des entreprises et produire du publireportage, ce qui n'est pas un gage de neutralité et d'objectivité.

Une autre méthodologie a été avancée : le vote direct. C'est le principe des *digg-like*. Chacun peut diffuser son information. Si de nombreux lecteurs « votent » pour elle, elle est valorisée et diffusée sur la homepage du site. Et donc encore plus visible. Là aussi, on peut détourner le système et organiser un vote massif pour un contenu. Camille Gévaudan a souligné à ce sujet que les blogueurs américains ont été conduits à clarifier leurs pratiques par la Federal Trade Commission. Autre pratique née avec le *microblogging* : le ReTweet (RT). Équivalent pour Twitter du *forward* d'une messagerie (TR), elle mesure donc maintenant la qualité d'une information à son niveau de

« recommandation » puis de circulation. François Guillot a cependant montré que le RT est une « mesure de l'influence » qui ne se confond pas toujours avec la mesure de la pertinence.

Enfin, de nombreux sites publiant des contenus produits par les internautes (*User Generated Contents*) donnent accès aux profils de ces contributeurs, ce qui permet de se faire une idée du crédit qu'ils peuvent avoir en regardant l'ancienneté de leur participation, leur spécialité et le nombre de leurs contributions.

La vérification de l'information sur Internet peut donc s'aider de divers « indices » dont aucun ne constitue une preuve formelle de qualité. Néanmoins, le réseau permet de franchir l'étape qui était la plus difficile avant le numérique : la réunion des sources sur un même thème. Lorsqu'un sujet est ainsi éclairé par une consultation régulière des articles de presse, d'encyclopédie, de blogs, il devient plus facile pour l'usager de comparer les niveaux d'expertise, donc de fiabilité, d'observer des opinions ou des interprétations contradictoires, de se forger sa propre analyse.

Une histoire de siphon...

En mai 2010, le très honorable *Oxford Dictionary English* s'est fait retoquer par Stephen Hughes, un physicien. La raison ? Le dictionnaire expliquait dans la définition du mot siphon que la force expliquant son mécanisme est la différence de pression atmosphérique dans les tuyaux. Il n'en est rien : il s'agit de la gravité. L'Encyclopédie Larousse commet la même erreur, ainsi que bon nombre d'ouvrages de références. En revanche, ce n'est pas le cas de Wikipédia... Cet exemple montre que l'édition papier, même prestigieuse, n'est jamais une garantie d'exactitude ou de mise à jour. Et que le savoir progresse lorsque des spécialistes enrichissent une source commune par des remarques critiques[a].

a. B. Malkin, « Physicist spots 99-year-old mistake in Oxford English Dictionary », *The Telegraph*, 11 mai 2010.

Concentrer l'attention

Les chercheurs n'ont pas la réputation d'être des gens distraits et futiles. Or Internet a été inventé par les scientifiques pour échanger au plus vite des données et aujourd'hui, l'édition scientifique est celle qui a le plus dématérialisé ses contenus : ses (nombreux) journaux comme ses livres sont numériques de longue date. Cet exemple montre qu'il n'y a aucun lien fatal entre la numérisation des échanges et la distraction des esprits. Internet ne modifie pas fondamentalement la donne par rapport aux anciens médias : une personne qui essaie de réfléchir avec son téléviseur allumé, un magazine posé sur son bureau et un téléphone qui sonne régulièrement aura du mal à se concentrer ! La plupart des tâches que nous avons à mener peuvent être fragmentées : personne n'écrit d'une traite un long article, un rapport ou un livre. Le problème de l'attention relève donc d'une certaine gestion de son temps (voir ci-dessus) et de ses capacités cognitives. Le simple fait de pouvoir noter simplement et à tout moment des idées (par exemple sur un smartphone) permet de ne perdre aucune information utile à la tâche en cours, car nos idées jaillissent à tout moment, pas seulement pendant les heures que nous dédions à la réflexion.

Pour l'universitaire américaine Maggie Jackson, auteur de *Distracted : The Erosion of Attention and the Coming Dark Age*, « nous sommes potentiellement à l'aube d'une renaissance de l'attention, alimentée par une meilleure compréhension des sciences cognitives, sous réserve d'examiner de façon critique l'impact des nouvelles technologies sur nos capacités cognitives ». Selon elle, nous développons en tant qu'humains l'attention dès notre naissance. Cette attention englobe différents aspects : la capacité d'accueillir des stimuli, la capacité de faire le tri parmi les millions de sensations qui nous parviennent, ce qui inclut la conscience (*awareness*) et la concentration (*focus*). Une troisième facette de l'attention dirige les processus de connaissance plus complexes, les opérations émotionnelles et la solution de conflit entre les différentes parties du cerveau. Ces trois aspects sont affectés par notre mode de vie moderne, notre nomadisme, notre emploi du temps fragmenté et nos espaces virtuels. Maggie Jackson note que les personnes capables de se concentrer ressentent moins de peur, de frustration et de tristesse au jour le jour, en partie parce qu'elles détachent leur attention des aspects déplaisants de leur vie. *A contrario*, les problèmes d'attention sont un des principaux obstacles pour atteindre ce profond sentiment de satisfaction qu'éprouvent les personnes qui se concentrent pour réussir un défi.

Dispersion : pas plus de deux tâches à la fois !

Deux chercheurs français de l'Inserm, Sylvain Charron et Étienne Koechlin, ont publié au printemps 2010 une étude sur le fonctionnement de notre esprit, qui répond à de vieilles questions : comment décidons-nous de nos actions ? où les informations sont-elles traitées ? et que se passent-ils quand il y en a plusieurs ?

Trente-deux volontaires se sont prêtés à une observation en imagerie par résonance magnétique fonctionnelle (IRMf) pendant qu'ils accomplissaient une tâche cognitive. D'abord une action simple : apparier des lettres minuscules. Tout se passe alors dans nos lobes frontaux : les deux parties (droite et gauche) de cette zone du cortex sont mobilisées par la même tâche. Une deuxième expérience complique un peu l'opération en incluant un autre critère de concentration : apparier simultanément des lettres majuscules et minuscules. L'IRMf révèle alors que le cerveau procède à une division du travail : chaque lobe frontal choisit une des deux tâches. Et les choses se passent sans trop de difficultés. Mais une troisième expérience montre nos limites : les volontaires passent un test avec trois facteurs simultanés de concentration (apparier indépendamment des lettres de trois couleurs différentes). Non seulement les résultats au test sont médiocres, mais l'imagerie montre un temps de réaction très allongé en raison d'allers-retours éperdus entre les deux lobes du cortex. « La nature duale de la fonction frontale peut expliquer de nombreuses limitations de nos capacités de raisonnement, de décision et d'adaptation », explique Étienne Koechlin. Nous ne sommes pas programmés pour traiter des informations qui demandent plus de deux objectifs simultanés.

Un esprit averti en vaut deux ! Face au risque de dispersion et d'inattention, on doit se concentrer sur deux tâches simultanément, mais pas plus. Cela à un instant t, bien sûr, qui n'empêche pas de varier les thèmes de réflexion dans une même journée[a].

---

a. Charron S., Koechlin E., « Divided representation of concurrent goals in the human frontal lobes », *Science*, 326, pp. 360-363, 2010.

Produire la synthèse

Le tout est plus que la somme de ses parties : cette assertion se vérifie dans le domaine de l'information. Lors d'un colloque organisé par la Maison des sciences de l'information et de la communication (CNRS) sur le thème « De la société de l'information vers les sociétés du savoir », les intervenants ont souligné la différence entre information, savoir et connaissance. L'information est en quelque sorte la matière première, les briques élémentaires de toute analyse. Mais une simple accumulation d'informations ne produit pas par elle-même de la connaissance ou du savoir : il faut à la fois une pratique dans la durée et une synthèse (évolutive) permettant de distinguer les informations pertinentes ou non, centrales ou périphériques.

L'important n'est pas d'accumuler un maximum d'informations, mais de construire des relations logiques, simples, efficaces entre ces informations pour construire un savoir ou une connaissance. Non pas dans tous les domaines, puisque c'est parfaitement impossible étant donné l'explosion des connaissances scientifiques ou pratiques de l'humanité : nous ne vivons pas dans la société du savoir abstrait, mais dans la société des savoirs concrets. C'est vrai même dans les disciplines les plus généralistes : en science, un spécialiste de la physique des particules n'est pas un spécialiste d'astrophysique ; en philosophie, un expert de la pensée antique n'est pas un maître de la déconstruction post-moderne. Et bien sûr, cette émergence des savoirs spécialisés concerne la vie quotidienne de chacun.

L'Internet ne produit pas la capacité de synthétiser personnellement chaque domaine (il faudrait des centaines de vie pour cela !), mais il permet l'accès à des synthèses déjà réalisées par d'autres. Car nous avons tous des domaines qui nous passionnent et que nous connaissons bien. On parle maintenant de « *curation* » et de « *curators* » pour évoquer les personnes effectuant ce travail de tri et de synthèse. La dimension à la fois collective et collaborative de la construction des savoirs s'impose comme l'une des mutations les plus importantes de ce siècle. Apprendre à partager les connaissances est la clé de cette évolution (voir le chapitre « Le temps du *social knowledge* »).

L'accès rapide à des synthèses de qualité implique enfin que les individus devront surtout exercer leurs talents à s'en inspirer pour faire les bons choix, porter les bons jugements sur les situations auxquelles ils sont confrontés : une vision d'ensemble bien informée est le préalable d'une décision qui repose en dernier ressort sur l'intuition et la vision de l'avenir.

Profiter du « surplus cognitif »

Comme l'observe Clay Shirky (auteur de *Cognitive Surplus : Creativity and Generosity in a Connected Age*, 2010), « les gens ont beaucoup de temps libre dans l'âge industriel. Mais ce temps libre a longtemps été quelque chose à occuper plutôt qu'à

.../...

utiliser [...] Une personne née en 1960 a regardé quelque chose comme 50 000 heures de télévision. Cinquante mille heures, c'est plus que cinq ans et demi de vie » (*Wired*, 2010). Les chiffres sont un peu moindres, mais cependant comparables de ce côté-ci de l'Atlantique. Or, comme l'observe Shirky, le déplacement de la radiotélévision vers l'Internet représente dans l'ensemble moins de consommation et plus d'engagement : la vie numérique est interactive et sociale plutôt que passive et isolée, comme nous l'étions face à un poste de télévision. Certes, l'Internet évoluera en partie vers un mode passif, de simple délassement, mais la structure même des échanges en son sein diffère de celle des anciens médias. Pour Shirky, cela signifie que nous disposons collectivement d'un « surplus cognitif » qui sera marqué par plus de générosité et de créativité.

Ajouter une valeur personnelle

Napoléon disait qu'entre un général doué et un général chanceux, il préférait que ses régiments soient menés au front par les seconds. Une autre manière de dire que, dans les affaires humaines, tout ne se résume pas à la pure rationalité ni à la maîtrise « formelle » d'une situation. C'est aussi vrai dans les domaines les plus rationnels : Henri Poincaré, l'un des plus grands mathématiciens de tous les temps, a écrit des pages célèbres sur le rôle de l'intuition et même du rêve dans la découverte des solutions les plus ardues… et les plus analytiques en dernier ressort ! « La logique qui peut seule donner la certitude est l'instrument de la démonstration : l'intuition est l'instrument de l'invention », écrivait-il (*La Valeur de la science*, 1905). Il va de soi que les artistes, bien plus que les scientifiques, font reposer leur création sur cette intelligence émotionnelle.

À l'avenir, il est probable que cette dimension créative prendra une part de plus en plus importante. L'Internet procure des outils pratiques pour accéder aux analyses d'un thème donné et en produire la synthèse : encore faut-il, à partir de cela, soit ajouter des conceptions nouvelles, soit prendre de bonnes décisions. En ce domaine, la part revient à l'intuition, à l'imagination, à la vision et à l'émotion : il faut être capable de bousculer les schémas et de changer les perspectives.

Bien que d'origine sociale, les connaissances seront donc orientées, triées, utilisées à des fins personnelles. Plusieurs auteurs ont

> **Sérendipité**
>
> Ce néologisme provient de l'anglais *serendipity*, inventé au XVIIIe siècle : il désigne une découverte inattendue, à la marge d'une exploration ayant une autre finalité que la découverte elle-même. Le mot a été remis au goût du jour par la navigation sur Internet, l'hyperlien étant favorable à des « dérives » sur la toile où une idée en amène une autre. Le processus créatif relève souvent de la sérendipité : en cherchant une solution à un problème, l'esprit peut être amené à des conclusions imprévues sur un autre problème proche ou analogue. Il n'y a pas de « recette » pour transformer une navigation vaine en sérendipité créative, sinon que l'esprit doit toujours rester ouvert à des connexions imprévues !

récemment souligné l'importance de ce tournant dans la personnalisation de l'information et du savoir[1].

Une leçon importante des sociétés numériques est que l'individu ne peut plus prétendre à la maîtrise d'une proportion significative de savoirs, tant ceux-ci sont devenus nombreux et accessibles. La conséquence en est l'importance croissante de l'intelligence collective et du travail collaboratif : le prochain chapitre sera consacré à l'analyse de ce *social knowledge*.

CONCLUSION PROSPECTIVE

▸ En raison de la démographie, de l'alphabétisation, de la mondialisation et de la spécialisation, la production et l'accumulation des savoirs ne cessent de s'accroître : l'humanité aura sans doute appris plus de choses nouvelles entre 2000 et 2050 que dans toutes les époques antérieures. Et l'Internet rend accessible toute cette connaissance depuis n'importe quel terminal numérique. Cet écosystème de l'information et de la connaissance crée des besoins nouveaux : produire des

---

1. *Cf.* Pauleen D., « Personal knowledge management : putting the "person" back into the knowledge equation », *Online Information Review*, 33 (2) : 221-24. doi : 10.1108/14684520910951177, 2009 ;
   Zhang Zuopeng J., « Personalising organisational knowledge and organisationalising personal knowledge », *Online Information Review*, 33 (2), 237-56. doi : 10.1108/14684520910951195, 2009.

synthèses opérationnelles, mettre au point des marqueurs de pertinence, élaborer des indexations sémantiques de plus en plus intelligentes et intuitives pour l'usager. L'Internet crée le problème (surabondance, confusion) mais il invente en même temps les solutions (sélection, tri).

▸▸ La transmission d'informations et de connaissances était hier l'apanage d'un rapport singulier entre d'un côté l'enseignant, le maître ou l'expert, d'un autre côté le disciple, l'apprenti ou l'usager. Internet change la donne : la production communautaire de savoirs prend de plus en plus d'importance, avec des sources multiples, une plus grande distance vis-à-vis de ces sources. Le développement de l'autonomie et de l'esprit critique sera de plus en plus nécessaire pour évaluer soi-même la qualité des matériaux nécessaires à ses analyses.

▸▸ Le rapport à l'information sera déterminant pour la situation des individus : ils seront maîtres ou esclaves des flux permanents se déversant sur les terminaux numériques. Cette attitude active ou passive demande de réfléchir plus vite, de gérer des grandes quantités d'informations en identifiant leurs lignes de force, d'éviter la noyade dans les détails en allant à l'essentiel (les raisonnements sous-jacents), de prendre en compte plusieurs variables dans l'évaluation d'un problème et de savoir partager intelligemment les connaissances. La lutte pour la survie dans la jungle de l'information sera favorable aux « esprits multitâches ». Et elle produira une forte pression en faveur des solutions collaboratives, de partage.

Journal du milieu de siècle (en 2049…)

Mon holo-assistante se matérialise sur l'écran mural quand je pénètre dans mon box. Elle m'annonce trente-six messages pros qu'elle a déjà triés dans le tableur d'urgence et cinquante-sept flux sur mon fil. Je l'avais pourtant vidé après mon petit-déjeuner, mais le mardi est l'un des jours les plus chargés de la semaine. Avec les scénarios à revoir, cela ne va pas s'arranger : avant les fêtes, je dois programmer mes bots flaireurs pour glaner des idées sur le Réseau. J'y ai un peu réfléchi sur ma solylette, je vois deux alternatives : soit on aménage le premier programme de Doom of Last Kingdom en checkant les points faibles du test qualité, soit on repart à zéro sur un concept adjacent. Kev essaiera de défendre la première option pour sauver une part des programmes du réseau des développeurs, mais je sens que la seconde solution est meilleure, c'est rare que l'on arrive à rattraper un flop initial. Le client n'est pas fou. Et puis bon, c'est un peu égoïste aussi, repartir à zéro signifie reconstruire des pistes de scénarios et c'est ma phase préférée du développement. On peut laisser flotter son imagination sans trop de contraintes, surfer en simulation corticale, renifler les tendances des gamers et sentir naître les intuitions. La sensation est curieuse, très agréable quand on suit le mood sans idée précise, mais finalement exténuante : on est vidé en fin de journée. Même si les nanotests permettent de s'injecter des psychostimulants pour booster les synapses, le régime de surchauffe n'est pas tenable après quelques semaines.

(À suivre à la fin du prochain chapitre…)

Chapitre 5

Comment bénéficier de l'intelligence collective et de la production collaborative ?

Le temps du *social knowledge*

L'Internet rassemble un grand nombre d'individus, généralement séparés dans la vie réelle, qui sont mis en relation par des liens d'information dans la vie numérique. Cette observation très banale a une portée révolutionnaire : le grand nombre n'est plus une masse passive, mais une multitude active ; l'information n'est plus de même nature quand cette multitude a accès à sa lecture, à son écriture et à son partage ; les hyperliens ouvrent tout ce qui était clos, rendent dynamique ce qui était statique, produisent des évolutions imprédictibles au lieu de comportements contrôlables. Mais surtout, la mise en relation des individus et des contenus produit par elle-même du sens et de la connaissance. On a appelé ce phénomène la « sagesse des foules » ou l'« alchimie des multitudes » : on parlera ici de *social knowledge*.

Par *social knowledge*, nous désignons les procédés par lesquels une connaissance peut émerger de la mise en relation des individus sur Internet, sous forme d'intelligence collective ou de production collaborative. L'intelligence collective est le produit inconscient d'une somme de comportements individuels : en exprimant chacun un avis de manière indépendante, les individus construisent sans le savoir des significations, des recommandations, des réputations. Voilà pourquoi les résultats de Google sont ordonnés au lieu d'être chaotiques, et si importants pour la navigation dans l'océan quasi infini des contenus d'Internet. La production collaborative est un processus conscient par lequel un groupe d'individus, potentiellement élargi à l'ensemble des internautes, est capable de trouver une solution à un problème, d'identifier et de corriger des erreurs, de construire par petites briques un contenu commun. C'est par elle que Linux défie les systèmes d'exploitation propriétaires ou que Wikipédia remplace les encyclopédies traditionnelles.

Le *social knowledge* est au cœur du partage des connaissances qui caractérise l'ère numérique.

» Intelligence collective et auto-organisation

» Production collaborative et réseau ouvert

» Après Babel : vers une traduction multilingue instantanée

À chaque seconde, il se publie des articles sur les blogs, des photos sur Flickr, des vidéos sur YouTube et DailyMotion, des messages sur Twitter et Facebook, des corrections sur Wikipédia, des nouveaux liens robotiquement générés sur Google… le temps de lire ce paragraphe, le contenu comme la topographie du web ont déjà changé. Nous sommes collectivement responsables de cette évolution par chacune de nos actions individuelles, nous créons en temps réel un nouveau monde. Ce *social knowledge* devient chaque jour plus riche, plus dense et plus important dans nos existences.

Contrairement à certaines idées reçues, intelligence collective et travail collaboratif ne sont pas des concepts nés avec l'Internet. Au cours des siècles, bien des inventions ont permis à l'humanité de produire une mise en commun des connaissances (*social knowledge*), c'est-à-dire un patrimoine intellectuel fondé sur une multitude d'interactions entre des agents ayant une vision limitée de leur environnement. Ces « effets de réseau » donnent lieu à des synergies entre les compétences de chacun des agents et permettent de créer de l'intelligence. Le siècle de Lumières, a par exemple vu l'émergence de l'*Encyclopédie* de Diderot et d'Alembert… une œuvre qui n'aurait sans doute pas existé sans l'invention de l'imprimerie deux siècles plus tôt.

Mais Internet a changé la donne car il a permis une démocratisation sans précédent de l'accès aux outils d'expression et de création. Kevin Kelly écrivait sur son blog Technium :

> *« Une simple extrapolation suggère que dans un futur proche, toute personne vivante écrira une chanson, un livre, réalisera une vidéo, tiendra un blog et codera un programme. Cette idée est-elle moins choquante que de se dire, il y a 150 ans, qu'un jour tout un chacun écrira une lettre ou prendra une photographie ? »*

Un autre observateur très écouté d'Internet, Jeff Jarvis affirme quant à lui :

> *« Dans le commerce, les médias, l'éducation, les services publics, la santé – dans tous les domaines en réalité – les liens obligent à la spécialisation, la qualité et le travail en commun. Ils changent les rôles anciens et en créent de nouveaux. Les liens modifient l'architecture fondamentale des sociétés et des entreprises, tout comme les poutrelles métalliques et les rails ont un jour changé la manière de construire les villes et les pays, et de les diriger[1]. »*

Wikipédia, Google, Facebook et bien d'autres géants du web sont en train de démontrer sous nos yeux qu'une autre forme de production, d'organisation et de partage de l'information est possible. Nous ne percevons pas toujours ces enjeux car « l'architecture » dont parle Jarvis est de nature cognitive, immatérielle. Pourtant, ce *social knowledge* bouleverse en profondeur nos liens aux savoirs et aux pouvoirs.

Intelligence collective et auto-organisation

Tout le monde a déjà observé des fourmis. Si vous déposez des gouttes de confiture à divers endroits de votre jardin, vous constatez au bout d'une heure ou deux que des files parfaitement ordonnées de fourmis se sont constituées. Méthodiquement, elles ramènent molécule par molécule des parcelles de confiture dans le garde-manger central de la fourmilière. La fourmi a pourtant un système nerveux très rudimentaire, avec une forte rigidité comportementale et cognitive. Comment parvient-elle à calculer à tous les coups le trajet optimal, ce que même des mathématiciens ont du mal à faire ?

La réponse à cette énigme s'appelle l'intelligence collective. Chaque fourmi laisse des traces perceptibles par ses congénères. Individuellement, les fourmis font des essais et des erreurs. Mais celles qui trou-

---

1. Jarvis J., *La Méthode Google*, SW Télémaque, 2009.

vent le meilleur chemin vont plus vite que les autres et laissent plus de traces. Peu à peu, la piste ainsi créée attire un grand nombre d'individus. Le « bruit » des trajectoires initialement chaotiques laisse la place au « signal » de la trajectoire optimale – en l'occurrence, la plus rapide et la plus efficace. En termes savants qu'il n'est pas forcément utile de retenir, ce processus a parfois été baptisé holoptisme (capacité à voir la totalité) ou optimisation par essaim particulaire (modélisation des sociétés d'insectes applicables à tout système multi-agent), la distribution des densités de probabilité étant une traduction mathématique de la « main invisible » qui coordonne les actions.

Effet de réseau

En économie, on appelle effet de réseau ou effet-club le fait que l'utilité d'un bien ou d'un service s'accroît avec son nombre d'utilisateurs. Si 5 % d'une population est équipée en téléphone, ce n'est pas très utile, en tout cas bien moins que si 95 % de la population utilisent la technique. Toutes les technologies de communication donnent lieu à de puissants effets de réseau qu'il s'agisse des outils (téléphone, fax, ordinateurs…), des services (sms, mms, mail…), des formats (xml, pdf, epub…) ou encore des réseaux (Facebook, Twitter, Digg…). L'enjeu pour les acteurs numériques est donc d'atteindre une masse critique au-delà de laquelle l'effet de réseau se renforce lui-même. Le moyen le plus souvent utilisé est la gratuité : rien de tel pour développer un usage.

Les êtres humains ont un cerveau nettement plus développé que les fourmis. Et pourtant, leur intelligence individuelle ne produit pas tout, l'intelligence collective a son mot à dire. Dans une forêt peu fréquentée, les pas de chaque promeneur redessinent le sentier que prendra le promeneur suivant. Internet, où nos passages laissent d'innombrables signaux, est le royaume de l'intelligence collective !

L'exemple le plus connu est bien sûr le moteur de recherche qui, en 2010, représente 65 % des requêtes mondiales sur le net : Google. Par quel miracle l'outil mis au point par Sergueï Brin et Larry Page à partir de 1996 parvient-il à extraire en une seconde des informations pertinentes parmi 1 200 milliards de page web ? Une partie de la réponse tient bien sûr à la « tuyauterie », c'est-à-dire des milliers de « fermes-serveurs » qui indexent en permanence le web.

Mais en fait, chacun d'entre nous contribue au succès de Google : nous sommes les premiers employés de cette multinationale ! Quand nous cliquons parmi les dix premiers résultats de notre recherche, nous donnons une première indication de pertinence. Quand nous faisons un lien vers une page d'intérêt liée à un mot-clé, nous produisons une indication encore plus forte sur la pertinence de l'information. Si notre site est lui-même l'objet de beaucoup de liens, et s'il est donc une référence, un lien sortant aura plus de poids. Et ainsi de suite. Cette technique, baptisée *PageRank,* n'est pas la seule de la firme de Mountain Views pour optimiser nos déplacements sur la toile. Mais elle est un exemple de l'intelligence collective. Comme l'écrit Google lui-même, « le *PageRank* illustre la nature profondément démocratique du web [...] en considérant un lien d'une page A vers une page B comme un vote ». Individuellement, nous ne savons rien de la valeur relative de nos liens. Mais collectivement, l'algorithme de Google traduit nos préférences.

En mars 2011, Google a annoncé une nouvelle mise à jour de son procédé d'indexation, baptisée par la presse « Panda Update », ou « Farmer Update » par allusion aux « fermes de contenus »[1]. Cela aboutit à modifier 15 % des résultats de requêtes en améliorant sensiblement le service rendu à l'utilisateur : Panda met en avant un *trust rank* (« score de confiance ») dans le résultat d'une recherche, rétrogradant des sites considérés comme nuisibles à l'information (sites-miroirs simplement dupliqués, surchargés de publicités, ayant du contenu copié-collé d'une autre source mieux notée, etc.).

L'exigence de valeur ajoutée met les intermédiaires professionnels à dure épreuve

On accuse beaucoup l'Internet de produire la disparition des intermédiaires : ce processus de « désintermédiation » laisserait l'individu seul face à un océan d'informations brutes et illisibles. Le web interactif 2.0 et le futur web sémantique 3.0 aboutissent plutôt au constat inverse : nous devenons tous des intermédiaires, bien plus efficaces grâce à l'intelligence collective. Prenons l'exemple d'un libraire : il ne peut disposer que de quelques milliers de titres dans un espace physique limité et, bien sûr, il lui est impossible de les avoir tous lus. Sur une plateforme de distribution numérique, non seulement on trouve des millions de livres, mais aussi des centaines de millions d'avis de lecteurs qui nous ont précédés. Ces micro-communautés forment autant d'intermédiaires.

---

1. *Cf.* Steven Levy, TED 2011: « The "Panda" That Hates Farms : A Q&A With Google's Top Search Engineers », *Wired*, 3 mars 2011.

Le phénomène a été baptisé « sagesse des foules » par James Surowiecki, et requalifié « alchimie des multitudes » par Francis Pisani et Dominique Piotet. De même, Denis Ettighoffer[1] préfère ne pas raisonner en termes de « foules », de peur du mimétisme et met l'accent sur deux besoins : la recherche de sens et la confiance établie entre les différents intervenants.

En intégrant les systèmes de réputation et de recommandation, le web 2.0 est venu bouleverser la vision de l'intelligence collective telle qu'on la connaissait jusqu'alors. Interactive par nature, l'énorme palette de services offerts par le web 2.0 est résolument tournée vers l'intelligence collective : blogs, wikis, *digg-likes*, réseaux sociaux et tweets. Toutes ces applications permettent non seulement aux internautes de produire eux-mêmes du contenu, mais aussi de le soumettre à la validation des autres internautes qui peuvent le commenter. C'est un véritable éco-système de l'information qui s'est créé.

La dimension qualitative d'une information est de plus prégnante : les moteurs de recherche, s'ils restent des outils privilégiés pour trouver une information sur le web, voient tout de même leur influence faiblir face aux applications qui mettent un avant la réputation d'un produit, d'une marque ou même d'une personne, dans le cas du *personal branding*. L'implication maximale des internautes sur des plateformes participatives fait qu'aujourd'hui, la question d'un internaute ne reste jamais sans réponse… et que la réponse est de plus en plus pertinente. Comme le remarque Freddy Mini, PDG de Netvibes, les usages du web évoluent rapidement en fonction des contenus d'informations :

> *« Nous sommes passés de la navigation* (browsing) *au moteur de recherche* (searching) *puis au management de l'information* (searching). *Pour naviguer, vous avez besoin d'un navigateur comme vous le faisiez avec Netscape (1994). Pour lancer des requêtes de recherches d'informations vous avez besoin d'un moteur de recherche comme Google (1998). Pour faire du management de l'information, vous avez besoin d'un tableau de bord* (dashboard) *tel que Netvibes[2]. »*

---

1. Ettighoffer D., *Netbrain, les batailles des nations savantes*, 2008.
2. In Lejeune Y. (dir.) (2010). *TIC 2025 les grandes mutations*, FYP.

En mars 2010, Facebook a, pour la première fois, dépassé Google en nombre de connexions quotidiennes outre-Atlantique, atteignant une nouvelle « masse critique » (Frédéric Colas, *Journal du Net*, 16 avril 2010). Même si le moteur de recherche a moins de parts de marché aux États-Unis qu'en Europe, et notamment en France, la nouvelle a fait du bruit. Facebook connaît une croissance de trafic de 185 % depuis un an, Google de 9 %. Ce tournant social du web n'a pas échappé au géant de Moutain View, qui a lancé son service Buzz et, surtout, un outil « Recherche sociale » en version bêta comme l'avaient fait Bing et Yahoo. Les contenus Facebook ou Twitter sont ainsi agrégés aux recherches.

Les réseaux sociaux étant construits sur des logiques affinitaires et identitaires (partage d'intérêts, de valeurs et de goûts), ils forment des médiations utiles pour interpréter collectivement le flux massif des informations. On craignait la « fin des intermédiaires » – l'individu égaré dans une foule solitaire –, mais ceux-ci reviennent en force, sous la forme d'« infomédiaires » en réseaux. Ce phénomène montre les limites intrinsèques de toute manipulation par un émetteur puissant (privé ou public), dont l'influence sur les individus n'est jamais directe (ni durable par ailleurs, vu la compétition croissante des informations). Les entreprises et les politiques tentent bien sûr de développer des stratégies en marketing viral et buzz social mais, par définition, ce sont toujours des agents isolés face à la multitude.

Communication à deux étages

Dans les années 1940 et 1950, Paul Lazarsfeld et Elihu Katz ont développé la théorie de la « communication à deux étages », à partir d'une analyse de campagnes électorales américaines (Katz E., Lazarsfeld P. (1955), *Personal Influence*, New York, The Free Press). C'était l'âge d'or des médias de masse *one to many*, d'abord radio puis télévision. Les résultats de Katz et Lazarsfeld montraient que le premier étage de la production d'information par les mass-médias est doublé d'un second étage, constitué d'une interprétation par le groupe de référence de l'individu, c'est-à-dire ses réseaux d'appartenance en socialité primaire (famille, amis, collègues). Au sein de ce groupe de référence, des « leaders d'opinion » jouent un rôle clé dans la transmission et l'évaluation de l'information d'origine mass-médiatique. Intelligence collective et production collaborative renforcent le second étage de la communication.

Pierre Lévy, professeur à l'université d'Ottawa, a été parmi les premiers à montrer la montée en puissance de l'intelligence collective, qu'il définit comme la « mise en valeur et la relance mutuelle des singularités » (P. Lévy, *L'Intelligence collective. Pour une anthropologie du cyberespace*, La Découverte, 1994). Pour lui, le cyberespace est une « mémoire universelle » et nous entrons aujourd'hui dans l'espace sémantique : cette approche fait partie intégrante du web 3.0, aux côtés par exemple de l'intelligence artificielle. Le web sémantique conçoit une requête comme un concept, une unité de sens.

Langages informatiques et sens : IEMI, HTML5

Le IEML (*Information Economy Meta Language*) permet de traduire les langues naturelles et les classifications de concepts. Il s'adresse pour l'instant aux « architectes de l'information » et aux chercheurs en sciences humaines. Il aura pour but d'améliorer la gestion des connaissances et accroître l'intelligence collective. Le HTML5, qui sera le prochain standard du web, a été repensé pour permettre l'intégration de nombreuses balises qualitatives permettant une utilisation toujours plus intuitive du réseau. Beaucoup d'auteurs ont comparé le web à une sorte de « cerveau géant », où les neurones sont représentés par chaque contenu, les réseaux de neurones par des applications mettant en lien les contenus. Mais un cerveau parle un seul et même langage, celui des flux électrochimiques. L'objectif du web sémantique 3.0 est de tendre vers cette intégration fluide des usages, de sorte que chaque requête en langage naturel permet de trouver facilement (s'il existe) le petit coin de la « mémoire universelle » apportant la bonne réponse.

PRODUCTION COLLABORATIVE ET RÉSEAU OUVERT

Wikipédia a été créé en janvier 2001 par Jimmy Whales et Larry Sanger. À la fin de cette année 2001, on comptait vingt mille articles en dix-huit langues. Moins de dix ans plus tard, l'encyclopédie gratuite en ligne compte plusieurs millions d'entrées dans cent cinquante langues, dont soixante-dix actives.

Le secret du Wiki réside dans la collaboration massive à un même projet d'une multitude d'individus séparés. Les sceptiques n'ont pas manqué : jamais les gens ne perdraient du temps à un travail anonyme et bénévole, jamais les contenus ne seraient de bonne qualité, jamais les usagers ne feraient confiance à un produit aussi « amateur »… Une décennie d'expérience a balayé ces objections :

le secteur éditorial de l'encyclopédie traditionnelle est en crise profonde et Wikipédia figure parmi les sites les plus consultés au monde.

Dix ans plus tôt, en 1991, Linus Thorvalds crée le système libre d'exploitation Linux, à partir du projet GNU de Richard Stallman. Le logiciel est protégé par une licence de type *copyleft* : chacun peut réécrire son code source, personne ne peut se l'approprier. Des milliers d'informaticiens à travers le monde ont apporté leur pierre à l'édifice Linux. Là encore, les géants du logiciel propriétaire et professionnel n'accordaient aucun avenir à l'initiative : jamais les particuliers ou les entreprises ne feraient confiance à un logiciel ouvert et bricolé de manière artisanale. Le contraire s'est produit. Des géants industriels respectés comme Oracle ou IBM ont basculé vers Linux, un grand nombre d'administrations, de serveurs, d'ordinateurs personnels, de netbooks ou de mobiles utilisent le système d'exploitation libre et gratuit.

Le secret de Linux est le même que celui de Wikipédia, et c'est d'ailleurs le contraire d'un secret : la production collaborative, ouverte, libre. À partir du moment où une tâche peut être divisée en petits « paquets » élémentaires, la coopération de nombreux individus se révèle bénéfique. Plus cette collaboration est ouverte, plus forte est la probabilité que les problèmes trouvent leurs solutions, que les informations manquantes soient apportées, que les données fausses, défectueuses, incomplètes, inappropriées soient signalées.

Pour la génération numérique, cette logique du partage des tâches ou des informations est spontanée. Elle n'a pas grandi dans un monde fermé, autoritaire, vertical, où le secret et la séparation sont de mise. Les générations émergentes sur le marché du travail sont des « webacteurs[1] » qui n'ont plus un rapport passif à l'information et qui fondent leur socialisation sur la relation horizontale. Une étude américaine (Pew Center, 2010) a rapporté que 73 % des adolescents et 72 % des jeunes adultes utilisent couramment les réseaux sociaux, contre 40 % seulement des plus de trente ans. Ce

---

1. Pisani F. et Piotet D., *Comment le Web change le monde*, Village Mondial, 2008.

fossé générationnel peut expliquer bien des blocages dans les entreprises dont les dirigeants ne sont pas au fait des nouvelles mœurs numériques, perçues comme du divertissement alors qu'elles apportent également de nouvelles manières de travailler et de créer de la valeur.

Caroline Deforge, directrice *knowledge management* chez Ubisoft, observe ainsi la popularité des outils 2.0 dans les générations montantes :

> *« Les équipes utilisent différents espaces de travail type wikis, blogs ou autres technologies, pour produire et partager des données. Les fonctionnalités dites "2.0" – flux RSS, commentaires ou recommandations des utilisateurs – trouvent progressivement leur place dans l'entreprise et sont particulièrement appréciées de la "génération Y" – les personnes nées entre la fin des années soixante-dix et le milieu des années quatre-vingt-dix. »*

Apprivoiser les outils collaboratifs

Parmi les facteurs de succès de la mutation des pratiques dans l'entreprise, on note les points suivants :

- maîtriser les risques inhérents à la mise en place d'outils collaboratifs : fuite d'informations sensibles ; surinformation ou au contraire rétention d'information ; image négative de la perte de temps ; équipes parfois peu enclines à partager ;
- informer les équipes sur les règles d'utilisation de la plateforme : ce qu'elles peuvent faire et dire, les bonnes pratiques, les expériences pilotes ;
- former les individus aux principes du partage : savoir faire un retour et en recevoir, accueillir toutes les idées sans préjugé, comprendre ce que chacun gagne à partager ;
- laisser faire l'évolution spontanée : la tendance à diriger et contrôler le cours des idées doit laisser place à une liberté d'innover, qui n'exclut pas des corrections et recentrages *a posteriori* ;
- mettre en place une gouvernance et une architecture : règles transparentes de la communauté, valables pour tous les échelons de la hiérarchie ; utilisation la plus simple possible, afin de rendre les contributions spontanées ; cadre de confidentialité si nécessaire.

« La collaboration, la publication, la révision par les pairs et l'échange d'informations non sensibles pour la concurrence deviennent la clé du succès dans l'économie du savoir », résume Don Tapscott qui a forgé l'expression « wikinomics ».

Ouverture

C'est peut-être la révolution intellectuelle la plus difficile pour l'entreprise, qui se pense généralement en mode fermé et défensif dans un environnement concurrentiel perçu comme menaçant. Or les entreprises qui réussissent sont celles qui profitent du grand nombre dans un climat de confiance. Google, Amazon ou Facebook ouvrent une bonne partie de leur code source, ce qui permet à des centaines de milliers de développeurs de produire des applications dérivées, donc d'enrichir les offres. Il en va bien sûr de même pour le logiciel libre qui gagne chaque jour des parts de marché (Apache, Linux, Firefox, MySQL). Tout l'inverse de la culture Microsoft qui a dominé les années 1980 et 1990. L'ouverture n'est pas limitée au monde informatique, le *brick&mortar* en bénéficie tout aussi bien. Au cours des années 2000, Procter & Gamble a externalisé 50 % de ses avancées en recherche et développement en lançant ses problématiques sur le net et en recevant des milliers de réponses de chercheurs ou ingénieurs.

Production distribuée

C'est bien sûr le fondement du travail collaboratif, et elle suppose un certain état d'esprit : une confiance dans la base horizontale plutôt qu'une attente vis-à-vis des autorités verticales. Comme l'État, l'Église et bon nombre d'organisations humaines, l'entreprise de l'ère industrielle a souvent privilégié un mode hiérarchique et cloisonné de décision et de discussion. À partir des années 1970, il a paru évident que ce manque de transparence et de fluidité est nuisible à la créativité. À l'ère informationnelle, ce mode de gestion des connaissances devient franchement contre-productif puisqu'il est très facile d'agréger des contributions externes ou internes à un projet. Cela ne signifie pas que tous ces apports seront pertinents, ou de bonne qualité : le travail collaboratif, loin d'être synonyme d'anarchie, exige de mettre en place des outils adaptés pour discuter des apports de chacun et sélectionner les meilleurs. Wikipédia comme Linux ont développé des règles de fonctionnement. Mais ces règles ne remettent jamais en cause le principe initial : tout le monde peut proposer une création, une modification, une suggestion.

Partage

Le partage est créateur de valeur : cela paraît évident dans l'échange social et les biens communs, mais l'entreprise voit mal comment y retrouver son compte. C'est la raison pour laquelle son premier réflexe est d'utiliser la propriété intellectuelle et industrielle (voir les chapitres « Valeur zéro et échange généralisé » et « Les guerres du *copyright* »). Pourtant, sur nombre de secteurs innovants de rupture, la logique du partage diminue les coûts et les risques : au lieu de devoir assumer seule le développement d'un portefeuille de brevets pour des résultats toujours incertains, l'entreprise mutualise ses engagements et ses investissements. Dans le domaine de la recherche, de la santé et des technologies, nombre d'entreprises développent désormais des partenariats externes. Intel travaille par exemple avec un réseau de recherche académique (publique) dans les secteurs les plus avant-gardistes de l'innovation. L'industrie du médicament prend le même chemin : au début de l'année 2010, Sanofi-Aventis a signé un contrat avec Aviesan (organisme fédérateur de la recherche publique biomédicale en France). D'autres initiatives, à but plus clairement social et humanitaire, maximisent cette logique du partage. Ainsi, la Tropical Disease Initiative vise à la mise au point open source de nouvelles molécules thérapeutiques pour des maladies frappant les zones les plus déshéritées.

Le *social knowledge* est-il infaillible ? Non, pas plus que les autres formes de savoir. Plusieurs objections lui sont couramment opposées.

Quatre systèmes de *social knowledge*

Gloria Origgi propose sur son blog une classification des relations hommes/machines reposant sur les « relations » que nous entretenons face à notre interface de connexion.

- Les systèmes de traitement automatisé : ils reposent sur des algorithmes et demandent assez peu d'implication de la part des opérateurs humains. Ils classent l'information selon sa pertinence, sa date, son type, etc. En revanche, le traitement des résultats offerts par la machine peut s'avérer plus ou moins lourd, d'un point de vue cognitif, selon les stratégies employées par l'humain lors du tri des résultats. On pense bien sûr à Google.

…/…

- Les systèmes de réputation personnalisée : l'internaute est très impliqué et collabore avec la machine. Il est amené à donner son avis et à s'exprimer sur tel ou tel sujet. On peut prendre l'exemple de l'évaluation de la réputation des vendeurs sur Ebay, le marketplace d'Amazon, la notation des commerçants sur PriceMinister. La vogue du réseau social et du tweet a fait des recommandations affinitaires une condition de réputation des biens et services (un internaute donne son avis à sa communauté d'amis ou de *followers*).

- Les systèmes de collaboration : ce sont des systèmes de coopération également répartis entre les opérateurs humains et la machine. Wikipédia en est le parfait exemple : les contributeurs écrivent des articles qui peuvent être amendés ou complétés par les autres membres de la communauté. La qualité de l'information repose sur la sagesse des membres de Wikipédia. Autre exemple, le système Coyote intégré dans les GPS des automobilistes. Dès qu'un conducteur aperçoit un radar (fixe ou mobile), un accident ou des embouteillages, il le signale sur son système Coyote. En se connectant sur les réseaux GSM, Coyote envoie ces informations à un serveur central. Ainsi, les autres automobilistes profitent d'une information sans cesse réactualisée par une communauté.

- Les systèmes de recommandation : certains contributeurs, dont l'expertise est reconnue par la communauté, ont un rôle prescriptif. Des sites de guide d'achats comme Loonéo ou Ciao reposent sur ces principes de recommandations.

L'amateur contre l'expert

« Depuis quand n'importe quel individu est-il capable d'apporter une réponse de qualité à un problème ? » Dans le cadre de mon activité professionnelle sur le site « Comment ça marche », j'entends très souvent cette objection. En fait, chacun est « expert » dans au moins un ou deux domaines (celui de sa formation, celui de son activité professionnelle actuelle ou ancienne, celui de son hobby). Sur un sujet donné, l'internaute lambda ne connaît pas la bonne réponse : en revanche, dans la multitude des internautes lambda, il se trouve toujours quelques dizaines ou centaines d'experts sur un sujet très précis. Vous ou moi ? L'enjeu des sites fondés sur le *social knowledge* est d'inciter ces experts disséminés à s'exprimer sur des sujets qu'ils connaissent bien, et de les dissuader sur d'autres qu'ils ne connaissent pas. Et l'on observe que cela fonctionne ! Il se forme des micro-communautés de contributeurs qui finissent par imposer leur niveau de compétence élevé sur les sujets où ils interviennent régulièrement. C'est un « phénomène de club » tout à fait classique. Dans l'immense majorité des cas, il permet d'apporter des informations pertinentes.

> **Conflits humains : inévitables, mais rares**
>
> Dans une petite minorité de cas, les clubs de contributeurs au *social knowledge* sont trop fermés : ces micro-communautés peuvent se montrer trop rigides, notamment si la problématique soulève plusieurs approches concurrentes. C'est aussi une question de rapports humains, car la réputation numérique est un enjeu symbolique fort. Mais statistiquement, cela reste négligeable. Sur cent cinquante mille nouvelles discussions ouvertes par mois sur les différents forums de « Comment ça marche », les plaintes aux modérateurs pour d'éventuelles censures sont exceptionnelles.

La question du contrôle

« Le contrôle de qualité se fait toujours *a priori*, laisser les gens s'exprimer risque d'aboutir à des informations fausses, incomplètes, médiocres. » C'est une autre objection que l'on entend fréquemment. Il faut d'abord noter que la vie procède exactement à l'inverse : l'évolution par sélection naturelle est un contrôle *a posteriori* ! Plusieurs auteurs (Dawkins, Sperber, Dennett) ont souligné que l'évolution culturelle et technologique procède souvent de la même manière : une idée, une technique, une méthode, une information se diffusent plus ou moins rapidement (mutation-compétition), elles font rétroactivement l'objet de critiques et d'améliorations (sélection-adaptation). L'horloge, la machine à vapeur, la voiture ou l'ordinateur n'étaient pas des inventions optimales quand elles sont nées, mais on observe qu'elles ont sans cesse été améliorées dans leur cycle de vie. À plus modeste échelle, il en va de même pour l'information au sens large du terme. Quand une discussion s'ouvre sur Comment ça marche, elle crée un espace de compétition entre des bonnes et des mauvaises réponses : ces dernières sont assez rapidement repérées corrigées, rétrogradées, voire blacklistées si elles sont hors sujet ou fantaisiste. Car la communauté des utilisateurs et des contributeurs possède des outils pour la « sélection naturelle » des idées, c'est-à-dire leur contrôle *a posteriori* et l'émergence de la réponse optimale dans un écosystème d'information donnée. En moyenne, il faut environ deux heures pour que les bonnes réponses chassent les mauvaises.

Après Babel :
vers une traduction multilingue instantanée

Un des principaux obstacles à l'exploitation optimale de l'intelligence collective comme de la production collaborative est constitué par la barrière des langues. On trouve autant de blogs en japonais qu'en anglais, et les Chinois ont presque autant de sites que les Américains : mais ces contenus se juxtaposent en s'ignorant.

Le problème n'est pas nouveau puisqu'en 1629 déjà, René Descartes imaginait la possibilité d'une langue universelle où chaque son dénoterait une idée !

Le mandarin (1,12 milliard de locuteurs au total), l'anglais (920 millions), l'hindi et l'ourdou (740 millions), le français (590 millions), l'arabe (482 millions), l'espagnol (380 millions) et le russe (285 millions) forment autant de grands ensembles qui sont en partie étanches. Les vingt et une langues les plus parlées dans le monde représentent les deux tiers des habitants de la planète, ce qui fait déjà une grande diversité interne, et exclut de surcroît un tiers des humains dont l'espace linguistique est plus restreint.

Dans certains domaines comme le commerce ou la science, un anglais appauvri s'est imposé comme une langue minimale d'échange. Mais cette évolution spontanée tenant aux rapports de force politiques et économiques du XXe siècle n'est pas très satisfaisante. Et elle risque de ne pas durer compte tenu du poids croissant de l'Asie dans le monde. En tout état de cause, le *social knowledge* est d'autant plus efficace que chaque locuteur peut exprimer dans sa langue maternelle toutes les ressources et toutes les nuances de son esprit.

Imaginons un web où un système de traduction automatique, en temps réel, d'excellente qualité, permette d'étendre chaque requête au monde entier et de partager tous les contenus : la capacité collaborative et créative de l'humanité serait démultipliée par cette communication universelle !

Pour l'instant, nous sommes assez éloignés de ce rêve. Les services de traduction automatique comme celui proposé par Google ne donnent qu'une idée assez approximative des pages traduites. Le moteur de recherche procède par indexation systématique de certains sites de référence – comme par exemple celui de la Communauté européenne, traduit par des professionnels en onze langues. Cela permet, grâce à l'accélération constante de la puissance de calcul, d'aller rechercher certaines expressions exactes et d'en donner une traduction identique.

Les machines restant défaillantes, les solutions actuelles sont le fait de traducteurs humains. Des volontaires chinois traduisent chaque jour les titres les plus importants de la presse anglo-saxonne (Eco). Sur Global Voices, des volontaires développent une base de données en une vingtaine de langues. Le réseau anglo-arabe Meedan a été lancé par Ed Bice afin de rapprocher les locuteurs anglophones et arabophones, qui ont été éloignés par les perspectives géopolitiques de « guerre des civilisations » de la Maison Blanche, mais aussi tout simplement par une incompréhension linguistique à la base. De manière plus commerciale, le service SpeakLike a été lancé à la fin 2009 sur le modèle du Mechanical Turk d'Amazon : plusieurs dizaines de milliers de sous-traitants volontaires dans le monde permettent une traduction en quelques heures, pour un tarif allant de 5 à 20 centimes le mot. Le service concerne principalement les mails, chats, tweets ou blogs, il s'adresse avant tout aux entreprises globalisées et confrontées à la barrière des langues, mais peut intéresser les particuliers. De même, le système *open source* Worldwide Lexicon se propose d'offrir aux internautes un contrôle efficace de la traduction de leurs contenus, soit en ayant recours à des logiciels automatiques (avec correction des erreurs observées) soit en se connectant à SpeakLike.

Écrire le monde dans sa langue

Louis Pouzin est l'homme… qui a failli créer l'Internet ! En 1972, alors chercheur à l'Institut de recherche en informatique et en automatique (futur INRIA), Louis Pouzin a développé un protocole appelé le « datagramme », qui permettait la transmission de données par « paquets ». C'est la base même de la communication Internet sur les circuits téléphoniques. Le réseau Cyclades a fonctionné quelques années, mais il s'est éteint faute de financement. Aujourd'hui à la retraite, Louis Pouzin n'en est pas moins actif. Il se bat pour le multilinguisme sur le réseau : « Écrire le monde dans sa langue », comme le dit le slogan d'Eurolinc.

Il reste que la sous-traitance humaine n'est qu'un palliatif. Certains logiciels comme Systran, Prompt ou même Google Translate donnent au moins des résultats compréhensibles pour les grandes lignes d'un document, à défaut d'être correctement rédigés en raison des innombrables pièges que recèlent nos langues vernaculaires. En février 2010, Google a même annoncé un système de traduction vocale automatique des conversations sur mobiles, exprimant clairement sa volonté d'occuper le terrain linguistique à l'avenir.

Beaucoup de chercheurs considèrent que le problème du langage sera résolu en même temps que celui de l'intelligence artificielle. En 1950, le chercheur anglais Alan Turing, qui avait inventé le principe du calculateur universel (ancêtre de l'ordinateur moderne) dans les années 1930, a proposé un célèbre test : selon lui, le meilleur moyen de décider si une machine est intelligente ou non est de laisser un jury humain discuter à travers une cloison et par écrit avec un interlocuteur. Lorsque le jury sera incapable de discerner une machine d'un homme au cours de la discussion, on sera en présence d'une véritable intelligence artificielle. Le prix Loebner organise chaque année une compétition d'intelligence artificielle avec un test de Turing – sans succès à ce jour. Mais à mesure que les capacités de calcul sériel de l'ordinateur se rapprochent de celles d'un cerveau humain (qui opère en calcul parallèle), que des bases de données internationales constituent une source universelle de toutes les expressions déjà traduites sur le réseau et que des algorithmes d'apprentissage itératif sont développés, certains pensent que la traduction automatique donnera des résultats de plus en plus corrects dans les années à venir (voir le chapitre « Vers un monde hybride »). En levant l'obstacle linguistique, le *social knowledge* deviendra alors... un *universal knowledge*.

Dans ce système universel de connaissance, certains pourraient craindre une homogénéisation, une massification, un appauvrissement. Il n'en est rien, comme nous allons l'expliquer dans le prochain chapitre : l'abondance inédite des informations et des savoirs voit émerger de multiples communautés d'usage et de partage, dans le sillage de la longue traîne.

CONCLUSION PROSPECTIVE

▸ L'image du monde numérique est souvent celle d'un homme seul devant son écran, atome perdu dans une foule innombrable. Rien de plus faux : le monde virtuel est d'abord un monde de *liens*, c'est-à-dire de partage et de coopération. Sur un réseau, tous les points sont connectés, 1 + 1 ne fait pas 2, mais bien davantage. Cette interconnexion et le *social knowledge* qui en découle vont prendre une importance croissante dans nos existences individuelles et collectives au cours des décennies à venir. Internet sera notre second cerveau – c'est-à-dire notre seconde intelligence, notre seconde mémoire, notre seconde sensibilité…

▸ L'intelligence collective, synthèse semi-automatique des avis de milliers d'experts et de millions d'amateurs, devient un pilier de la nouvelle économie et un indicateur des évolutions sociales. Auto-organisée, elle défie les prétentions au contrôle et oblige chaque acteur à se positionner dans un système ouvert de liens qui construisent de l'information, de la réputation, de la recommandation.

▸ Le travail collaboratif va bouleverser les modes d'apprentissage, les mentalités et les organisations des entreprises : moins d'autorité et plus de consensus, moins de fermeture et plus de transparence, moins d'individualisme et plus d'altruisme, moins d'isolement et plus de responsabilité. Nos habitudes ancestrales de travail individuel seront bouleversées par la succession des générations numériques : pour elles, il est déjà évident que l'on ne peut tout faire et tout connaître seul, la coopération est devenue la condition de l'action et de la réflexion efficaces.

▸ Le *social knowledge* en forme d'intelligence collective ou de production collaborative déploie toute sa puissance à mesure que des liens de plus en plus denses se construisent entre les multitudes. L'obstacle majeur est aujourd'hui la dispersion et l'incompréhension linguistiques entre les 6,5 milliards d'êtres humains, faisant que toutes les expériences et toutes les contributions ne peuvent être réellement mises en commun. Abolir cette frontière est un des objectifs annoncés des décennies à venir.

JOURNAL DU MILIEU DE SIÈCLE (EN 2049…)

En consultant le tableur, je tombe sur un fil intéressant : « Netnews 20-12-49, 7 h 12 – La rumeur insistante depuis trois semaines se confirme : le géant brésilien Kommundis lancera en tout début d'année la nouvelle fonction Neuropush pour les 850 millions d'abonnés de son réseau Wind. Du moins ceux dont les pays ou cités ont signé la charte de neutralité, les autres devant attendre les autorisations de connexion au cas par cas. Le Neuropush avait soulevé les protestations de plusieurs comités d'éthique, puisque ce système permet des communications double sens en simulation corticale. La société Kommundis a toutefois assuré que les règles de non-intrusion en éléments personnels de mémoire étaient respectées à la lettre par son programme. Avec Neuropush, la firme de Porto Alegre devrait prendre une avance décisive sur le marché très convoité des flux d'affinité en temps réel. J'ouvre mon compte Wind et sans surprise, la nouvelle est discutée un peu partout sur le réseau. Valérie, qui était réfractaire depuis le début, a déjà lancé le groupe Neurodissidents et m'invite à la rejoindre dans sa croisade. Je décline gentiment en lui souhaitant bon courage. Il faut dire que Wind m'a apporté pas mal d'idées ces dernières années et comme j'y navigue déjà pour l'essentiel en simulation corticale, je ne vois pas trop le risque de la nouvelle fonction. Elle devrait en revanche me permettre de surfer plus vite sur les deux cents groupes de *gamers* que je suis. Je surveille de près les développeurs japonais de Nitushi, ce sont nos plus gros concurrents. Dans la dernière version de leur métavers, ils ont réussi à donner des fonctions de conscience avancée à six clones simultanés des avatars. Je l'ai testé et c'est impressionnant de réalisme. Selon plusieurs groupes de hackers, il est possible de rendre son clone autonome et de lui conférer le dernier niveau de la conscience de soi. Je me demande ce que penserait mon jumeau numérique en déambulant dans le métavers.

(À suivre à la fin du prochain chapitre…)

Chapitre 6

Comment les masses deviennent des tribus ?

Dans le sillage de la longue traîne

Dans le monde réel, en tant que producteur ou éditeur, vous ne pouvez pas tout mettre dans vos rayons, dans vos journaux, dans vos programmes télévisés ou musicaux. Le monde des atomes impose des choix en permanence : l'espace, le temps et l'argent manquent pour tout produire. La rareté fixe ses limites. Et il en va bien sûr de même pour le consommateur de ces biens ou services.

Dans le monde numérique, tout change. Les coûts de stockage et de distribution sont quasi-nuls, l'espace disponible s'agrandit au rythme exponentiel de la loi de Moore, les outils de production de texte, de son, d'image, de logiciels ou de jeux sont démocratisés. Le monde des bits vit sous le régime de l'abondance : tout peut y être produit, distribué, consommé de manière fluide, partout et à tout moment.

Jadis, dans presque tous les domaines, 20 % des produits assuraient 80 % des ventes. Et il était surtout très difficile de s'introduire dans l'offre disponible. Avec la longue traîne, ce monde où le succès est programmé pour quelques-uns seulement est en train de disparaître : le marché de masse est grignoté par les marchés de niches, les meilleures ventes sont un peu moins bonnes et elles concèdent leurs parts de marché à une multitude de petites productions devenues rentables grâce à leur accessibilité universelle et instantanée. Les internautes sont au cœur du processus : par agrégation de millions de choix et commentaires individuels, ils détiennent les clefs d'un nouveau système de réputation, capable de détecter les offres intéressantes et de rejeter les autres, de faire émerger les goûts les plus singuliers au milieu des habitudes les plus communes. Un tel partage permanent des connaissances construit la longue traîne.

Cette mutation économique a aussi des conséquences sociales et culturelles : nous sortons des tendances moyennes et des effets de masse autour desquels le monde moderne s'était bâti, nous voyons des consommateurs devenir producteurs des biens qu'ils désirent, nous assistons à l'émergence de communautés de valeur, de goût ou de style dans tous les domaines.

» Les trois forces de la longue traîne

» Dans le sillage de la longue traîne : cinq mutations en cours

Le texte que vous êtes en train de lire est composé de vingt-six lettres, ainsi que de divers autres caractères (chiffres, ponctuations). Si vous quantifiez toutes les lettres et que vous les classez par ordre d'occurrence, vous aurez un grand nombre de *e*, de *s*, de *a* ou de *i*, qui figurent parmi les plus employées chez les francophones, et très peu de *x*, *z*, *y* ou *k*. Vous pouvez faire le même exercice avec les mots de ce texte, et à nouveau, la répartition se fera entre des mots très fréquents (comme les articles ou les pronoms) et d'autres très rares.

Épuisé par cet exercice fastidieux, vous allez dans un hypermarché pour chercher du café. Dans le linéaire, vers le milieu de gondole au niveau des yeux, vous trouverez sans doute le café le plus vendu, généralement celui de la marque de l'hypermarché concerné. Autour, il y aura d'autres marques très connues de café classiques, qui assurent elles aussi de bonnes ventes. Et puis à la périphérie, tout en haut ou tout en bas, des marques moins connues ou des cafés plus atypiques. Un graphique de ces ventes aurait une forme similaire à celui des lettres de ce texte (voir figure 1).

En gris foncé, la tête de la courbe rassemble les éléments les plus fréquents. Les plus rares forment la queue de la courbe, en gris clair.

Cette « longue queue » est bien connue des statisticiens depuis les lois de Zipf ou de Pareto. Techniquement, c'est la forme que prend la distribution d'une loi de puissance (distribution de la fréquence et de taille d'un événement donné). Elle se retrouve partout dans la nature. Et sur Internet.

Figure 1 – La forme caractéristique de la longue traîne

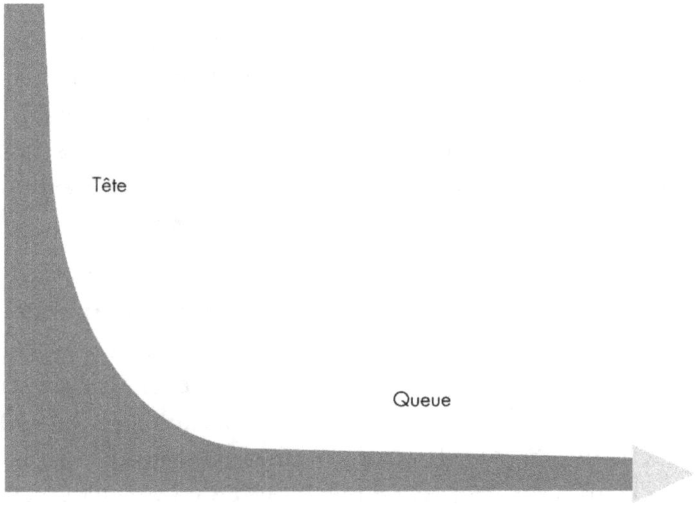

En 2006, Chris Anderson, patron très écouté de la rédaction de *Wired*, a ainsi publié un livre entier consacré à cette distribution statistique, traduite en français par *La Longue Traîne*. Cet essai n'a rien d'aride, bien au contraire, et il a synthétisé l'esprit d'une révolution opérée par Internet dans les modèles économiques, en l'espace d'une dizaine d'années seulement (voir l'article d'origine, paru en 2004 dans *Wired*, dont les abondants commentaires ont permis à Anderson d'organiser son travail de rédaction).

Le MayDay de Google et la longue traîne

La longue traîne est particulièrement perceptible sur la navigation Internet : la fréquentation d'un site se fait par quelques mots-clé stratégiques peu nombreux, mais aussi par une myriade de requêtes très précises qu'il faut gérer au mieux pour avoir du trafic. En mai 2010, Google a procédé à une mise à jour de ses algorithmes, comme cela arrive plusieurs centaines de fois chaque année. Mais les webmestres ont immédiatement ressenti la différence : une chute de 10 % à 15 % des visites depuis les mots habituels de la longue traîne ! En conséquence, ils ont dû réoptimiser les référencements naturels de leur site. Matt Cutts, responsable qualité chez Google, a expliqué à l'été 2010 que la mise à jour MayDay visait justement à améliorer la qualité des requêtes longue traîne pour l'usager et que la baisse du trafic était probablement un effet secondaire de l'élimination des messages spams par le moteur de recherche.

Les trois forces de la longue traîne

Tous les acteurs économiques connaissent la règle de Pareto : 20 % des produits expliquent 80 % des ventes. Par exemple, 20 % des tubes représentent 80 % des ventes de disques, 20 % des blockbusters représentent 80 % des entrées de cinéma (ou des ventes de médicaments, dans un autre domaine), 20 % des best-sellers assurent 80 % du chiffre d'affaires des éditeurs et libraires, etc.

Quand cette règle s'applique au monde physique du commerce, où l'espace est limité, cela veut dire que les outsiders d'un marché ont bien peu de chances d'être connus : l'espace est occupé par les « hits » qui assurent la rentabilité du système. L'âge d'or des sociétés de masse, au XXe siècle, a ainsi favorisé les 20 % de produits les plus en vue. Il en a notamment résulté une homogénéisation culturelle sans précédent. La tête de la courbe s'imposait à tous, les modes de vie des sociétés industrielles se ressemblaient de plus en plus.

Internet et la numérisation ont complètement changé la donne : la longue traîne signifie que la queue de la courbe de distribution acquiert de plus en plus d'importance économique (et, indirectement, sociale et culturelle). Trois facteurs convergents expliquent cette émergence soudaine de la longue traîne.

Baisse des coûts (et démocratisation des outils) de production : la multiplication des producteurs

Produire une vidéo, un jeu, un livre, un journal, un disque… tout cela requérait jadis une chaîne de savoir-faire spécialisés. Avec le micro-ordinateur et le langage numérique, de nombreux secteurs de production ont été mis à la portée de tous. Particulièrement dans les industries cognitives et culturelles, qui ont pris le relais des anciennes industries de transformation comme moteurs de la croissance et créateurs de la valeur ajoutée. On trouve donc de plus en plus de produits différents : à peine deux ans après son lancement, l'iPhone d'Apple pouvait offrir cent cinquante mille applications à ses usagers, développées un peu partout dans le monde par des programmeurs. Traduction graphique : la queue de la traîne s'allonge car l'offre s'enrichit sans cesse.

Figure 2 – Tendance 1 : démocratisation de la production

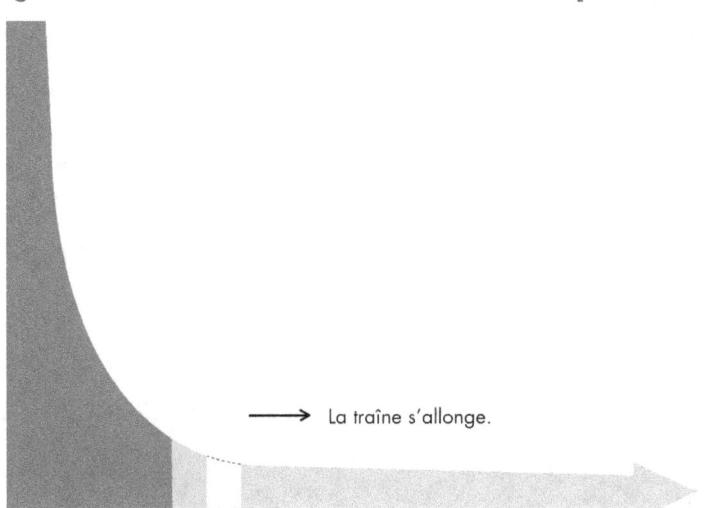

Baisse des coûts (et démocratisation) de la distribution : l'émergence des agrégateurs

Une fois que l'offre a considérablement accru sa diversité, encore faut-il qu'elle trouve un accès à la demande. Internet a été le déclencheur d'une évolution comparable à celle de la naissance des grandes surfaces ou de la vente par correspondance sur catalogue, mais avec une puissance sans commune mesure. En plaçant un livre sur Amazon, un morceau de musique sur MySpace, un film sur YouTube ou un objet sur eBay, chacun peut déposer gratuitement ou à coût quasi nul sa production dans une vitrine. Cette vitrine est certes immense, c'est-à-dire qu'il y a des milliers ou des millions de concurrents, mais elle est observée chaque mois par des millions de visiteurs. Et dans un domaine particulier, on peut multiplier les vitrines : par exemple mettre son livre chez Amazon, mais aussi Chapitre, la Fnac, Decitre, PriceMinister, son blog, ses réseaux sociaux, etc. Traduction sur la courbe : la traîne s'épaissit grâce à un meilleur accès aux produits rares.

Figure 3 – Tendance 2 : démocratisation de la distribution

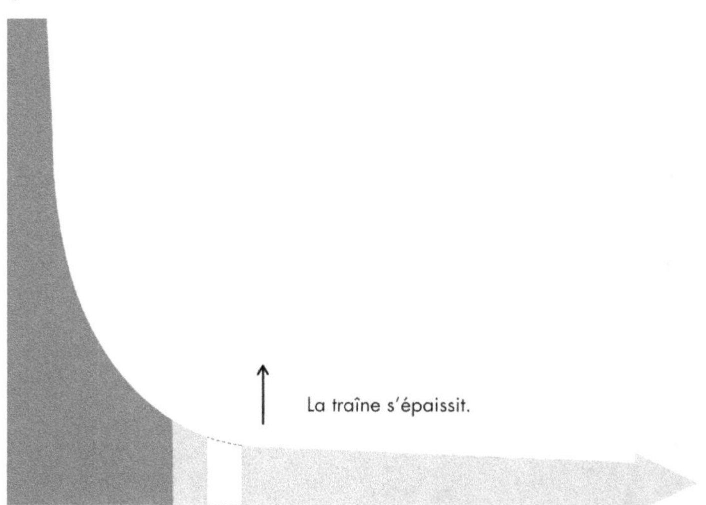

Rencontre de l'offre et de la demande : la puissance des prescripteurs

Une fois le marché élargi en offres et épaissi en demandes, il faut encore que les deux se rencontrent dans la surabondance ainsi créée. C'est le rôle des prescripteurs, le bouche-à-oreille des pairs jouant ici un rôle au moins aussi important que les meilleurs efforts du marketing. La connexion peut être faite directement par les algorithmes des sites marchands : quand vous achetez un bien quelconque sur Amazon, vous savez automatiquement ce que d'autres acheteurs ont aimé… et de fait, vous y retrouvez souvent le reflet de vos goûts. Mais le système de prescription, donc de filtre et de réputation, se fait plus « sauvagement » par l'agrégation des multiples avis concernant un produit et émis sur Internet. C'est une forme d'intelligence collective, une sorte de marketing viral spontané auquel les entreprises s'intéressent car elles ont mesuré sa puissance. En décembre 2009, YouTube a publié pour la première fois le classement des images les plus visionnées. Largement en tête avec 120 millions de vues, une Écossaise de 48 ans, Susan Boyle, parfaitement inconnue quelques mois plus tôt et sortie de l'anonymat par une reprise musicale lors de l'émission TV « Britain's Got Talent » en avril. Aucune major de l'industrie musicale n'aurait pu planifier cela. Et le record a été battu dès l'année suivante (2010) avec la vidéo Charlie Bit My Finger (170 millions de visites). Les prescripteurs donnent son troisième mouvement à la courbe : la longue queue grignote des parts de marché à la tête.

Figure 4 – Tendance 3 : démocratisation de la prescription

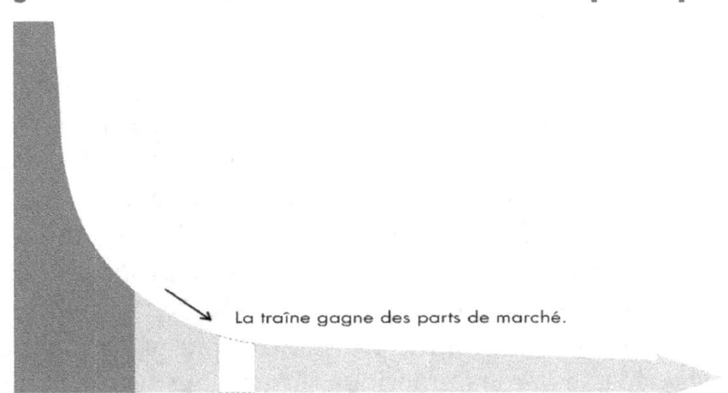

Adieu Pareto ? Des 80/20 au 70/30

L'intangible loi des 80/20 avait été mise en évidence par l'économiste et sociologue italien Vilfredo Pareto, voici plus d'un siècle, à partir de l'analyse de répartition de richesse dans les ménages. Elle a été retrouvée dans de multiples domaines par la suite, particulièrement en économie. Il semble que l'effet longue traîne des marchés numériques modifie cette distribution que l'on retrouve toujours sur les marchés physiques. Trois chercheurs ont ainsi montré que la nouvelle répartition des ventes sur Internet tend plutôt vers le 70/30. Cela signifie que 70 % des ventes sont assurées par 30 % des produits ou, dans l'autre sens, que 70 % des produits représentent 30 % des ventes. La tête de la courbe existe donc toujours, mais elle assure moins de chiffres d'affaires tandis que la queue de la courbe prend la relève[a].

a. Référence : Brynjolfsson E., Yu Hu J., Simester D., « Goodbye Pareto Principle, Hello Long Tail : The Effect of Search Costs on the Concentration of Product Sales », *Social Science Research Network*, 2007.

Dans le sillage de la longue traîne : cinq mutations en cours

La longue traîne ainsi définie entraîne un certain nombre de mutations dans le champ économique, et au-delà dans les pratiques sociales.

Des atomes aux bits

La longue traîne concerne aussi bien l'ancienne économie des atomes (biens matériels) que la nouvelle économie des bits (biens immatériels). Mais c'est dans la seconde qu'elle prendra toute son ampleur. Concernant les biens matériels, la numérisation permet surtout d'allonger indéfiniment les linéaires : elle reprend au fond le principe des catalogues de VPC, capables de proposer bien plus de biens que le plus grand des magasins physiques. Mais ces catalogues étaient eux-mêmes limités par leur format physique (papier), désormais dépassé par le numérique. Ainsi, vous trouvez au mieux une confiture bio chez l'épicier du coin, une dizaine dans un supermarché, une vingtaine dans un magasin spécialisé bio, mais plusieurs centaines sur les sites marchands qui s'affichent dans la première page Google d'une recherche sur ce mot-clé. C'est toutefois dans l'immatériel que la longue traîne déploie toutes ses potentialités, en raison de la facilité à devenir producteur (moindre mobilisation d'énergie et de ressources matérielles) puis à être diffusé (duplication et transfert du bien numérique par un simple clic). Sur iTunes, le magasin en ligne d'Apple, dans un premier temps vous ne trouvez pas certains artistes très connus comme les Beatles… mais dès 2010 l'offre cumulait plus de 11 millions de chansons, dont une bonne part produite par plus de 2000 labels indépendants des majors.

De la rareté à l'abondance

L'économie se définit volontiers comme science de l'allocation des ressources rares. Et nous autres *Homo sapiens*, en raison de notre passé évolutif, nous sommes programmés à penser que la rareté est la norme, l'abondance l'exception. C'était bien sûr préférable à l'époque où notre survie dépendait au quotidien de la chasse et de la cueillette, les mauvais jours ayant des conséquences fâcheuses.

Mais l'Internet place soudain le consommateur comme le producteur dans un accès à la réalité du marché mondial : chacun constate ainsi combien le choix est potentiellement illimité. C'est un choc pour les mentalités, comparable à celui qui vit le passage d'une vie rurale centrée sur des marchés locaux à une vie urbaine connectés aux grands flux commerciaux. Pour les *digital natives*, il sera normal d'avoir le choix entre des dizaines de milliers de références pour chaque besoin ou chaque désir. (Sur le détail de cette évolution, voir le chapitre « Valeur zéro et échange généralisé »)

Des masses aux niches

Le 27 septembre 1908, le premier modèle T sort des usines Ford. Ce ne fut pas seulement un modèle automobile, mais aussi un modèle économique : celui de la production et de la consommation de masse. Des produits à bas coût et à faible différenciation sont proposés au plus grand nombre. Les sociétés industrielles s'uniformisent dans les trois premiers quarts du siècle passé. Mais le double progrès de l'automatisation et de l'informatisation change lentement la donne à la partir des années 1970, avant que la numérisation accélère le mouvement dans les années 1990. Le maître mot : différenciation. Vendre une voiture ne suffit plus, tout se joue dans le choix exigeant du consommateur parmi les modèles, les couleurs, les options, les services après-vente, ce qui entoure la mécanique basique est devenu commun à toutes les voitures. Ce phénomène est encore plus visible ailleurs : choix cosmétiques et vestimentaires, goûts musicaux, chaîne de radio et télévision... l'individu veut développer un style authentique et, dans chacun de ses actes de consommation, il tend à s'agréger à des niches plutôt qu'à se fondre dans la masse. D'un point de vue sociologique plus élargi, cela signifie aussi que le style de vie de la classe moyenne, qui assurait l'unité nationale par des références pratiques et culturelles partagées, s'érode lentement. La tribalisation et l'individualisation de la consommation dans la longue traîne concernent aussi les biens culturels et cognitifs qui nourrissent les représentations du monde.

> **Programmation dans les nuages :**
> **le stade suprême de la longue traîne ?**
>
> Et si le web, c'est-à-dire chaque site ou presque, devenait modulable et changeait de visage à chaque seconde, en fonction des centres d'intérêt spécifiques de chaque internaute ? La *Technology Review* du MIT publie chaque année un numéro spécial consacré aux technologies émergentes. Dans la livraison du printemps 2010, Joseph Hellerstein suggère que la « programmation dans les nuages » sera une étape nouvelle du *cloud computing*. On entend par « nuage » la délocalisation des contenus et des outils dans des serveurs : l'ordinateur devient un simple terminal d'accès à ceux-ci. Mais une étape supplémentaire consiste à ce que ces « nuages » prennent en compte l'évolution en temps réel du réseau et les données que chaque utilisateur aura choisi d'afficher sur son profil social public ou dans ses cookies de navigation. Concrètement, le contenu de n'importe quel site pourra se reconfigurer selon son visiteur : par exemple, si vous naviguez sur un site d'actualité, celui-ci hiérarchisera les informations (et... les publicités) selon vos centres d'intérêts. Pareillement sur un site marchand qui adaptera ses meilleures offres du moment à vos besoins.

De la manipulation à la réputation

Les sociétés de masse furent l'âge d'or de la démarche *top-down* : les canaux de production et de distribution étant étroits, un bon plan marketing produisait presque assurément le succès. Dans ce système passif, le consommateur suivait les tendances décidées en petits comités : la manipulation n'était jamais très loin, comme le soulignaient les critiques d'une société de consommation moutonnière. Dans l'économie de la longue traîne, le consommateur s'en laisse de moins en moins conter. Il fait ses choix selon une logique comparative de plus en plus poussée : il examine le critère du prix, bien sûr, mais aussi bien celui de l'usage et de la qualité en scrutant ses réseaux sociaux ou les commentaires des autres clients. Et à son tour, il nourrit ce flot critique à partir duquel se forgent rapidement et durablement les réputations, par exemple : le déclin du star-system hollywoodien. Il suffisait naguère de la présence d'un acteur en vue pour faire exploser un film au box-office. Mais les spectateurs pianotent désormais leurs impressions sur Twitter ou FaceBook dès la sortie de la salle, et la rumeur issue de ces milliers de critiques ciné improvisés enfle vite. En 2009, le record de rentabilité d'un film a été pulvérisé par un ovni de la longue traîne :

Paranormal Activity, tourné pour 15 000 dollars dans la maison du réalisateur (Oren Peli) à San Diego, et ayant engrangé 107 millions de bénéfices. Inversement, Russell Crowe, Ben Affleck, Julia Roberts ou Eddy Murphy n'ont pas rapporté à Paramount et Universal les succès attendus[1].

Twitter power : le défi des marques

Lancée en 2006, l'application Twitter est un outil de réseau social et de micro-blogging. Le 21 mars 2011, elle a fêté ses cinq ans et ses 200 millions de membres, avec un demi-million de nouveaux utilisateurs chaque jour et un milliard de tweets envoyés tous les huit jours (*Journal du Net*, 22 mars 2011) Trois chercheurs (Bernard Jansen, Mimi Zhang, Kate Sobel) et le directeur scientifique de Twitter (Abdur Chowdhury) ont étudié un demi-million de tweets (messages de cent quarante caractères maximum échangés sur Twitter). Il en ressort que 19 % d'entre eux contiennent des informations relatives à une marque. Parmi ceux-ci, 20 % expriment un jugement de valeur vis-à-vis de la marque, positif dans la moitié des cas et négatif dans le tiers. Dans la mesure où Twitter développe une micro-communication interpersonnelle au plus proche de l'utilisateur, son impact sur la réputation des marques pourrait être déterminant[a].

---

a. Référence : Jansen B.J. *et al.* (2009). « Twitter power : Tweets as electronic word of mouth », *Journal of the American Society for Information Science and Technology*, doi : 10.1002/asi.21149.

Du consommateur au « prosommateur »

Non seulement le consommateur a gagné en lucidité grâce à l'accessibilité des produits concurrents au sein de la longue traîne et à la transparence de leurs appréciations, mais il devrait occuper une place de plus en plus importante dans le processus de production lui-même. On parle désormais des « prosommateurs », terme inventé en 1980 par Alvin Toffler (*La Troisième Vague*) et appliqué à la société de l'information en 1995 par Don Tapscott (*The Digital Economy*). Les fantastiques progrès en logistique et en production industrielle permettent à l'individu de construire le design du bien

---

1. « 2009, année record pour les films d'Hollywood », *Le Monde*, 29 décembre 2009.

qu'il désire. Sur le site Nike, le service NikeID permet ainsi de personnaliser son achat en choisissant pour un modèle donné de chaussure (parmi des centaines d'autres) sa couleur, sa matière, ses mascottes, etc. Au final, le « prosommateur » a dicté ses conditions à la chaîne de production. Autre exemple : Lego, dont 90 % des produits ne sont pas disponibles en magasins physiques. Dès 2000, la société danoise a lancé ses premiers concours de fabrication de modèles par les utilisateurs eux-mêmes (*My Own Creation*). Et depuis 2005, le système Lego Factory, assisté par un logiciel téléchargeable de création numérique, permet à chacun de concevoir des modèles qui seront proposés à tout le monde pourvu qu'ils remplissent certaines conditions techniques pour devenir objet d'une production industrielle. Certains de ces jeux connaissent des ventes très honorables dans le catalogue de la maison de jouets. Ces deux exemples d'une démarche de « prosommateur » montrent que la longue traîne est appelée à potentialiser le *social knowledge* (voir chapitre précédent).

Née dans l'économie, la logique de la longue traîne contamine ainsi bien d'autres domaines. Elle est rendue possible par des nouveaux outils d'expression, d'identification et de partage des préférences des internautes. Mais parmi ses conditions nécessaires, on trouve l'abondance propre à l'ère de l'information. Nous allons constater dans le prochain chapitre que cette profusion a une conséquence majeure : la gratuité.

Conclusion prospective

▸▸ **Tout mettre à la disposition du consommateur, tout faire pour lui en faciliter l'accès : ces deux règles à l'œuvre dans la longue traîne vont continuer de s'étendre à toute l'économie, celle des biens et services numériques comme celle des biens et services « physiques ». L'économie numérique déploie l'abondance, mais surtout elle la segmente de plus en plus finement.**

▸▸ **Les entreprises vont perdre en partie le contrôle du cycle de vie de leurs produits, ou voir celui-ci perturbé par des processus aléatoires de réputation. Les internautes se saisissent collectivement du pouvoir de sélection sur les biens et services qui leur sont proposés : l'asymétrie d'information** entre producteur et consommateur se résorbe peu à peu. Inversement, la connaissance très fine des micropublics permet à des entreprises d'émerger pour satisfaire des besoins et des désirs très ciblés.

▸▸ Le star-system, le triomphe du hit, la confiscation de la gloire par un petit nombre vacillent déjà : ils continueront de refluer. La longue traîne favorise la circulation des élites, elle fait émerger des talents insoupçonnés, des succès inattendus, des modes imprévisibles. La production comme la consommation du divertissement et de la connaissance se feront en mode partagé. *Small is beautiful* : des petites équipes motivées, travaillant en mode coopératif, peuvent concrétiser leurs idées et se lancer sur le marché planétaire intégré. L'auto-entreprise, la micro-entreprise et la wiki-entreprise seront les forces montantes des décennies à venir.

▸▸ Les sociétés de masse articulées autour d'une classe moyenne ayant les mêmes habitudes d'information et de consommation se désagrègent lentement mais sûrement, notamment sous l'influence de ces nouveaux flux économiques et informationnels. Il en résultera une diversité des styles et des goûts, selon le modèle de la métropole qui succède à celui de l'État-nation.

▸▸ La longue traîne modifie enfin l'ancien paradigme de l'information et du savoir : la connaissance universelle de l'honnête homme, idéal du XVIIIe siècle, laisse place à la circulation ininterrompue vers des micro-savoirs plus spécialisés qui émergent par agrégation de communautés d'intérêt, d'expérience et de réflexion.

JOURNAL DU MILIEU DE SIÈCLE (EN 2049...)

Réunion dense, et comme je m'y attendais un peu tendue. Kev a défendu sans grande conviction la refonte minimale du programme, mais l'hypothèse a été balayée d'un revers de la main par Stéphane et Natacha. On repart sur des brainstormings pour les paysages immersifs. La pause déjeuner est bienvenue, tout le monde grimpe sur la terrasse. Sous la bulle, l'ambiance est printanière. Dans le ciel, les taxis-dirigeables à hydrogène dessinent un ballet gracieux. Kev a commandé son improbable et invariable mélange macrobiotique indien, j'ai opté pour un menu sénégalais, en vérifiant sur les puces du menu qu'il ne contient pas d'allergènes connus de mon système immunitaire. Steph s'assoit près de nous et je suis incapable de reconnaître ses plats. Renseignements pris, c'est la nouvelle offre de cuisine moléculaire du traiteur. Les couleurs flashy m'inspirent assez peu, mais Steph paraît enchanté. Tous les goûts sont dans la nature. On parle des cadeaux pour les fêtes et je tends l'oreille : comme d'habitude, je suis en panne d'imagination pour Lara. Il faut dire que ma femme s'intéresse à tellement de choses qu'il devient difficile de trouver des idées originales. Kev me file un bon tuyau : il a déniché une ferme malgache qui développe des nouvelles variétés de poissons transgéniques tropicaux. Il colle l'adresse sur mon terminal, j'irai voir si les souches sont compatibles avec les espèces de Lara. Les enfants et elle se sont pris de passion pour l'aquariophilie l'an dernier, et l'on partage notre vie avec les scalaires, discus et autres poissons-zèbres. Steph nous écoute d'une oreille distraite. Je sais que c'est un singulariste de stricte observance, il est donc resté célibataire comme le veulent les préceptes de son mouvement. Il passera la fête en immersion totale dans le métavers de ses coreligionnaires, qui ont décidé de consacrer leur existence à une fusion progressive avec le Réseau jusqu'à la duplication complète et la disparition de leur vestige de chair. Les singularistes sont minoritaires, mais ils gagnent du terrain dans les couches aisées.

(À suivre à la fin du prochain chapitre...)

Chapitre 7

Comment la gratuité s'impose-t-elle à l'Internet ?

Valeur zéro et échange généralisé

Depuis son origine, la gratuité est partout présente sur Internet. Ses plus grandes réussites, comme Google, Linux, Firefox ou Wikipédia, et des millions d'autres biens ou services ne demandent pas un centime à ceux qui les utilisent. Cet état de fait paraît naturel aux usagers : le gratuit est désormais la règle, le payant l'exception. Celui qui veut monétiser un usage court le risque de trouver un concurrent qui l'offre sans contrepartie.

L'économie des biens et services numériques, informationnels ou culturels, n'est pas la même que celle des biens physiques. En raison de la baisse régulière des coûts de stockage et de flux, et de l'automatisation des processus d'édition et de réplication, le coût marginal de production d'une unité supplémentaire tend vers zéro. L'Internet est donc une zone d'abondance, potentiellement illimitée, alors que partout ailleurs règne la rareté.

Les éditeurs de contenus doivent adapter leurs modèles d'affaires, ce que la musique a par exemple eu le plus grand mal à réussir. Les acteurs de la vieille économie voient en effet leur valeur fondre comme neige au soleil tandis qu'à de rares exceptions, les nouveaux acteurs ne recréent qu'une faible proportion de cette valeur apparemment perdue. Un tel processus de « destruction créatrice » accompagne toutes les mutations majeures de l'économie.

Il existe pourtant une économie du gratuit permettant de concilier la liberté d'accès et les revenus. Plusieurs modèles sont connus :

freemium, publicité, subventions croisées, dons, etc. Mais au-delà de la logique marchande où le gratuit est un produit d'appel du payant, l'ère numérique est en train de bouleverser de fond en comble la production de valeur. Elle donne naissance à un monde où les notions d'altruisme et d'empathie l'emportent sur l'égoïsme et l'indifférence. Elle permet un accroissement inouï de certains biens communs issus de la production sociale et collaborative. Elle forge une nouvelle conscience globale en rupture avec les siècles précédents. Cette « richesse des réseaux » produit un partage de l'information et de la connaissance d'une ampleur inégalée par rapport aux siècles passés.

▸ Le gratuit, du paléolithique au numérique

▸ Les six modèles du gratuit

▸ Le gratuit dans une logique marchande : pourquoi payer encore ?

▸ Le gratuit au-delà de la logique marchande : vers une civilisation altruiste

« *It's a free world !* » Un monde *libre*, mais aussi un monde *gratuit*, selon le double sens de l'adjectif *free* : pour beaucoup, l'Internet a ouvert les portes d'un univers où les contenus et services sont gratuits.

Google, Firefox, Twitter, Facebook, Linux… et les innombrables applications dérivées de ces géants : tout l'environnement du web paraît naturellement gratuit, sa structure logicielle (programmation) et matérielle (serveurs) l'est aussi. L'internaute novice, habitué à circuler dans un monde physique dominé par la rareté et l'accès payant, découvre soudainement un monde parallèle et numérique où règne l'abondance : des milliards de sites disponibles en un clic !

Le livre que vous êtes en train de lire est payant dans sa version papier, mais gratuit dans sa version numérique.

Cette gratuité ne manque pas de soulever le scepticisme. Notamment chez les économistes, et pour une raison simple : l'économie se définit comme la science d'allocation des ressources rares. Et donc des ressources supposées chères. Face à un monde d'abondance, elle se trouve prise à revers. Milton Friedman, prix Nobel d'économie, a popularisé une observation familière à sa profession : « *There ain't no such things like a free lunch !* » (« Un repas gratuit, cela n'existe pas »). En France, on se moque des promesses des décideurs en disant : « C'est cela, et demain on rase gratis ! »

Le gratuit semble donc une chimère, ou une utopie : tout se paie dans la vie, c'est ainsi. Nous allons voir que ce solide bon sens n'est plus aussi évident dans l'ère numérique.

LE GRATUIT, DU PALÉOLITHIQUE AU NUMÉRIQUE

Au commencement, tout était gratuit.

L'économie monétaire est une invention très récente à l'échelle de l'évolution des sociétés humaines : 99 % de nos ancêtres de l'âge paléolithique ont vécu de la chasse et de la cueillette, c'est-à-dire de la libre disposition de biens produits par la nature. L'acquisition de ces biens demandait bien sûr une dépense de temps et d'énergie, mais leur distribution n'avait pas de prix. Elle se traduisait en revanche par de la reconnaissance, du prestige, du lien social, probablement aussi de la hiérarchie. Les dernières sociétés de chasseurs-cueilleurs, observées par les anthropologues, vivent toujours selon ce régime. « Âge de pierre, âge d'abondance », comme l'exprime le titre d'un essai célèbre de Marshall Sahlins.

Cette très ancienne familiarité avec l'idée d'abondance et de gratuité explique peut-être pourquoi l'esprit de l'*Homo sapiens* contemporain est toujours hypersensible au chiffre zéro : dans un monde marchand où tout se paie, la gratuité aimante nos préférences.

Zéro : un attracteur étrange de nos comportements économiques

Les spécialistes du comportement et de la cognition comme Amos Tversky, Daniel Kahneman ou Dan Ariely ont révolutionné notre compréhension de l'économie et cela sur une base expérimentale. Dans une de ses expériences célèbres, Ariely a montré que si nous devons choisir entre une excellente truffe au chocolat à 10 centimes et un vulgaire bonbon industriel à 1 centime, nous aurons tendance à choisir la truffe (73 % des choix). Mais si l'on baisse le prix d'un seul centime, c'est-à-dire 9 centimes pour la bonne truffe et 0 pour le médiocre bonbon, nous nous précipitons sur ce dernier (63 %). Le gratuit change radicalement notre comportement[a].

---

a. *Source* : D. Ariely, *Predictably Irrational : The Hidden Forces That Shape Our Decisions*, HarperCollins, 2008.

Depuis plusieurs décennies, le marketing n'a pas manqué de comprendre l'étonnante puissance d'appel du chiffre zéro. Le cadeau Bonux a marqué sa génération. Un grand nombre de produits ou services payants sont associés à une part gratuite : on vous offre l'apéritif ou le repas de votre enfant au restaurant, l'autoradio ou le GPS avec l'achat de votre voiture, un téléphone portable avec votre abonnement. Tout ce qui est ainsi offert a un coût, mais celui-ci disparaît lors de la transaction. Certes, le gratuit est la pointe émergée de l'iceberg payant : il n'empêche qu'il séduit. C'est un attracteur puissant des comportements humains.

Et cela vaut évidemment sur Internet, puisque selon une étude Benchmark Group citée par le *Journal du Net* (novembre 2010), 35 % des non-acheteurs et 42 % des acheteurs citent des offres d'essai gratuites comme le premier facteur susceptible de les inciter à l'achat.

Dans le monde « solide » des biens physiques, beaucoup d'objets autour de nous deviennent également de moins en moins coûteux : qui aurait cru pouvoir payer un jour un tee-shirt 3 euros ou une perceuse 10 euros ? Le phénomène de mondialisation n'y est pas étranger : la libre circulation des biens et des capitaux crée un marché planétaire ouvert où le choix ne cesse de s'élargir pour chaque bien de consommation. Comme le prix reste la principale variable pour pénétrer un marché, la tendance baissière se généralise pour toutes les entrées de gamme. Le consommateur s'habitue à payer de moins en moins cher… et si possible rien du tout !

Neuf internautes sur dix attendent du gratuit

Une enquête GFK 2010 sur les attitudes des internautes par rapport à l'accès payant ou gratuit des contenus d'Internet (ZDNet, 2010) a donné un résultat révélateur : en moyenne pour l'Europe et les États-Unis, 13 % seulement des internautes se disent prêts à payer – dont 8 % à condition qu'il n'y ait pas de publicité. Ils sont 89 % à considérer que tous les contenus doivent être gratuits, dont 33 % veulent du gratuit sans publicité. Dans ce tableau d'ensemble, la France est parmi les pays les plus attachés à la gratuité : 8 % acceptent de payer, et un minuscule 1 % de payer si en plus ils subissent de la pub.

Au sein du domaine « immatériel », le gratuit n'a pas vraiment commencé avec l'Internet, le *peer-to-peer* et les projets *open-source*.

En fait, les deux grands médias de masse que sont la radio et la télévision nous ont déjà habitués de longue date à bénéficier 24 heures sur 24 de flux d'informations et de divertissements aussi permanents que gratuits, une fois payée une redevance symbolique (pour la télévision). Et la presse gratuite a émergé concomitamment à l'introduction d'Internet dans les foyers.

Dans le monde numérique, le gratuit devient une réalité massive. En raison notamment de la loi de Moore. Cette loi empirique (une conjecture), observée pour la première fois en 1965 par l'ingénieur d'Intel Gordon Moore, indique que la densité des transistors sur un microprocesseur double tous les 18 à 24 mois. Conséquence pour la bande passante et le stockage : à capacité égale, le coût se réduit sans cesse, divisé par deux tous les deux ans jusqu'à tendre vers zéro. Par exemple, si dupliquer, transférer et stocker un fichier de 100 octets coûtait 1 euro en 1970, la même opération ne représente que quelques millionièmes de centimes en 2010. Autant dire rien, ou presque.

Cloud computing : le gratuit dans les nuages

Le cloud computing, ou « informatique dans les nuages », désigne la tendance à externaliser sur le réseau distribué ce qui était jadis concentré dans chaque ordinateur individuel. C'est notamment une conséquence de la loi de Moore, avec un coût marginal de stockage et de flux tendant vers zéro. Profitant des centres serveurs gigantesques des prestataires en ligne, on peut mettre ses photos sur Flickr, ses vidéos sur YouTube, ses documents sur Google Docs... et l'on travaille tous ces fichiers avec des logiciels libres. Pour retoucher ses photos, par exemple, on peut utiliser Gimp, Pixia, Krita, Photofiltre, etc. Ainsi, l'ordinateur individuel devient progressivement un simple terminal d'accès et de travail : tout le reste se situera dans des nuages... gratuits.

Cette gratuité qui semble si naturelle aux internautes nourrit la grande peur des éditeurs culturels (musique, livre, cinéma) et logiciels. La responsabilité de la crise de l'industrie musicale, depuis le début des années 2000, a été attribuée à Internet et à la pratique de l'échange libre entre pairs (*peer-to-peer*), assimilée à un « piratage ». Échaudés par ce précédent, les éditeurs de journaux et de livres adoptent la même posture défensive : ils repoussent la numérisation de leur fond, offrent un minimum en accès gratuit et espèrent que le citoyen paiera un prix élevé pour accéder au contenu. Amazon est par exemple en conflit avec plusieurs des grands éditeurs américains, car il entend proposer les best-sellers numériques de son Kindle à 9,99 dollars, au lieu de 20 dollars ou plus pour l'édition papier. On est pourtant bien loin de la gratuité… et les éditeurs sont malgré tout en colère. Si l'on suggère que dans dix ans, le prix de beaucoup de livres numériques pourrait bien être inférieur à 1 dollar, voire équivalent à zéro, leur réaction serait difficile à imaginer…

Crise de la musique... ou crise d'un CD devenu très cher ?

Mark Mulligan (Cabinet Forrester) a publié à l'occasion du MIDEM 2010 un bilan de l'industrie musicale. À la fin 2009, les revenus de l'industrie musicale se situaient à 42 % de leur niveau en 2000 (10,8 contre 25,6 milliards de dollars). Cette crise est avant tout celle d'un support, le CD, qui s'est révélé désuet à l'âge de la numérisation. « Le partage des fichiers est un symptôme plus qu'une cause », note Mark Mulligan : la perception de la musique par le grand public a définitivement changé avec l'Internet. L'industrie musicale n'a pas anticipé cette évolution et n'a pas su en conséquence adapter ses modèles d'affaires pour ce qui est de la vente de supports enregistrés, un modèle *grosso modo* inchangé depuis l'invention du phonographe par Thomas Edison en 1877. Les expériences de diffusion gratuite d'album osées par des artistes comme Prince ou Radiohead ont pourtant abouti à d'importants profits sur toutes sortes de produits dérivés (du CD personnalisé au concert en passant par divers gadgets). Et des dizaines de milliers d'artistes peu connus développent leur buzz à partir de la diffusion gratuite de leur morceau. Ce n'est qu'à la fin de la décennie 2000, après le début de « mise en ordre » par iTunes avec la vente à l'unité et par Deezer avec le streeming financé par la publicité, que des services plus souples et plus personnalisés ont été mis en place avec certains poids lourds (YouTube, Spotify, Comes With Music, TDC Play…)[a].

a. *Source : Music Industry Meltdown : Recasting The Mold, 2010.*

Autant le gratuit séduit le consommateur, autant il irrite le producteur. Ce qui paraît assez compréhensible. Et pourtant, le nombre d'opportunités gratuites ne cesse de croître dans l'environnement numérique.

Les six modèles du gratuit

On ne peut pas parler d'un seul système du gratuit. Dans son livre-manifeste *Free !*, l'essayiste Chris Anderson, que nous avons déjà rencontré dans le chapitre précédent à propos de *la longue traîne*, propose une typologie du gratuit décliné en six modèles.

Freemium

Il s'agit d'un modèle en partie gratuit et en partie payant. Le terme Freemium est une contraction de free (gratuit) et premium (payant). On va proposer à l'utilisateur « grand public » un service gratuit, où il pourra effectuer des opérations basiques proposées par le système ou le logiciel. À cet espace gratuit, on va adjoindre un espace payant où la palette de fonctionnalités proposées sera plus importante. Le service de publication et de partage de photos en ligne Flickr est un exemple de Freemium. Il est accessible gratuitement à tout utilisateur s'il n'a besoin de publier que quelques photos par jour. En revanche, un service payant est proposé aux photographes amateurs ou professionnels désirant plus de capacité de stockage et des services associés.

Publicitaire

Les coûts inhérents à l'utilisation du bien ou du service sont uniquement supportés par des recettes publicitaires. Les utilisateurs peuvent alors profiter d'un service entièrement gratuit, puisque ce sont les publicités qui vont financer les coûts de développement, de stockage, d'hébergement et de diffusion de l'application. En échange, les utilisateurs devront accepter une ou des publicités. C'est un modèle classique, utilisé par de nombreux médias dont les sites de CCMBenchmark Group. Le secteur des applications iPhone, en plein boom depuis 2007, propose un grand nombre d'applications gratuites : dans certaines, l'éditeur met à disposition des bandeaux publicitaires.

Les subventions croisées

Il s'agit ici et là de donner un service ou bien en échange de l'achat d'un autre produit. Ce faisant, on conditionne le don à l'achat. Quelque part, l'utilisateur ou le consommateur « subventionne » le produit qui lui est offert. Les rasoirs Gilette ont été les novateurs en ce domaine, voici bien longtemps. En échange de l'achat de lames, le consommateur se voit remettre gratuitement un rasoir. Ce dernier ne représente pas un investissement « rentable » pour Gilette, puisque les consommateurs n'ont pas besoin d'en acheter souvent. En revanche, les lames font l'objet d'un achat régulier.

Le coût marginal nul

On estime dans cette hypothèse qu'il est plus simple d'offrir le produit numérique que de le vendre. Bien sûr, on attend un retour sur investissement… mais pas forcément tout de suite. Le secteur culturel, par exemple, pratique beaucoup le coût marginal nul. En 2007, le chanteur et compositeur Prince a offert son album *Planet Earth* en partenariat avec un hebdo anglais (trois millions d'exemplaires écoulés). Ce faisant, l'artiste compte sur l'achat de produits dérivés et de places de concerts de la part des internautes pour financer la production de ses disques et assurer sa rémunération. La même année, Radiohead a lancé son album *In Rainbows* depuis son site internet en laissant à l'internaute le soin de fixer lui-même le prix… y compris gratuit ! Au final, le prix moyen s'est établi vers 6 dollars et ce fut l'album le plus rentable du groupe depuis sa création.

La version numérique de ce livre en est aussi un exemple. Le prix de vente du livre « papier » couvre les coûts du livre en tant que bien matériel, tandis que les coûts marginaux de mise en ligne sont proches de zéro, ce qui permet d'offrir la version numérique. Dans ce cas, le modèle est proche de celui de la diffusion de disques par les radios : la diffusion gratuite pour le consommateur du bien immatériel sert de promotion à la vente du bien matériel.

L'échange de travail

L'argent n'intervient plus : des services mutuels sont rendus, les bénéficiaires s'accordant entre eux sur l'équivalence de valeur de ces services. Les systèmes d'échanges locaux (SEL) sont un bon exemple d'affranchissement de rétribution monétaire. Leur principe repose sur la coopération de personnes selon les compétences de chacun : par exemple, un adhérent au Sel offre de construire un mur, parce qu'il a des compétences en maçonnerie, et attend qu'on lui développe un site internet, parce qu'on a des compétences en langage php. À chaque service reçu correspond un nombre de crédits virtuels, que l'on accumule en rendant des services et qui peuvent ensuite être dépensés pour en recevoir.

Le don

Le bien ou le service apporté est gratuit, mais les utilisateurs peuvent faire des dons aux créateurs, dans la limite de leurs moyens et de leur générosité. Par définition, ces dons n'ont rien d'obligatoire. Bien des systèmes open sources et issus du libre (*freeware*) se financent ainsi. L'encyclopédie Wikipédia propose par exemple aux internautes de faire un don à la Fondation Wikipédia, pour financer ses activités. Ces dons servent uniquement à la maintenance et à l'hébergement. Il en va de même pour Firefox, navigateur gratuit de Mozilla lancé en 2002 par David Hyatt et Blake Ross. En juillet 2009, Firefox a dépassé la barre du milliard de téléchargements. Il occupe le cœur du marché des navigateurs.

LE GRATUIT DANS UNE LOGIQUE MARCHANDE : POURQUOI PAYER ENCORE ?

L'extension de la gratuité ne va pas entraîner la disparition du payant. Certaines choses sont devenues tellement abondantes qu'elles ne valent presque plus rien, et il est plus simple de considérer qu'elles ne valent rien du tout au lieu d'essayer de les monétiser encore. D'autres biens ou services restent rares : ce sont eux qui conservent un prix. L'abondance elle-même peut d'ailleurs créer de la rareté, comme l'avait observé le penseur des systèmes et de la complexité Herbert Simon dès les années 1970 : plus nous avons d'informations à traiter, moins nous avons de temps d'attention et de concentration.

Quel retour sur le gratuit ?

Réputation et notoriété : offrir du gratuit peut être vendeur en termes d'image. L'e-commerçant Cdiscount propose de la VOD gratuitement aux visiteurs de son site. De même qu'un commerçant vous offre un café.

.../...

> *Incitation à l'achat* : offrir du gratuit donne des idées payantes. En utilisant un service gratuit, les clients s'habituent à son usage et sont plus enclins à découvrir des fonctionnalités annexes.
>
> *Datamining* : offrir du gratuit pour obtenir des informations monétisables. En connaissant certaines informations sur celui qui utilise ou télécharge un bien/un service gratuit (à commencer par son adresse mail par exemple), on peut l'utiliser pour proposer du payant.

Kevin Kelly, rédacteur en chef de *Wired*, s'est ainsi demandé : « Pourquoi donc serais-je prêt à payer quelque chose d'*a priori* gratuit ? » Il a suggéré quelques pistes pour répondre à la question que se pose un nombre croissant d'internautes, et de consommateurs en général. Chacune de ces motivations redessine la frontière entre le domaine gratuit et le domaine payant :

- **l'immédiateté.** Le fait de ne pas avoir à attendre la mise à disposition d'un produit peut « stimuler » l'acte d'achat pour le consommateur. On paie une place de cinéma une dizaine d'euros alors que l'on peut louer le DVD pour 2 euros six mois plus tard. *Ce qui est payant : la jouissance instantanée. Ce qui est gratuit : la jouissance différée.*

- **la personnalisation.** On touche un cœur sensible de la communication entre une marque ou un artiste et les clients. Un paquet de bonbons M&Ms ne vaut quasiment rien. En revanche, un paquet de M&Ms avec des messages personnalisés coûte beaucoup plus cher. *Ce qui est payant : la version customisée. Ce qui est gratuit : la version standard.*

- **l'interprétation.** On ne fait pas payer le produit en lui-même, mais son interprétation. Une prise de sang, par exemple, coûte en elle-même moins de 1 euro. Son analyse peut multiplier par 10 ou 100 ce coût initial faible. Une information de presse « brute » peut être gratuite, mais sa mise en perspective sera payante. Un grand nombre de sites de presse parient sur cette information à deux niveaux. *Ce qui est payant : le bien ou service qualifié. Ce qui est gratuit : le bien ou le service « brut ».*

- **l'authenticité.** C'est l'un des facteurs clés de la décision d'achat. On éprouve toujours plus de confiance (ou de fierté) à posséder un produit authentique et certifié. En Chine, la contrefaçon des grandes marques de luxe est monnaie courante (et l'imitation des maîtres appartient de toute façon à la culture dominante) : cela n'empêche absolument pas les consommateurs de s'acheter la vraie marque dès qu'ils en ont les moyens. Ils savent parfaitement que l'original a plus de qualité que la copie. *Ce qui est payant : la confiance dans une marque. Ce qui est gratuit (ou presque) : la copie pour le simulacre.*

- **l'accessibilité.** Devoir perdre un temps fou pour trouver un bien gratuit coûte indirectement de l'argent (que l'on aurait pu gagner pendant ce temps perdu). C'est en partie sur cette valeur que l'Apple Store a construit son succès : rendre accessible un catalogue le plus large possible, depuis une même plateforme, à un nombre important d'internautes. *Ce qui est payant : un accès simple, sûr et instantané à un choix vaste et si possible universel. Ce qui est gratuit : une copie incertaine d'origine inconnue (ou un échange dans le cercle direct mais très limité des connaissances).*

- **l'incarnation.** Acheter un CD peut paraît banal si le produit lui-même est interchangeable avec un autre. Un artiste apportant systématiquement un plus, au niveau du packaging par exemple, proposera une valeur ajoutée au consommateur. Ce produit « incarnera » l'artiste. *Ce qui est payant : un produit original se rapprochant de l'exemplaire unique, comme l'œuvre d'art. Ce qui est gratuit : un produit anonyme de masse.*

- **le mécénat.** Le chanteur français Grégoire, a profité d'un mécénat pour pouvoir enregistrer une maquette. Concrètement, via un site web, ce sont des internautes qui ont produit sa maquette, en misant de l'argent sur lui. MyMajorCompany propose aux écrivains du XXIe siècle d'assurer la production de leurs livres. *Ce qui coûte : l'investissement initial. Ce qui rapporte : le retour sur cet investissement.*

- **la « trouvabilité ».** C'est-à-dire la capacité à rendre visible et disponible un produit ou un objet. Google fonde ses revenus publicitaires sur des millions de micro-annonces de ce genre. *Ce qui est payant : l'annonce bien identifiée. Ce qui est gratuit : le référencement dans le grand nombre.*

« Le gratuit ne vaut rien »

Carlo de Benedetti, un des principaux patrons de presse italien, exprime un avis très partagé par les éditeurs de contenu : « Pour moi, ce qui est gratuit ne vaut rien, ça n'a pas de valeur. Internet va déboucher dans un espace de dualité avec, d'un côté, des informations très générales gratuites et, de l'autre, des informations plus approfondies qui devront être payantes » (Slate, 2010).

Cette idée est démentie par les faits. D'abord, certains sites proposent de l'information gratuite et de qualité (en France : Rue 89, Slate, le Post, Journal du Net, etc.). L'encyclopédie Wikipédia agrège très vite des articles bien référencés sur les événements marquants, même pointus (le coup d'État au Niger du 18 février 2010 a par exemple été couvert en quelques heures, et le contenu s'est vite amélioré en quelques jours) et plus encore sur les thèmes de fond formant le savoir commun de l'humanité.

Ensuite, l'argument de la nullité du gratuit méconnaît la loi des grands nombres : même si 90 % des blogs et sites offrent un contenu peu qualifié, ce sont les 10 % restant qui comptent et qui grimpent vite dans les moteurs de recherche. Sur n'importe quel sujet pointu, et à partir d'une masse de producteurs de contenus de plusieurs centaines de millions d'individus, il existe en fait une probabilité très élevée de trouver quelques amateurs passionnés au moins aussi informés qu'un journaliste. Si l'on s'intéresse au réchauffement climatique par exemple, le site (gratuit) de Jean-Marc Jancovici apporte depuis dix ans des synthèses mises à jour de qualité comparable à ce que l'on peut lire dans une presse payante… voire meilleure, car le numérique n'est pas limité par l'espace. Et des dizaines de sites anglophones sont dans ce cas, comme Real Climate animé par des chercheurs bénévoles vulgarisant le savoir. En syndiquant les contenus, le RSS permet à chacun de se constituer sur ses centres d'intérêt une base de savoir gratuite… qui ne vaut pas rien !

Le gratuit au-delà de la logique marchande : vers une civilisation altruiste

Le gratuit est-il le trompe-l'œil du payant ? La générosité est-elle le masque de l'intérêt ? Deux interprétations symétriquement opposées nous paraissent aussi fausses l'une que l'autre concernant l'évolution du monde numérique : pour l'une, tout deviendra gratuit et le marché disparaîtra ; pour l'autre, le gratuit sert et servira d'instrument au seul service du profit.

Le marché, c'est-à-dire l'accord entre un acheteur et un vendeur autour d'un prix, a de bonnes chances de rester l'un des principaux modes de production et de consommation des biens ou services.

Mais pas le seul. Comme l'observe depuis longtemps l'économiste René Passet, une économie « de marché » n'est pas la même chose qu'une économie « avec marché ». Dans la première, tout doit tendanciellement passer par le payant, le privé et la propriété. Dans la seconde coexistent de nombreux moyens de produire de la valeur.

Je contribue, tu contribues... ils profitent ?
Mécénat global contre exploitation du gratuit

Considérer le gratuit comme une matière première du payant fait courir un risque évident à l'esprit fondateur d'Internet. Om Malik observait sur son blog très lu (GigaOmniMedia), à propos des contributions gratuites des internautes qui bénéficient à la valeur de certaines entreprises (Google, del.icio.us, Yahoo, Technorati, etc.) : « Notre actif le plus précieux – notre temps – ne se transforme-t-il pas en matière première gratuite ? Nous devenons une force de travail externalisée. » Un autre blogueur influent, le consultant en média Jeff Jarvis (Buzz Machine), souligne : « À qui appartient la sagesse collective de la foule ? De toute évidence, elle appartient à la foule [...] Ceux qui visent à s'approprier cette sagesse, à en limiter l'utilisation et le partage risquent d'éloigner cette foule qui l'a créée. »

The Pirate Bay, célèbre site suédois de partage en BitTorrent et bête noire des éditeurs de contenus, pourrait bien avoir trouvé une solution d'avenir : le mécénat global. Pete Sunde, chef de file des pirates nordiques, a annoncé au printemps 2010 le lancement de Flattr, un système de micro-paiement social et universel. L'idée ? Chaque Internaute affecte une somme libre sur son compte Flattr, qui peut être minime (quelques euros) : à chaque fois qu'il télécharge une œuvre, il peut choisir de cliquer sur son bouton Flattr s'il l'apprécie. À la fin du mois, la somme mensuelle est répartie vers les artistes et auteurs concernés (Tech Inside). Chaque micro-paiement représente une très petite somme, mais appliquée à des centaines de millions d'utilisateurs, elle permettrait de constituer un revenu pour les créateurs.

En fait, les historiens de l'économie sont revenus de l'idée un peu naïve selon laquelle nos ancêtres pratiquaient le troc dont le marché serait simplement la forme institutionnelle moderne, avec l'invention de l'argent comme équivalent universel. Les travaux de Marcel Mauss, ayant donné naissance à un courant original en sciences sociales, avaient déjà montré que les rapports sociaux sont aussi organisés selon une triple obligation : donner, recevoir et rendre. Toute une partie de nos échanges, invisible aux agrégats macro-économiques, est inspirée par cet altruisme réciproque. Le prix Nobel d'économie 2009 a été co-attribué à l'Américaine Elinor Ostrom : elle a montré comment des associations d'usagers sont capables de mieux gérer des biens communs que l'État ou le marché, sur une base volontaire.

Jean-Christophe Capelli, patron de FriendsClear, est bien placé pour observer attentivement le fonctionnement des plateformes de prêts entre particuliers (*tontines PtoP*). Pour lui, c'est un retour aux sources de l'échange direct entre les individus et les communautés. Il observe que « ce type de prêt d'argent dans les cercles familiaux, locaux ou régionaux a toujours existé, de tout temps et partout dans le monde : en Éthiopie cela s'appelle l'ekub, au Brésil le consorcio... Même les banques mutalistes se sont créées sur ces bases en Europe, au XIXe siècle : les agriculteurs se prêtaient de l'argent pour aider les jeunes à s'installer [...] Cela marchait très bien grâce à la confiance des pairs. Aujourd'hui, à travers les réseaux sociaux et internet, on retrouve cet esprit de la communauté[1] ». D'où l'importance de la recommandation numérique : la confiance se fonde sur ce capital de réputation personnelle.

Dans son tout récent essai (*The Empathic Civilization*, 2010), Jeremy Rifkin souligne que nous avons hérité des premiers Modernes (Descartes, Locke, Smith, Condorcet) une vue quelque peu déformée de la nature humaine : l'humanité serait faite d'individus autonomes, rationnels, calculateurs, utilitaristes... La poursuite des seuls gains matériels serait synonyme de progrès. Un *Homo œconomicus* égoïste et caricatural a fini par dominer toutes les représentations. Or, deux siècles après sa formulation, cette vision a volé en éclat. Elle n'est pas totalement fausse, bien sûr, puisque l'homme correspond à ce portrait dans une partie de ses comportements. Mais une partie seulement ! Car depuis trente ans, les sciences de l'évolution, de la cognition et du comportement montrent que l'homme n'est pas un robot rationnel et intéressé : c'est aussi bien un animal social, empathique, coopératif, altruiste. La vitesse foudroyante à laquelle se sont répandus les réseaux sociaux est à elle seule une réponse à l'idée de « foule solitaire » remplie d'atomes individualistes.

---

1. *TIC2025 : Les grandes mutations, op. cit.*, p. 139.

Programmés pour l'altruisme ! La preuve par Wikipédia...

Les sciences de l'évolution ont montré depuis trente que l'homme est un animal hypersocial. Une première base génétique, appelée sélection de parentèle (William Hamiton), nous pousse à des actes altruistes envers nos proches, ceux avec qui nous partageons des gènes. Mais une seconde base socio-cognitive, appelée altruisme réciproque (Robert Trivers), étend à tous nos congénères ces tendances altruistes : être altruiste augmente la probabilité d'être aidé en retour (réciprocité directe) et améliore notre réputation dans le groupe (réciprocité indirecte). La résolution informatique du célèbre dilemme du prisonnier par Robert Axelrod a montré que la stratégie donnant-donnant (*tit-for-tat*) est la plus payante après réitération du jeu sur plusieurs centaines de coup. Récemment, Giacomo Rizzolatti et son équipe ont mis en évidence dans le cerveau humain des réseaux de « neurones miroirs » : ils sont massivement impliqués dans l'empathie, c'est-à-dire la capacité à ressentir les émotions des autres. Or, les émotions sont un guide de l'action, de la motivation comme de la mémorisation.

Trois chercheurs, Denis Anthony, Sean Smith et Tim Williamson, ont examiné en détail les contributions à Wikipédia. Ils voulaient savoir si les contributeurs anonymes de passage sont aussi fiables que des contributeurs réguliers, au pseudo connu et devant protéger leur réputation. La réponse est... oui ! Les « bons Samaritains », comme ils les appellent par opposition aux « Zélotes », apportent un contenu de qualité malgré un passage rapide faisant qu'ils n'en tirent aucun bénéfice de notoriété au sein de la communauté Wikipédia. Nous sommes donc en présence d'un « altruisme pur »[a].

---

a. *The Quality of Open Source Production : Zealots and Good Samaritans in the Case of Wikipedia*, Technical Report 606, Department of Computer Science Dartmouth College, 2007.

Si les crises financières ou politiques soulignent l'échec de cette ancienne vision et le versant négatif de la nature humaine, l'Internet incarne magistralement son versant méconnu et positif. Il démultiplie les manifestations de solidarité, de l'ouragan Katrina au tremblement de terre d'Haïti en passant par le tsunami sud-asiatique. Il fait émerger une conscience commune et globale en densifiant tous les réseaux de communication entre les humains, y compris ceux qui subissent encore des régimes autoritaires ou totalitaires. Il a produit par la seule force de la collaboration une accumulation gigantesque de savoirs, dont le seul précédent historique est sans doute la grande bibliothèque d'Alexandrie en son temps (Don Tapscott), mais un précédent qui est évidemment dépassé par l'universalité et l'accessibilité du langage numérique.

> ### De la Katrinalist à Forumhaïti
>
> Le 29 août 2005, le cyclone Katrina dévaste la Louisiane, le Mississippi et l'Alabama. C'est la plus grande catastrophe naturelle de l'histoire des États-Unis, on est sans nouvelle de centaines de milliers de personnes et les pouvoirs publics se montrent dépassés. En l'espace de quatre jours seulement, une équipe de trois mille volontaires auto-organise sur Internet la Katrinalist, qui permet de lister tous les disparus et de centraliser les nouvelles. Une action purement gratuite, et d'une exceptionnelle efficacité.
>
> Le 12 janvier 2010, un séisme de magnitude 7-7,3 frappe Haïti, provoquant plus de deux cent mille morts. Les infrastructures locales sont totalement dévastées. Les images et témoignages parviennent essentiellement grâce au maintien de liaison Internet. L'AFP produit sur son compte YouTube les premières vues aériennes tandis que Google Earth et Google Map montent une carte de comparaison avant/après pour mesurer les dégâts. Le réseau mobile mGive et le réseau Twitter YELE permettent de rassembler plus de cinq millions de dollars en deux jours seulement pour les seuls États-Unis. Les sites Forumhaïti et Haitipal deviennent les centres de connexion pour toute la diaspora haïtienne en quête de nouvelles pour leurs proches.
>
> De même, lors du séisme et du tsunami de Tôhoku qui ont ravagé le Japon le 11 mars 2011, les lignes fixes et cellulaires des zones affectées ont été hors service dans les premiers jours du drame, alors que la redondance des liens Internet a permis aux survivants de communiquer des premières informations à leurs proches.
>
> Information en temps réel, coordination des secours, solidarité immédiate : l'ère numérique est aussi l'ère empathique. Le temps de ce que Philippe Kourilsky appelle « l'altruisme rationnel », à l'âge des menaces communes (catastrophes, pandémies, réchauffement…).

L'Internet gratuit a donc montré la viabilité d'un nouveau paradigme : la production sociale élargie de valeur, non réductible à sa production marchande ou à sa production étatique. Yochai Benkler, professeur à Harvard, l'a longuement étudiée dans ce qu'il appelle la « richesse des réseaux », une réponse à l'ancienne « richesse des nations » d'Adam Smith. Il observe que, pour un grand nombre de biens, nous n'avons pas l'idée ni même l'envie que notre approvisionnement dépende seulement des contributions bénévoles d'autrui – qui voudrait soumettre son prochain repas à la seule bonne volonté de son voisin ou d'un inconnu ? Mais dans le domaine de l'information et de la culture au sens large, nous ne raisonnons pas ainsi. La raison en est que ces biens et services sont généralement « non rivaux » : la consommation par une personne n'est pas exclusive, et n'est pas un obstacle à sa consommation par d'autres personnes. Nous les considérons volontiers comme des biens communs ou des biens publics. Quand leur coût de production est très faible, nous les envisageons aussi comme des biens gratuits. Un téléphone est un bien rival – si je l'utilise, mon voisin ne l'utilise pas, et la chaîne de production du téléphone est complexe. La sonnerie de ce téléphone n'est pas un bien rival : une fois produite, on peut la reproduire à des millions d'exemplaires sans aucune difficulté, et se la transmettre de proche en proche.

Une autre caractéristique des biens informationnels et culturels est l'effet « épaule de géant », ainsi nommé en référence à Isaac Newton (« Si j'ai vu plus loin que d'autres hommes, c'est que j'étais juché sur des épaules de géants »). Dans le domaine des idées, les innovations proviennent le plus souvent de l'exploitation de ressources intellectuelles antérieures. Plus on rend difficile l'accès aux ressources existantes (par le prix et la propriété), plus on tarit la créativité ; plus on ouvre cet accès (par la gratuité), plus on nourrit l'innovation.

Vers des monnaies virtuelles

Autre aspect de la production sociale de valeur et de l'échange généralisé hors marché : la possibilité de battre monnaie (virtuelle) sur le Net, ou d'utiliser le réseau pour des transferts de monnaie réelle. Twitpay (transfert direct de fonds par Twitter), Zong (utilisation du numéro et compte de téléphone comme outil de paiement), Square (lecture de carte de crédit sur iPhone), Hub Culture (monnaie virtuelle de voyage)... pour Daniel Roth (*Wired*, « The future of money », 2010), l'Internet invente aujourd'hui la monnaie de demain.

La première tendance concerne le remplacement des cartes de crédit. Une transaction coûte ainsi six fois plus cher en carte qu'en cash. En 1991, MasterCard effectuait quatre types de prélèvements de frais pour un maximum (unitaire) de 2,08 %. Aujourd'hui il y en a 243 et la taxe la plus coûteuse dépasse 3 %. Sans compter bien sûr le délai extrêmement long pour que l'argent soit transféré sur le compte destinataire. Bref, la carte à puce est devenue un continent d'inefficience que l'Internet compte bien coloniser par ses points faibles. Paypal (propriété d'eBay) a ouvert son code récemment, de sorte que des dizaines de milliers de programmeurs travaillent aujourd'hui à partir de lui pour se passer de la carte de crédit, du chèque et du cash.

.../...

La seconde tendance concerne l'émergence de monnaies virtuelles qui permettraient d'échapper complètement au système monétaire actuel – en devenant invisibles aux comptabilités des États comme aux changes des marchés. Les plus connues sont sans doute les dollars Linden dans le métavers Second Life ou les MS Points (Microsoft) sur le Xbox Live Marketplace, mais il y en a des dizaines (WOW Gold, Twolars, Zealies, Facebook Credits, etc.). Des gens qui, pour une raison ou une autre, sont sortis ou veulent sortir du circuit officiel de l'argent pourraient développer ces monnaies virtuelles. Par exemple, les systèmes d'échange local (SEL), fondés la réciprocité de services (« je te refais tes peintures, tu me construis mon site internet »), n'ont pas connu un très grand essor dans le monde physique, mais on peut imaginer qu'ils soient boostés dans le monde numérique – à la fois par des flux d'informations listant et localisant les besoins, et par des monnaies virtuelles fluidifiant les échanges.

Le gratuit représente donc un phénomène massif sur Internet, et signale un basculement profond de nos pratiques d'échange : la valeur zéro est le carburant et le fluidifiant du partage universel. Mais il entre souvent en conflit avec un des fondements juridiques et politiques de la modernité : la propriété. C'est l'objet de notre prochain chapitre.

CONCLUSION PROSPECTIVE

▸ **Aux origines d'Internet, le gratuit accompagne son développement et bouleverse les habitudes de production et de consommation. Cette tendance ne fait que commencer : plus les biens et services gratuits sont disponibles, plus il faut développer de l'imagination et du talent pour créer une valeur supplémentaire justifiant un prix.**

▸ **Une économie à deux accès – payant ou gratuit – est déjà en place et se maintiendra. Cette économie parallèle est aussi une économie conflictuelle sur ses zones frontières : dès lors qu'une masse critique d'internautes décide de produire ou de partager du contenu en le faisant entrer dans le domaine du gratuit, elle bouscule les intérêts comme les habitudes des acteurs économiques. La coexistence des biens communs et des biens privés ne sera donc pas pacifique.**

▸ Dans le domaine informationnel et culturel, la réponse consistant à étendre sans cesse les barrières d'accès (péages, licences, brevets) est lourde de menaces. Non seulement elle oblige à surveiller les faits et gestes de chacun, mais elle tarit surtout la condition de toute créativité, qui est l'accès le plus simple et le plus rapide aux ressources antérieures. Un nouvel équilibre doit être inventé, qui ne peut avoir pour fondement la suppression de la gratuité et la répression du partage.

▸ Au-delà des questions strictement économiques, la gratuité est le symbole d'un état d'esprit, celui de la nouvelle civilisation numérique. Celle-ci accordera une place et une reconnaissance plus importantes aux notions d'empathie, de partage, de générosité et de solidarité.

▸ Pas d'idéalisme cependant : l'ère de l'*Homo œconomicus* à dominante égoïste ne connaîtra pas un pur et simple remplacement par l'*Homo numericus* à dominante altruiste. On verra plutôt émerger un nombre croissant de trocs et échanges directs entre les individus, et au sein de communautés, éventuellement soutenus par des monnaies virtuelles. Des systèmes « sauvages » d'entraide, de protection et de partage, qui était marginaux (marché noir, systèmes SEL), voire illégaux (mafias), ou qui avaient été monopolisés par la solidarité « officielle » de l'État-providence, prendront une place plus importante dans nos existences.

Journal du milieu de siècle (en 2049…)

Je quitte le bureau en début d'après-midi car le reste de mon programme peut être traité à la maison. Lydia se repose quand j'arrive, et je vérifie d'un coup d'œil qu'elle n'a pas de fièvre. Tri rapide du courrier numérique, compte rendu de mon holoclone. UltiMinute nous propose un voyage entièrement gratuit au Spitzberg, que le réchauffement a rendu vivable même en plein hiver arctique. C'est tentant, mais nous avons déjà réservé notre temps de calcul pour le métavers népalais. Melchior, que j'avais aidé à monter son nouveau serveur au début du mois, me rappelle qu'il passe en début de soirée pour réviser les solylettes. J'envoie un message à Lara pour vérifier qu'elle sera rentrée à 18 heures. L'école des filles annonce que le carnaval sera couplé cette année au ramassage des terminaux numériques usagés pour ses missions humanitaires dans les camps d'irradiés du Proche-Orient. Comme les écrans quantiques de Lydia et Perle ont déjà six mois, je vais en profiter pour les changer. L'association Quartier libre tiendra ses assises d'hiver sur Wind à la mi-janvier. Le message avertit les membres que l'ordre du jour a été légèrement modifié et que l'on devra discuter de la refonte des échanges de services en ligne avec la nouvelle fonction Neuropush annoncée ce matin. Autre point à l'ordre du jour : la baisse des volumes d'émission du Svekel, notre monnaie locale d'échange. Depuis que les monnaies centrales ont disparu, il y a des bouffées d'inflation dans les banques virtuelles.

(À suivre à la fin du prochain chapitre…)

(À suivre à la fin du prochain chapitre…)

Chapitre 8

La propriété intellectuelle survivra-t-elle au XXIe siècle ?

Les guerres du copyright

La propriété est une institution importante des sociétés humaines. Elle vise à éviter le conflit lorsque plusieurs personnes veulent jouir du même bien sans que cela soit possible. Elle permet aussi à chacun de profiter des fruits de son travail. La plupart des biens physiques et rares sont donc appropriés à cette fin. D'autres ne le sont pas, comme l'air que nous respirons ou les routes que nous utilisons.

Dans le monde numérique, les droits de propriété sont sérieusement mis à mal comme en témoignent les nombreux procès pour « piraterie » depuis les années 1990 et le vote de lois visant à contrôler de plus en plus précisément ce que font les Internautes. Les éditeurs et producteurs de contenus (presse, livre, musique, cinéma, logiciels) sont particulièrement concernés.

Il y a plusieurs raisons à cet état de fait. Contrairement aux biens physiques, les biens immatériels (œuvres de l'esprit) ne sont entrés que récemment dans l'orbite de la propriété : ils étaient auparavant considérés comme biens communs, en raison de leur importance pour toute la société et de la difficulté à maîtriser leur utilisation libre par les individus.

La propriété de ces biens immatériels est moins importante que leur usage : lire un texte, écouter une musique, regarder un film, utiliser un logiciel ne signifie pas que nous avons besoin d'en être propriétaires. Le droit de propriété détenu par l'auteur ou l'inventeur s'oppose au droit à l'accès (information, connaissance, savoir) distribué dans toute la société.

Dès leur origine à la Renaissance, droits d'auteur (*copyright*) et brevets ont été sévèrement limités dans le temps (durée courte) et dans la pratique (nombreuses exceptions d'usage), afin de rechercher un équilibre et d'éviter les excès nuisibles au progrès comme à la créativité. Cet équilibre est aujourd'hui rompu. Face à cela, un nombre croissant de créateurs choisissent des solutions fondées sur le partage avec leurs publics : mouvement du logiciel libre, du *copyleft* ou des Creative Commons. L'ère numérique exige de repenser la propriété intellectuelle.

» Les principes fondateurs du réseau : l'échange libre

» Propriété intellectuelle : un concept compliqué, une histoire récente

» Esprit et immatériel : des biens pas comme les autres

» Remix : hybridation et créativité

» Âge de l'accès : la connexion plutôt que l'appropriation

En février 2011, à l'occasion du Midem de Cannes, le DJ David Guetta déclare : « Je n'ai jamais été très nerveux au sujet du piratage sur Internet. Parfois il faut donner gratuitement des contenus, même si ça ne vous rapporte pas d'argent. Ça ne doit pas forcément être de la musique, ça peut être des vidéos, des images et ainsi de suite[1]. » Celui qui s'exprime ainsi est l'une des meilleures ventes françaises de disque dans le monde. Nervosité ? Le mot de l'artiste exprime bien le sentiment dominant de l'industrie musicale, et par extension de l'industrie des contenus numériques, depuis une quinzaine d'années.

Petit retour en arrière pour comprendre ce basculement. Napster est le nom d'un site américain de partage de fichiers musicaux, ayant existé entre 1999 et 2001, créé par le jeune informaticien Shawn Fanning. Son interdiction après deux ans de combat judiciaire a été le précédent mondialement médiatisé d'une longue liste de fermetures de serveurs de partage, dans le cadre de la « lutte

---

1. *Numerama*, « David Guetta n'a pas peur du piratage et vante la gratuité », 11 février 2011.

contre le piratage » organisée par les majors de l'industrie du disque. Napster avait atteint 15 millions d'utilisateurs uniques au maximum de son activité, et il a popularisé le principe du *peer-to-peer* (p2p) : chaque utilisateur connecté au réseau partage les fichiers musicaux de son disque dur. Des variantes de plus en plus sophistiquées sont apparues ensuite, avec décentralisation totale des ressources. Actuellement, les échanges *peer-to-peer* subsistent principalement sous les formats BitTorrent, un protocole de transfert mis au point par Bram Cohen.

Le cas de l'industrie musicale n'est pas isolé : tous les producteurs de contenus (musique, mais aussi presse, édition, télévision, cinéma, logiciels, méthodes de gestion, etc.) regardent Internet avec la plus grande suspicion. Alors que le réseau est plébiscité par ses usagers, les éditeurs ne partagent guère cet enthousiasme, se tiennent sur la défensive et soutiennent des lois qui visent avant tout à contrôler les pratiques. En retour, ces manœuvres s'attirent de vives critiques et sont qualifiées de « liberticides » par leurs détracteurs.

Le piratage est une réalité massive, surtout chez les plus jeunes. En mai 2010, Fréquence Écoles et la Fondation pour l'enfance ont publié une étude sur les pratiques numériques des jeunes générations. Cette solide analyse quantitative (1 000 individus) et qualitative (48) révèle ce que font les élèves du primaire du collège et du lycée derrière leurs écrans. L'une des conclusions de l'enquête est que le téléchargement apparaît très vite comme une activité régulière : inexistant chez l'enfant en primaire, il concerne 65,5 % des collégiens et 80 % des lycéens, dont la moitié le pratique régulièrement. Les deux chercheuses montrent par ailleurs que ces téléchargeurs assidus sont conscients du caractère délictuel du piratage : « La grande majorité sait pertinemment que c'est interdit[1]. »

De tels chiffres ne sont pas spécifiques à la France. Au début 2010, deux universitaires américains, Felix Oberholzer-Gee et Koleman Strumpf, ont fait paraître une méta-analyse sur le même sujet. Une étude sur internet2 (réseau haute vitesse des universités améri-

---

1. Kredens E., Fontar B., *Comprendre les comportements des enfants et adolescents pour les protéger des dangers, Fondation pour l'enfance*, Fréquence Écoles, 2010.

caines) montre une croissance d'un facteur 10 (1 à 10 téraoctets) du téléchargement *peer-to-peer* entre 2003 et 2009. Les analyses par *deep packet inspection* suggèrent que le *peer-to-peer* occupe 40 % à 60 % de la bande passante entre 2002 et 2008. La vidéo semble principalement concernée, suivie par la musique. Ces estimations présentent cependant des failles méthodologiques. Elles suggèrent néanmoins que le *peer-to-peer* est une pratique courante et indifférente aux évolutions légales[1].

Des propos souvent... disproportionnés

« L'absence de régulation du Net provoque chaque jour des victimes ! Combien faudra-t-il de jeunes filles violées pour que les autorités réagissent ? [...] Combien faudra-t-il de bombes artisanales explosant aux quatre coins du monde ? Combien faudra-t-il de créateurs ruinés par le pillage de leurs œuvres ? Il est temps, mes chers collègues, que se réunisse un G20 du Net qui décide de réguler ce mode de communication moderne envahi par toutes les mafias du monde. » Cette déclaration surprenante est le fait d'un homme politique français (Frédéric Lefebvre), dans le cadre des débats ayant précédé la discussion de la loi Création et Internet (n° 2009-669 du 12 juin 2009) mettant en place la Haute Autorité pour la diffusion des œuvres et la protection des droits sur Internet (Hadopi). La loi a été motivée au premier chef par le développement du « piratage » dès les années 1990, plus précisément de l'échange de fichiers musicaux entre pairs (le *peer-to-peer*). Dans l'esprit de certains hommes politiques, les adolescents qui échangent un morceau de musique se situent ainsi dans la même catégorie que les violeurs ou les terroristes... À dire vrai, ce n'est pas une spécificité récente, ni française. Comme le rapporte Florent Latrive (*Du bon usage de la piraterie*, p. 14), l'ancien représentant des producteurs hollywoodiens (Motion Picture Association of America), Jack Valenti, n'hésitait pas à engager ses troupes dans ce qu'il appelait « notre guerre à nous contre le terrorisme ». C'était peu après l'adoption du Digital Millennium Copyright Act (DMCA), équivalent américain de la loi Hadopi, en 1998.

Au-delà des polémiques et des invectives, une évidence se fait jour : Internet oblige à reconsidérer la notion de propriété intellectuelle. Non seulement il paraît difficile de criminaliser une pratique que

---

1. Référence : Oberholzer-Gee F., Strumpf K., « File sharing and copyright », in J. Lerner et S. Stern (éd.), *NBER, Innovation Policy and the Economy Series*, 10, MIT Press, 2010. Voir aussi les pages de Koleman Strumpf.

80 % des jeunes gens des sociétés industrialisées utilisent spontanément. Mais c'est surtout la notion même de propriété qui se trouve inadaptée aux réseaux et aux biens informationnels qui y circulent.

LES PRINCIPES FONDATEURS DU RÉSEAU : L'ÉCHANGE LIBRE

Pour bien comprendre les enjeux, il convient d'abord de se représenter les principes à l'œuvre dans la construction et le fonctionnement du réseau mondial. À la suite de Yochai Benkler, on peut décrire l'Internet de manière simplifiée, en trois couches :

- une couche physique (la tuyauterie, les câbles, les ondes, les terminaux) ;
- une couche logique (la programmation en langage machine numérique, c'est-à-dire en code binaire 0 et 1) ;
- une couche contenu (tout ce que l'on met dans le réseau, par exemple avec les protocoles du *world wide web*).

L'Internet est un réseau *end-to-end* (e2e), selon l'expression de Lawrence Lessig, c'est-à-dire que l'apport se fait par chaque connexion individuelle à l'extrémité (*end*) du réseau :

> « *Plutôt que d'installer l'intelligence au cœur du réseau, il faut la situer aux extrémités : les ordinateurs au sein du réseau n'ont à exécuter que les fonctions très simples qui sont nécessaires pour les applications les plus diverses, alors que les fonctions qui sont requises par certaines applications spécifiques seulement doivent être exécutées en bordure de réseau. Ainsi, la complexité et l'intelligence du réseau sont repoussées vers ses lisières.* »

Liberté, égalité, neutralité

Les concepteurs d'Internet ont initialement et sciemment choisi trois principes valables pour toutes ces couches : la liberté, l'égalité, la neutralité. Cela se retrouve sur la couche physique, avec la distribution décentralisée des données par « paquets » (Donald Davies, Paul Baran, Leonard Kleinrock). Cela se retrouve sur la couche contenue avec des protocoles ouverts comme le TCP/IP (Robert E. Kahn, Vinton G. Cerf), permettant par exemple l'existence du web (adresses http).

…/…

Dans les années 1960 à 1980, ces chercheurs ne connaissaient pas les usages possibles du réseau, en dehors du besoin immédiat de communication entre laboratoires et universités. Ils ont volontairement choisi des modes de fonctionnement ne donnant aucune limite *a priori*. Comme beaucoup appartenaient au monde de la recherche académique, l'échange libre de toutes les données semblait la norme. Cette question de la neutralité du réseau fait régulièrement l'objet de débats : en France, un comité d'experts sur la neutralité a été mis en place en février 2010. Une proposition de loi favorable à une conception large de la neutralité, imposant aux opérateurs de respecter un même service universel pour tous les abonnés, a été rejetée par le Parlement le 1er mars 2011.

L'extraordinaire créativité d'Internet n'est possible que si le réseau est totalement ouvert : vous ou moi, nous apportons chaque jour de l'information à une extrémité du réseau, et la richesse prodigieuse de l'ensemble implique que le réseau ne discrimine pas nos apports (neutralité), que nous sommes seuls juges de leur intérêt (liberté) et que nous pouvons tous procéder ainsi (égalité). Les trois principes de liberté, égalité et neutralité ont montré leur succès puisque l'on est passé de mille bureaux connectés en 1984 à 422 millions de foyers en 2009 (un foyer sur cinq, 1,7 milliard de personnes, selon Gartner).

Cette nouvelle manière de penser, de créer et d'échanger dans le monde numérique est souvent différente des pratiques de l'ancien monde physique. C'est en fait l'invention la plus révolutionnaire du XXe siècle, non seulement dans le domaine technologique, mais aussi dans le domaine intellectuel, politique, économique, social ou culturel. Les institutions de l'ancien monde n'ont pas manqué de réagir. En dehors des régimes autoritaires et totalitaires, l'offensive la plus puissante contre les principes fondateurs de l'Internet est venue des entreprises, et plus particulièrement de celles qui entendaient défendre une institution particulière : la propriété intellectuelle. Pourquoi ? Car sur la couche contenu du web se retrouvent tous les biens immatériels (œuvres de l'esprit) qui font l'objet de cette propriété. La numérisation est en train de libérer ces œuvres de leurs anciens supports physiques, comme le montrent le déclin rapide du CD et la crise de l'imprimé. Mais les idées ainsi libérées sont-elles encore appropriables ?

Si je saisis « propriété intellectuelle » sur Google France, je trouve plus de dix millions de résultats. Une somme énorme de savoirs, d'informations et d'opinions sur un concept pourtant très précis. Je peux lire ces textes, je peux en faire des copier-coller pour ma documentation, je peux les envoyer à mes amis ou les partager sur un site privé, je peux même, si l'envie étrange m'en prend, en faire un gros volume papier de cent mille pages et le donner autour de moi. Rien de cela ne devrait me valoir un procès pour « piraterie ». À l'évidence, la propriété intellectuelle n'est pas aussi simple qu'il y paraît.

PROPRIÉTÉ INTELLECTUELLE : UN CONCEPT COMPLIQUÉ, UNE HISTOIRE RÉCENTE

Face au piratage, l'argument des producteurs de contenus, ainsi que d'une partie des auteurs et artistes concernés, est simple : le vol doit être puni. Surtout s'il encourage la ruine des créateurs, donc de la créativité. Examinons la question en détail.

La propriété intellectuelle rassemble divers domaines. On parle de propriété littéraire et artistique pour les contenus culturels, de propriété industrielle dans le domaine technologique et scientifique. La première consacre le « droit d'auteur » (*copyright* dans le monde anglo-saxon) : c'est à la fois un droit moral (être reconnu comme auteur d'une création, éviter que cette création soit dénaturée lors de ses usages) et un droit patrimonial (être rémunéré à chaque utilisation de son œuvre).

Les choses semblent donc simples : je suis propriétaire des fruits de mon travail, que ce soit des légumes que je fais pousser dans mon champ, un livre, une musique ou un film que je conçois. Mais en réalité, elles sont plus compliquées.

La propriété intellectuelle est une invention récente : Aristote ou Homère, Thalès ou Léonard de Vinci n'ont jamais eu de droits particuliers sur leur création. Il y eut très tôt des disputes sur le droit moral (problème du plagiat), mais l'idée d'un droit patrimonial (commercial) sur une création de l'esprit était tout à fait étrangère aux anciennes civilisations. C'est avec la naissance de l'imprimerie pour le droit d'auteur, avec l'ère industrielle pour le brevet que de telles questions commencent à se poser. L'humanité a donc beaucoup inventé, écrit ou composé avant l'existence d'une propriété sur les œuvres ainsi produites et diffusées.

Le droit d'auteur naît sous la forme indirecte d'un monopole commercial que le pouvoir politique accorde aux libraires-imprimeurs : l'auteur peut vendre l'exclusivité de l'exploitation de son manuscrit, pendant une période courte[1]. Le « statut d'Anne », ainsi nommé en référence à la reine anglaise qui l'a imposé, donne naissance au copyright en 1709 en Angleterre, et accorde cette exclusivité pour quatorze ans renouvelables. Quand la France fait de même en 1791, la période d'exclusivité de l'auteur est déjà bien plus conséquente : toute sa vie et cinq ans au-delà. À la même période (1790), les États-Unis préfèrent un *copyright* bien plus raisonnable de quatorze ans renouvelables, à l'instar du droit anglais de l'époque. Le délai ne va cesser de s'allonger depuis cette période, pour atteindre aujourd'hui (en moyenne) soixante-dix ans après la mort de l'auteur (et vingt ans pour les brevets de la propriété industrielle). Beaucoup observent que ce délai n'a pas grand sens, puisque la créativité et l'indépendance d'un auteur mort depuis soixante-dix ans ne sont plus tellement stimulées par les revenus tirés de ces œuvres… Il faut ainsi noter que l'expression française « droit d'auteur » est moins exacte que l'expression anglo-saxonne « droit de copie » (*copyright*), car dès son origine, la propriété intellectuelle, littéraire et artistique protège l'éditeur plus que le créateur.

Un monde orwellien… Kindle efface 1984 !

En juillet 2009, certains clients du Kindle Amazon ont eu une bien mauvaise surprise. Ils avaient téléchargé légalement (et moyennant finance) deux livres de George Orwell, *1984* et *La ferme des animaux*… mais ceux-ci ont disparu de leur lecteur électronique, effacés à distance par Amazon ! Le symbole est particulièrement évocateur, puisque *1984* décrit un monde où la liberté a disparu et où la manipulation est reine. Explication : les œuvres d'Orwell sont tombées dans le domaine public pour certains pays (Australie, Russie, Canada), mais elles sont protégées par le *copyright* aux États-Unis jusqu'en… 2044.

---

1. Patterson R.L., *Copyright in Historical Perspective*, Vanderbilt University Press, p. 42-179, 1968.

Créée par l'État, la propriété intellectuelle n'a donc rien de *spontané*. Et malgré la tendance à l'étendre indéfiniment pour des motifs surtout marchands, il allait de soi à sa naissance qu'elle devait être *limitée*. Comme le remarque le prix Nobel Joseph Stiglitz, « la propriété intellectuelle n'est pas une loi naturelle, c'est une loi faite par les hommes pour promouvoir des objectifs sociaux[1] ».

Le droit d'auteur ou le brevet est né comme un compromis entre l'intérêt du créateur/inventeur et celui de la société tout entière. Aujourd'hui encore, le droit d'auteur fait l'objet de nombreuses exceptions : on peut représenter ou faire circuler une œuvre dans le cercle des amis proches et de la famille, la parodier ou la caricaturer, la citer dans sa propre œuvre, l'archiver et la faire lire dans des établissements à buts non lucratifs… La circulation des œuvres (tombées dans le domaine public ou non) est la norme, son interdiction est l'exception.

Copie privée : un droit ou un délit ?

Dans l'ambiance très agressive qui caractérise aujourd'hui la question des droits d'auteur sur Internet, on oublie souvent que la copie privée est une exception au droit d'auteur reconnue par la loi, donc un droit de tout à chacun. En fait, le problème s'est très souvent posé dans l'histoire des deux derniers siècles. Au XIXe siècle, des compositeurs ont voulu intenter des procès aux nouveaux moyens de reproduction mécanique de la musique (orgue de barbarie, boîte à musique, pianolas, mécanographes, cylindres jusqu'au phonographe). En 1976, les studios hollywoodiens ont traîné devant les tribunaux la société Sony, fabricant du système de magnétoscope Betamax. À chaque fois, la loi a rappelé que la copie privée dans un cercle familial ou amical est autorisée. Elle a souvent choisi de taxer le moyen de reproduction : les titulaires de droits d'auteur sont rémunérés par une redevance sur les supports vierges. Si cette solution était choisie sur Internet, elle aurait le mérite de simplifier radicalement la situation.

Le point le plus étonnant des nombreuses polémiques autour de la propriété intellectuelle (dans le domaine littéraire et artistique) est que l'on manque de preuve pour prouver que le piratage nuit réellement

---

1. Entretien avec F. Latrive, *Du bon usage de la piraterie*, Paris, La Découverte, 2007.

aux revenus. Dans un article de 2010 que nous avons cité au début de ce chapitre, Felix Oberholzer-Gee et Koleman Strumpf ont procédé à une méta-analyse d'une quinzaine d'études parues sur le sujet depuis 2000. Leurs conclusions ne montrent pas que le piratage affecte massivement les revenus ou la créativité. Bien que les ventes d'albums aient commencé à baisser depuis 2000, le nombre d'albums produits a explosé : 35 516 en 2000 contre 79 695 en 2007. Dans l'industrie du film, également exposée au partage *peer-to-peer*, on observe des tendances similaires. À l'échelle mondiale, les films produits sont passés de 3 807 en 2003 à 4 989 en 2007. Dans les pays connus comme très exposés à l'échange entre pairs, la production n'a nullement baissé, au contraire : de 80 à 124 films en Corée du Sud, de 877 à 1 164 films en Inde, de 140 à 402 films en Chine, de 459 à 590 films aux États-Unis (2004-2007 dans ce dernier cas). Cette hausse importante de l'offre malgré les menaces du « piratage » indique clairement que les secondes sont sans effet empirique observé sur le désir et la capacité de créer. Sur le marché américain, synthétisent les auteurs, « la publication de nouveaux livres a augmenté de 66 % entre 2002 et 2007. Depuis 2000, le lancement annuel de nouveaux albums musicaux a plus que doublé et la production de film mondiale a augmenté de 30 % depuis 2003 ». Malgré un environnement supposé menaçant pour la créativité, celle-ci se porte bien.

L'affaiblissement de la propriété intellectuelle sur un bien n'implique pas la perte de revenu globale autour de ce bien si l'éditeur développe des revenus complémentaires, en d'autres termes s'il adapte son modèle économique à la réalité du *peer-to-peer*. Dans le cas de la musique par exemple, de loin le plus étudié à ce jour, les deux auteurs produisent la courbe d'évolution de ventes de CD, de place de concerts et de morceaux iTunes entre 1997 et 2007 sur le marché américain. Ce calcul (en volumes approximatifs) montre une baisse de 15 % des ventes de CD (celle dont tout le monde parle). Mais l'ajout des concerts à lui seul compense cette baisse et suffit à produire une hausse de 5 % du chiffre d'affaires ; l'ajout des ventes numériques aboutit quant à elle à une hausse globale de 66 %[1].

---

1. *Source* : Oberholzer-Gee et Strumpf, *op. cit.*, 2010.

Les « pirates » sont aussi des gros consommateurs

Au printemps 2010, le groupement d'intérêt scientifique M@rsouin a publié en France une étude sur les premiers effets de la loi Hadopi. Parmi ses principales conclusions : « À peine 15 % des internautes qui utilisaient les réseaux *peer-to-peer* avant l'adoption de la loi Hadopi ont définitivement cessé de le faire depuis ; parmi ces ex-téléchargeurs, seulement un tiers a renoncé à toute forme de piratage numérique, alors que les deux tiers restant se sont tournés vers des pratiques alternatives de piratage échappant à la loi Hadopi comme le streaming illégal (*allostreaming*) ou le téléchargement sur des sites d'hébergements de fichiers (*megaupload, rapidshare*) ; les "pirates numériques" se révèlent être, dans la moitié des cas, également des acheteurs numériques (achat de musique ou de vidéo sur Internet). Couper la connexion Internet des utilisateurs de réseau *peer-to-peer* pourrait potentiellement réduire la taille du marché des contenus culturels numériques de 27 %. Une extension de la loi Hadopi à toutes les formes de piratage numérique exclurait du marché potentiellement la moitié des acheteurs de contenus culturels numériques. »

ESPRIT ET IMMATÉRIEL : DES BIENS PAS COMME LES AUTRES

La propriété intellectuelle concerne un domaine immatériel : symbolique, savoir, connaissance, esthétique, information… tout cela n'est pas palpable comme les biens matériels du monde physique pour lesquels la propriété a été conçue. Selon la définition de son Organisation mondiale, la propriété intellectuelle relève des « créations de l'esprit » : inventions, œuvres littéraires et artistiques, symboles, noms, images, dessins et modèles dont il est fait usage dans le commerce.

Ces biens immatériels présentent comme caractéristiques saillantes de ne pas être des biens rivaux, ni des biens captifs, ni des biens excluables. Quelques explications sur ces termes sont nécessaires.

La non-rivalité se comprend ainsi : en utilisant le théorème de Pythagore, je n'empêche nullement mon voisin de faire de même. Alors que si je veux utiliser la bicyclette rouge qui est garée en bas de mon immeuble, ce n'est pas le cas : ce vélo est rival car mon utilisation en interdit l'usage à tout autre utilisateur sur Terre. Les œuvres de l'esprit sont non rivales, seul leur support l'est : si je prends le livre ou le CD de mon voisin, je le prive d'un bien et, en l'occurrence, d'un accès au contenu. Comme la numérisation élimine ce support (voir ci-après) et place l'œuvre directement sur la couche contenu de l'Internet, elle met en lumière la non-rivalité des biens immatériels : nous pouvons tous en profiter en ne lésant personne… sauf l'auteur qui se voit éventuellement privé de revenus.

La non-captivité est également aisée à se représenter. J'écoute en ce moment Vivaldi sur mon iPhone. Mais en soi, je peux le fredonner sous ma douche, le jouer avec un groupe d'amis dans le métro ou dans un parc, l'écouter sur une chaîne hi-fi, un tourne-disque vinyle, un phonographe ou un piano mécanique, le retrouver sur un baladeur numérique, un ordinateur, un téléviseur… La création *réelle* de Vivaldi, ce qu'il a apporté dans l'histoire de la culture, n'est pas captive d'un support particulier : elle circule d'esprit en esprit par tous les moyens disponibles, en choisissant généralement les moins coûteux et/ou les plus accessibles. Dans les débats sur le droit d'auteur déjà très vifs au XIXe siècle, Victor Hugo avait exprimé cette idée d'un mot célèbre : « Le livre comme livre appartient à l'auteur mais le livre comme pensée appartient au genre humain. »

La non-excluabilité signifie enfin qu'il est très difficile d'exclure certaines personnes de l'usage d'un bien immatériel. La bicyclette rouge peut être facilement rendue excluable par un antivol. Mais la lumière d'un phare dans la nuit peut être vue par tous les bateaux, même ceux qui ne se sont pas acquittés d'un droit de navigation. Cette difficulté explique les craintes de nombreux internautes sur leurs libertés fondamentales. Pour contrôler les droits de propriété, il faudrait créer un antivol parfait attaché au fichier numérique… mais l'expérience montre que de tels antivols sont très vite contournés par les millions de programmeurs présents sur l'Internet. Sans oublier le risque que cet antivol contienne du contenu nuisible (*spyware*, virus). Ajouter des contrôles d'usage aux divers chiffrements (accès conditionnel) alourdit considérablement la circulation des œuvres, avec un coût producteur, un coût utilisateur et surtout un coût social (limites de plus en plus nombreuses et complexes d'accès à la connaissance dans une économie fondée sur la connaissance).

Ces différentes caractéristiques des œuvres de l'esprit expliquent qu'elles ont si longtemps été considérées comme des « biens communs », ne relevant ni de l'autorité politique ni de l'activité commerciale, mais de l'usage social et de la transmission interindividuelle. Depuis Socrate, les auteurs diffusent librement leurs œuvres d'autour d'eux, ils gagnent d'abord en réputation, en

Second Life et la propriété virtuelle

Le métavers *Second Life* a changé au printemps 2010 ses conditions générales d'utilisation. Jusqu'alors, tout ce qu'un membre de cet univers virtuel produisait était considéré comme sa propriété. Mais les nouvelles CGU suggèrent qu'il s'agit plutôt d'une licence limitée d'accès et d'usage (voir l'analyse de Lionel Maurel sur Silex). Du coup, un grand nombre d'abonnés à *Second Life* ont menacé le Linden Lab (entreprise gérant *Second Life*) d'une action collective en justice. Cela soulève la question de l'appropriation des biens communs, ce que le juriste américain Lawrence Lessig a nommé les « hybrides » : un nombre croissant de biens ou de services sont produits collectivement sur Internet par les usagers – ce que l'on nomme les *users generated contents* – de sorte qu'il est de plus en plus difficile d'y raisonner sur le droit de propriété classique hérité des biens matériels.

influence et en plaisir de créer (la passion initiale de tout créateur). En souhaitant protéger ces auteurs d'une exploitation commerciale (par les libraires à l'origine, puis par tous ceux qui ont un moyen mécanique de reproduction d'une œuvre), l'invention moderne du droit d'auteur a aussi créé un grand nombre de complications et de contradictions : avec Internet, celles-ci sont devenues évidentes.

La tragédie des biens communs : la propriété privée est-elle la seule solution ?

Aussi appelée « tragédie des communaux », ce phénomène économique a été décrit en 1968 par un biologiste, Garrett Hardin, dont l'article dans *Science* a donné lieu à une immense littérature. L'idée est très simple : dans un champ considéré comme un bien commun (ressource naturelle appartenant à tous), des paysans font paître leurs troupeaux. Mais sur la durée, chacun peut envisager d'utiliser un peu plus le pâturage, pour en tirer bénéfice sur son bétail. Un tel accès libre à une ressource limitée ne peut mener qu'à la ruine collective : à la fin, il n'y a plus du tout de bien commun ! La conclusion de la majorité de ses commentateurs : seule une réglementation publique ou une propriété privée évite la tragédie des biens communs.

Le modèle de Hardin est souvent utilisé dans les débats sur Internet. On fait observer qu'Internet est un bien commun échappant à la tragédie parce que les ressources y sont potentiellement illimitées : la capacité de stockage augmente au rythme de la loi de Moore, jusqu'aux perspectives d'ordinateurs quantiques ; la capacité de la bande passante tend vers la vitesse de lumière (fibre optique). Les

.../...

limites du numérisable sont donc très éloignées, même si tous les humains faisaient un usage intensif de l'Internet. Par ailleurs, les contenus de l'Internet sont surtout des biens immatériels non rivaux : quand on écoute une musique, lit un livre ou regarde un film, on ne prive pas du tout les autres du même accès au même bien. Contrairement au pâturage, qui est une quantité limitée et un usage rival.

REMIX : HYBRIDATION ET CRÉATIVITÉ

En 2004, le célèbre DJ new-yorkais Danger Mouse lance gratuitement sur Internet *the Grey Album,* un remix de l'album blanc des Beatles et de l'album noir de Jay-Z. Quelques jours plus tard, la maison de disque EMI fait interdire le *Grey Album* au motif qu'il ne respecte pas le copyright sur les Beatles. Il est pourtant bien difficile de retrouver les mélodies du groupe anglais dans le *mashup* de Danger Mouse, mais EMI se montre inflexible.

En 2009, la société Eolas Technologies a engagé des procès contre Adobe, Amazon, Apple, Google, Yahoo et une vingtaine de sociétés. En cause, deux brevets sur des *plug-in.* « Nous avons développé ces technologies il y a quinze ans et les avons largement exposées, des années avant que le marché n'entende parler d'applications interactives dans les pages web », expose Michael Doyle, le PDG d'Eolas. On se félicite du combat de David contre Goliath… mais on se pose aussi des questions. D'une part Eolas a eu tout loisir d'exploiter sa découverte depuis quinze ans. D'autre part, les logiciels du web fonctionnent de plus en plus à partir de nombreuses fonctionnalités déjà existantes dans d'autres applications. S'il faut négocier des centaines de brevets et risquer autant de procès, plus personne ne prendra le risque de développer des logiciels.

Ces deux exemples séparés de quelques années montrent les menaces permanentes que fait peser une conception trop rigide de la propriété intellectuelle sur l'évolution des œuvres de l'esprit. La course actuelle aux brevets, copyright et autres droits d'auteurs peut représenter un frein sérieux à la créativité. La propriété privée et la réglementation publique y gagnent ce que le bien commun y perd. Et au bout du compte, la création que l'on souhaite encourager se trouve découragée !

De tout temps, la connaissance et la culture avancent par réutilisation et réarrangement de ce qui existe dans l'environnement informationnel d'une société. Les sciences et les techniques, sur lesquelles est fondé l'essor de la civilisation industrielle moderne, procèdent exactement ainsi, les bonnes idées sont copiées et améliorées, les mauvaises sont progressivement délaissées et abandonnées. L'homme est un animal qui apprend par mimétisme dès qu'il est enfant, et cette observation concerne aussi les populations dans l'histoire : on peut ainsi suivre à la trace l'adoption progressive de l'écriture ou de l'agriculture. Imaginons que l'inventeur du feu ou de la roue se soit vu attribuer un brevet perpétuel sur sa création : nous ne serions sans doute pas là pour débattre du progrès et de la propriété !

Ce qui est vrai pour la pensée est également vrai pour la culture. Walt Disney a puisé son inspiration chez les frères Grimm, Andersen, Victor Hugo pour produire des films qui ont enchanté des générations et continuent de le faire, nourrissant ainsi l'imaginaire collectif. Hélas, l'entreprise Walt Disney est connue aux États-Unis pour utiliser toute la puissance de son lobbying afin de faire voter des « amendements Mickey Mouse » : à chaque fois que la plus célèbre souris du monde menace de tomber dans le domaine public, le copyright se trouve comme par hasard allongé par voie législative…

Lawrence Lessig qualifie de « remix » l'hybridation perpétuelle à l'œuvre dans l'inventivité humaine. Internet en a démultiplié les possibilités en raison de sa nature même de réseau ouvert et fluide. L'exemple et le succès des logiciels libres en est une illustration parlante.

Logiciel libre : GNU/Linux

En 1983, Richard Stallman lance le projet GNU, un système d'exploitation (OS) libre inspiré d'Unix auquel cet informaticien avait énormément contribué. Huit ans plus tard, Linus Torwalds (alors étudiant finlandais) programme le noyau dur d'un tel OS, qui prend le nom de Linux. Depuis sa naissance, ce logiciel libre est adopté par un nombre croissant de serveurs et d'entreprises (plus de 20 %), et il atteint 1 % des utilisateurs particuliers. Depuis 2000, le géant IBM lui apporte un soutien massif : cela montre que les entreprises peuvent très bien s'accommoder de biens communs non privatifs dans ce qui constitue pourtant un cœur de leur activité et de leur stratégie.

.../...

> Contrairement aux logiciels propriétaires, les logiciels libres donnent aux utilisateurs la liberté d'exécuter, de copier, de distribuer, d'étudier, de modifier et d'améliorer les logiciels (licence GNU/FSF). Plus précisément, cela se réfère à quatre types de liberté pour les utilisateurs de logiciels : *liberté d'exécuter* le programme, pour n'importe quel usage (liberté 0) ; *liberté d'étudier* le fonctionnement du programme et de l'adapter à vos besoins (liberté 1) et d'accéder au code source pour cela ; *liberté de redistribuer* des copies pour aider son prochain (liberté 2) ; *liberté d'améliorer* le programme et de rendre publiques vos améliorations pour que toute la communauté en bénéficie (liberté 3).

La société Microsoft, longtemps considérée comme un symbole de la propriété sourcilleuse de ses applications, a compris le mouvement général d'Internet vers le libre et la volonté des utilisateurs de se rendre désormais maîtres des applications. Lancé en novembre 2010, le Kinect (kit de détection de mouvement pour les jeux) s'est vendu à un rythme plus rapide que l'iPhone et l'iPad en leur temps au printemps 2011. Une des raisons du succès est que Microsoft a libéré les contraintes matérielles et logicielles de son produit, de sorte que le Kinect a été immédiatement adopté par une communauté de programmeurs.

ÂGE DE L'ACCÈS : LA CONNEXION PLUTÔT QUE L'APPROPRIATION

Les éditeurs-diffuseurs de contenus sont confrontés à une question cruciale : s'ils sont amenés à abandonner des droits de propriété sur des fichiers numériques servant de nouveaux supports aux œuvres de l'esprit, comment éviter leur ruine pure et simple, ainsi que celle du créateur ? Comment créer encore de la valeur quand la numérisation en détruit la plus grande partie, en raison de la duplication désormais très simple du contenu ? Ces questions sont développées en détail dans le chapitre consacré à la *gratuité*. On se bornera ici à quelques rappels.

Dès son origine, et en dehors du droit moral de l'auteur, la propriété intellectuelle se définit comme un monopole *commercial*. Elle est appelée à le demeurer : même si Internet permet des échanges libres de fichiers entre les internautes, ces échanges doivent rester gratuits, de pairs à pairs, et toute tentative d'exploitation commerciale secondaire appelle une sanction. En d'autres termes, le contrat par lequel un créateur cède à un producteur-diffuseur l'exploitation marchande de sa création et de ses produits dérivés n'a pas à être remis en question. Même lorsque la piraterie était très facile et très populaire (non sanctionnée), elle restait limitée et n'empêchait pas une partie du public d'acheter des produits commerciaux dans les magasins ou les plateformes payantes.

Les raisons pour lesquelles on peut préférer une œuvre commerciale à un fichier gratuit sont nombreuses : disposer immédiatement de l'œuvre, juste au moment de sa sortie (achat antérieur de réservation) ; posséder un bien personnalisé par l'auteur ou l'artiste, ou un bien différencié par certaines fonctionnalités ; être certain de la qualité et de l'accessibilité du produit ; éviter les problèmes de sécurité ; soutenir *volontairement* un créateur que l'on apprécie (achat altruiste)... La « piraterie » s'est développée dans le domaine musical en raison d'une réaction parfois disproportionnée de l'industrie, ayant refusé tout dialogue avec les sites d'échange et n'ayant pas repensé l'économie de son secteur. Et surtout, l'offre légale attractive n'existait pas. L'équation nouvelle de cette économie est la suivante : le fichier numérique en lui-même a un coût marginal de reproduction quasi-nul et *les consommateurs le savent*. On ne peut pas faire comme si les nombreux et coûteux intermédiaires de l'ancien monde « physique » étaient encore nécessaires.

James Cameron ne craint pas le piratage...

Malgré un piratage massif, *Avatar* de James Cameron aura été l'un des plus grands succès du cinéma des dix dernières années. À une conférence du CTIA – The Wireles Association, le réalisateur n'a pas caché que la défense pointilleuse de la propriété intellectuelle sous forme de répression des « pirates » ne lui semblait pas la bonne stratégie. L'usage de 3D sur grand écran donne au spectateur des sensations fortes qui ne peuvent pas être réellement reproduites en dehors de salles dédiées. Par ailleurs, autour d'un film que l'on va voir en salle, les produits dérivés sur DVD ou terminaux mobiles peuvent conquérir des publics intéressés par des contenus spécifiques. La circulation du film piraté sur les réseaux Torrent ne gêne pas vraiment la commercialisation de ces contenus à valeur ajoutée. (Numerama)

Le monde numérique est celui de l'abondance, le monde physique reste celui de la rareté. Si les gens vont encore au cinéma, c'est qu'ils n'ont pas la possibilité d'installer les grands écrans d'un multiplex chez eux, et qu'ils recherchent avant tout une qualité d'image supérieure à celle du petit écran. Ils veulent une expérience ou un produit *rare*. Le livre ou le CD comme objets physiques peuvent avoir un destin différent de leur contenu numérique. Un auteur très apprécié de son public pourra par exemple vendre des tirages papier de qualité de ses livres, car de tels objets sont recherchés pour soi ou pour offrir, en raison de leur rareté, de leur qualité esthétique, de la dédicace éventuelle, etc. De même, si cet auteur fait des conférences, des débats, des signatures, des lectures ou de manière générale des rencontres avec ses lecteurs, il peut faire payer ces événements car ils sont uniques, non reproductibles. C'est encore plus évident pour un artiste : le CD comme objet physique peut devenir une petite œuvre d'art, les produits (physiques) dérivés sont innombrables et recherchés par les fans, les concerts sont surtout l'occasion de remplir les salles et de produire une incarnation que le numérique ne permet évidemment pas. Cela signifie que l'éditeur-producteur ne peut plus se contenter de vendre un produit (numérique) abondant à coût quasi-nul, il doit devenir l'organisateur d'un grand nombre d'événements et de produits dérivés où se situera la nouvelle rentabilité commerciale de la création.

Depuis qu'il existe des auteurs et des artistes, leur création apporte deux choses très différentes : réputation et revenus. Avant l'invention assez récente de la propriété intellectuelle, la première était même le seul gain des créateurs. Les sociétés modernes, particulièrement avec l'invention des médias puis d'Internet, donnent une place considérable à la notoriété, à la célébrité, à la reconnaissance, à la renommée. Alexander Bard (artiste pop autant que philosophe) et Jan Soderqvist ont nommé « netocrates » les personnes qui, à l'avenir, seront capables de maîtriser ce système de réputation ayant pour fondement la valeur qu'ils ajoutent aux contenus culturels et informationnels. La réputation est source de gloire, mais elle se traduit également en de nombreux revenus indirects puisque le créateur réputé est aussi très recherché.

Pour l'essayiste Jeremy Rifkin, nous sommes ainsi entrés avec l'Internet dans « l'âge de l'accès ». Sous la pression des technologies

Vers une médiathèque universelle en freemium ?

Lancé en 2006 comme expérience *peer-to-peer*, le logiciel suédois Spotify permet d'écouter en streaming de la musique, avec un catalogue de plus de 6 millions de titres au début 2010. La version gratuite offre une moins bonne qualité d'écoute, et elle impose des plages de publicité. La version payante demande 10 euros d'abonnement mensuels, avec un son meilleur et aucune publicité. En avril 2011, sous la pression des majors du disque, Spotify a dû renoncer à son offre gratuite totalement illimitée mais continue cependant à offrir une lecture gratuite pendant 6 mois. L'avenir dira si ce modèle économique est viable. Ce qui est déjà certain, c'est que Spotify illustre une tendance lourde de l'Internet : face à un contenu immense, en augmentation exponentielle, avec des connexions haut débit de plus en plus rapides et dispersées sur le territoire, cela n'a plus aucun sens de vouloir être propriétaire de tous les produits culturels disponibles. Inversement, les internautes cherchent des interfaces les plus simples et les plus riches possibles, où tous les livres, toutes les musiques, tous les films sont accessibles d'un clic. La médiathèque universelle, en quelque sorte.

de l'information et de la communication, les réseaux prennent la place des marchés, les services des biens, les prestations des ventes, les utilisations des achats.

Une des raisons est notamment l'évolution de plus en plus rapide de la couche physique (matériel) comme de la couche contenu (logiciel) de l'Internet. À quoi bon acheter un téléphone mobile ou un ordinateur dont on sait d'avance qu'il sera très en dessous des capacités du marché dans deux ou trois ans en termes de capacités ? On loue un service (appeler), le téléphone est donné. De même, que signifie encore acheter un logiciel qui sera upgradé en permanence, surtout si on ne l'utilise qu'occasionnellement ? Et que dire des millions de produits culturels qui dépassent largement tout ce qu'une vie humaine a le temps de connaître, d'apprécier et de méditer ?

Médias : repenser l'offre

Les anciens médias ne se contentent pas de migrer sur le Net : ils changent de nature par la même occasion. Ce qui les oblige à repenser leur modèle économique face à la gratuité, à la menace de piratage ou, tout simplement, à la désaffection. Par exemple, selon William L Bulkeley (*Technology Review*, MIT, 2010), la

.../...

décennie 2010 verra l'émergence de la télé sociale. L'investiture de Barack Obama a déjà été diffusée et partagée sur Facebook, il en ira potentiellement de même pour tous les programmes. On pourra ainsi s'informer de ce que ses contacts du réseau sont en train de regarder, afin de faire une présélection des programmes en cours, ou bien encore commenter en temps réel sur chat, forum et autres outils de partage. Autre exemple : le livre numérique. Les éditeurs conviennent que le livre dit « homothétique » (simple reproduction du contenu papier) ne représentera pas l'essentiel du marché dans les années à venir. Les professionnels évoquent plutôt le « livre augmenté » qui, outre le texte, inclura des images, des sons, des liens, des réseaux de partage (voir le rapport Patino 2008 et le rapport Albanel 2010 sur l'e-book). Il en va de même pour la presse, où l'offre en ligne ne peut concerner une simple duplication du texte, mais plutôt des synthèses à la carte et des webdocumentaires multimédias.

La propriété cède donc la place à l'accès comme critère déterminant de nos pratiques individuelles et collectives. Il faut être connecté à l'Internet comme source permanente de contenus indispensables au loisir, à la culture, au savoir et au travail. Mais cette connexion n'est pas une appropriation : il n'y a aucun sens à espérer être propriétaires de ces milliards d'informations et de savoir-faire s'ajoutant chaque semaine !

Cet accès est également un enjeu fondamental de justice sociale et de développement économique. Nous vivons dans l'économie du savoir et la société de la connaissance : la matière première du progrès réside désormais dans nos capacités cognitives, pas dans notre puissance physique de transformation du monde. Ceux qui sont exclus de l'accès aux œuvres de l'esprit (créations, inventions) – individus pauvres dans nos sociétés, pays pauvres dans le monde – sont aussi exclus de la possibilité de contribuer au progrès et de bénéficier de ses fruits.

Parfois, cela a de cruelles conséquences sur le bien-être. Ainsi, la question des brevets et de la propriété intellectuelle a été au cœur de la « guerre des génériques » dans la lutte contre le sida en Inde, au Brésil ou en Afrique du Sud. Les laboratoires pharmaceutiques, confrontés à des coûts énormes pour développer leurs médicaments, protègent les trithérapies antivirales par des brevets rendant les traitements extrêmement coûteux, et inaccessibles aux populations du Sud où le sida frappe majoritairement. Deux malades sur trois sont exclus d'un traitement qui pourrait les sauver, à un moindre coût si la propriété intellectuelle est aménagée afin de produire des génériques. Confrontés à une situation d'urgence humanitaire et sanitaire, plusieurs États ont « nationalisé » cette propriété.

Creative Commons et *copyleft*

Depuis 2004, le droit français de la propriété intellectuelle reconnaît un nouveau type de licence, appelé Creative Commons. L'auteur d'une création se voit reconnaître sa paternité, mais il définit lui-même, à la carte, les usages autorisés. Par exemple, il peut permettre ou interdire une utilisation commerciale, des produits dérivés, des modifications de contenu. Le système est donc beaucoup plus souple qu'un droit uniforme de la propriété : un créateur, soucieux de permettre une diffusion large de son travail, peut abandonner son œuvre au domaine public, entrant en concurrence avec des visions plus protectionnistes de l'œuvre, laissant les gens choisir ce qu'ils préfèrent. Les textes et les contributions de sites comme Wikipédia ou CommentCaMarche ou le texte de la version numérique de ce livre sont ainsi régis par des licences Creative Commons. Le mot *copyleft* désigne quant à lui une ingénieuse disposition intégrée dans des œuvres libres et ouvertes : tout le monde peut les copier, les transformer et les transmettre… à condition expresse de laisser les mêmes droits aux autres. Ainsi, dans un logiciel libre qui est amélioré par des milliers de programmeurs, il est impossible à l'un d'entre eux d'empêcher la diffusion de ses propres améliorations.

Défendre le créateur, instruire la société, permettre le progrès et encourager la créativité : la propriété intellectuelle n'est pas un dogme, mais un équilibre toujours provisoire entre différentes attentes, dont certaines sont contradictoires. L'Internet obligera dans les prochaines années à reconsidérer de fond en comble cette question, car le réseau a totalement modifié les conditions de la création comme de la diffusion des œuvres, ainsi que les méthodes de travail des créateurs.

Mais la propriété intellectuelle n'est pas la seule institution que le réseau numérique remet en question. Comme nous le montrerons dans le prochain chapitre, nos catégories politiques demandent à être repensées face aux pratiques émergentes : l'ère de l'information et de la connaissance modifie la construction des opinions publiques et les conditions d'inclusion/exclusion des citoyens.

Conclusion prospective

» Dans un premier temps (1990-2010), les éditeurs et producteurs de contenus ont majoritairement réagi par une défense acharnée de la propriété intellectuelle élargie, telle qu'elle avait été définie avant l'existence d'Internet. Cette position poussée dans sa logique extrême risque de provoquer des déséquilibres, ainsi que de multiplier les réglementations liberticides sur les différentes couches et usages du réseau. Mais surtout, elle tend à bloquer la créativité et l'inventivité humaines au lieu de la favoriser, en rendant de plus en plus difficile le remixage des contenus. Les éditeurs vont devoir repenser leur modèle économique à partir de l'abondance et du *gratuit* (voir chapitre précédent). L'émergence de nouveaux types de propriété intellectuelle (biens communs créatifs) indique des mutations à venir dans ce concept juridique, qui sera probablement assoupli.

» L'économie et la société du XXIe siècle ont un besoin vital de fluidité, d'universalité et d'équité dans l'accès aux contenus, aux informations, aux connaissances. Elles évoluent désormais par innovation ascendante, c'est-à-dire que des milliers de petites avancées locales s'agrègent pour former des progrès significatifs, cela sans planification, ni autorité hiérarchique ni prédictibilité (ancien modèle *top-down* de la pyramide contre nouveau modèle *bottom-up* du réseau). Plus on bloque les échanges humains par des droits de propriété et des règles de confidentialité, plus on ralentit la marche de la création. Un débat viendra nécessairement : sommes-nous prêts à payer ce coût social, invisible mais énorme, que représentent toutes les opportunités perdues de progrès ?

» L'auteur (propriété intellectuelle) et l'inventeur (propriété industrielle) doivent être reconnus et récompensés pour le travail accompli… sans que l'essentiel de cette contrepartie à leur contribution soit confisqué par des intermédiaires n'ayant pas réellement participé au travail créatif, ce qui est parfois le cas ! Les modalités de reconnaissance et de rémunération sont nombreuses, et privilégier une seule piste (protection de la propriété intellectuelle devant les tribunaux) représente un appauvrissement. À chaque nouvelle invention (imprimerie, phonographe, radio, télévision), des solutions variées ont été testées : cette liberté d'imagination et d'expérimentation est indispensable à l'avenir.

▸▸ Une vision trop conservatrice de la protection des contenus aggrave les phénomènes d'inégalités d'accès, avec tous les conflits et les injustices que cela implique. Le risque est fort de voir se développer au niveau planétaire une existence à deux vitesses entre ceux qui ont un accès numérique et ceux qui en sont privés ; et parmi ceux qui disposent d'un accès, de voir émerger un autre régime à deux vitesses entre ceux qui peuvent ou ne peuvent pas payer pour la connaissance et la culture de leur temps. L'histoire des premières révolutions industrielles montre que de telles situations débouchent souvent sur la violence et l'exclusion. Une nouvelle vision du bien commun – et donc, concrètement, du statut des biens communs culturels et informationnels – est appelée à prévaloir.

▸▸ À l'avenir, les questions ouvertes par la propriété des biens immatériels pourraient concerner aussi les biens matériels, avec dans un premier temps la généralisation des « photocopieurs 3D » permettant de reproduire chez soi et en trois dimensions n'importe quel objet scanné dans notre environnement. La révolution quantique, c'est-à-dire le réagencement infini de la matière depuis le niveau atomique et subatomique, est désignée comme la nouvelle frontière du XXIe siècle et le fondement possible d'une révolution industrielle sans précédent. Les mentalités ne doivent pas rester figées sur des modèles d'un autre âge, mais envisager tous les avenirs concevables et poser les conditions les plus ouvertes pour leur réalisation.

JOURNAL DU MILIEU DE SIÈCLE (EN 2049…)

J'étais plongé dans la traduction instantanée d'un chat tokyoïte sur Final Warfare quand le voyant courrier prioritaire a clignoté en haut de ma visio. Le département juridique d'Hedometrix m'annonce que je devrais passer les voir dans la semaine car nous avons reçu une proposition d'accord amiable d'une société américaine concernant l'exploitation de Wolfoo, un personnage dérivé de Kettrik. Ils considèrent que nous nous sommes inspirés d'une de leur création sortie dix ans plus tôt, et menacent d'un procès. Je jette un œil sur la création en question, un socialTVsoap dont le personnage principal n'a qu'un très lointain rapport avec Wolfoo. Cela me met en rogne : encore du temps perdu à produire les arguments d'un mémo en défense. Autant les Cités centrales associées ont assoupli leur législation depuis la grande réforme de 2040, autant les Fédérations américaines ont durci la leur. Ils sont isolés face aux vues libérales d'Asie, d'Afrique et d'Europe, mais leurs cabinets d'avocats surpuissants exploitent la moindre faille des accords internationaux. Du coup, j'ai perdu le fil de mon chat. Je ronchonne tout seul en me faisant un café et en maudissant ces procédures chicaneuses. Je m'apaise en contemplant la reproduction des Demoiselles d'Avignon accrochée au mur de mon bureau. Grâce aux réplicantes, toutes les œuvres d'art peuvent être dupliquées jusqu'au moindre détail atomique. Depuis que les experts ont reconnu qu'il leur était impossible de distinguer un original d'une copie, le marché de l'art a nettement baissé mais les œuvres se sont diffusées partout. En regardant les cinq femmes gracieuses du tableau, mon esprit chasse ses soucis.

(À suivre à la fin du prochain chapitre…)

Chapitre 9

Comment nos catégories politiques vont-elles se métamorphoser ?

Le pouvoir des réseaux

L'État-nation et la démocratie parlementaire ont lentement émergé dans l'aire occidentale. Ils se sont imposés au XIXe et au XXe siècle comme les cadres politiques les mieux adaptés à l'ère industrielle, victorieux des systèmes totalitaires.

Mais les temps changent. L'État-nation ne semble plus la forme optimale pour affronter des défis de plus en plus mondialisés et des enjeux de plus en plus localisés. La révolution numérique accompagne et accélère depuis deux décennies cette « glocalisation », marquée par le passage du capitalisme industriel fondé sur l'exploitation de la matière et de l'énergie au capitalisme cognitif fondé sur l'utilisation de l'information et de la connaissance.

Le cadre culturel, économique et symbolique assez stable qui unissait les citoyens dans une communauté nationale et une société de masse a implosé : un imaginaire différent a émergé des nouveaux moyens de communication, associé à de nouvelles pratiques. Les individus, notamment les nouvelles générations, se désengagent progressivement des instances traditionnelles d'action politique et inventent d'autres moyens de défendre leurs intérêts ou leurs valeurs. Les réseaux sociaux numériques construisent un être-ensemble hétérogène, pluriel, fondé sur des affinités partielles et des identités provisoires. La liberté et la fraternité s'expriment plus volontiers dans le monde numérique que dans le monde physique.

Dans le même temps, cette évolution menace les égalités acquises à l'époque de l'État-providence, dans le cadre du « compromis fordiste » et des Trente Glorieuses. La place d'un individu dans la société comme dans l'économie est de plus en plus déterminée par sa capacité à construire sa réputation grâce à une attention permanente et une participation active aux flux d'information. Tous n'y parviennent pas : ceux qui se déconnectent des flux risquent une exclusion plus radicale que jamais. L'ère numérique ne détruit pas la démocratie moderne, mais elle opère une transition de toutes ses catégories fondatrices (nation, parti, parlement, liberté, égalité, fraternité…) pour aboutir à une « néodémocratie » des réseaux.

▸ Glocalisation : de la démocratie nationale à la démocratie locale, globale, transversale

▸ Un monde réticulaire : du parti et du parlement aux réseaux

▸ Internet comme cinquième pouvoir : de l'opinion imposée à l'opinion libérée

▸ Circulation des élites et économie de l'information : nouveaux enjeux pour l'égalité

Été 2006 : Warren Buffet a fait à la Fondation Bill et Melinda Gates le don le plus important jamais consenti par un particulier : 30 milliards de dollars. À titre de comparaison, le budget de la vénérable Unesco se chiffre en quelques centaines de millions de dollars. La Gates Foundation a déjà investi plusieurs milliards de dollars dans les causes humanitaires, sanitaires, éducatives, culturelles et sociales à travers le monde. Cette fondation, parmi bien d'autres, s'inscrit dans le courant de plus en plus puissant du « philanthrocapitalisme » : les plus grandes fortunes privées du monde déploient des capacités de financement philanthropique largement supérieures à celles des organisations publiques nées après-guerre ou au cours des Trente Glorieuses. Elles le font souvent sur des programmes de plusieurs années, adossés à des besoins ou des objectifs précis, développés en concertation avec les communautés concernées et dans l'exigence d'une transparence des fonds investis comme des résultats obtenus.

Hiver 2008 : Facebook et Twitter sont parvenus à jeter dans les rues de vingt-sept villes 4 millions de Colombiens excédés par la violence militaire des FARC (*New York Times*, 8 février 2008).

L'idée était née à peine un mois plus tôt dans l'esprit de l'organisateur, Oscar Morales, alors âgé de 33 ans, et qui avait compris la force nouvelle des réseaux sociaux pour engager des mobilisations politiques.

Été 2009 : en Inde, le débat fait rage sur le vote électronique (EVM) à l'occasion de l'organisation des élections. Ceux qui l'ignoraient apprennent à cette occasion que la jeune démocratie, deuxième population mondiale, a commencé à implanter ce système de vote depuis la fin des années 1970 (*India Post*, 9 août 2009). D'autres pays, également des nations émergentes, utilisent aussi ce vote électronique qui a bien moins de succès dans les vieilles démocraties européennes : c'est le cas par exemple du Brésil, où 100 % des électeurs utilisent désormais cette méthode de participation.

Hiver 2010 : on assiste depuis quelques mois à un bras de fer planétaire entre la firme californienne Google et la Chine. Le moteur de recherche subit des attaques de hackers chinois, notamment dirigées contre les adresses e-mails de certains contestataires du régime, et il se montre de plus en plus ouvertement hostile à la censure imposée par le régime de Pékin. En retour, ce dernier appelle Google à respecter strictement les lois nationales. L'affaire devient politique et les autres acteurs de l'Association de l'industrie des télécommunications et de l'informatique (CCIA : Microsoft, eBay, Yahoo, Oracle, AMD, etc.) affirment à travers leur porte-parole, Ed Black : « Si le gouvernement américain et ceux qui défendent la liberté ne mettent pas les libertés sur Internet au sommet de leurs priorités, ils échoueront dans le futur » (*Le Point*, 26 mars 2010). Malgré son retrait de Chine, Google rencontre d'autres problèmes dont on parle moins : censures exigées par la monarchie thaïlandaise, pression du gouvernement indien face aux contenus des extrémistes hindous ou musulmans…

Printemps 2011 : depuis le début de l'année les peuples arabes du Maghreb soulèvent le joug des dictatures en Tunisie, en Égypte, en Lybie et ailleurs. Une vague de liberté sans précédent, qui prend de vitesse les démocraties occidentales. La jeunesse est à la pointe de ce mouvement et elle utilise massivement les réseaux sociaux. La page Facebook « Révolution arabe » gagne en quelques jours des dizaines de milliers d'amis, les images de la répression comme les appels à la manifestation circulent désormais à la vitesse des SMS, des tweets, des mises à jour des blogs ou des pages Facebook. Après que le peuple tunisien a renversé Ben Ali le 14 janvier 2011, le régime de Moubarak en Égypte tente (sans succès) de se préserver en suspendant les communications téléphoniques et Internet. Le pouvoir est dans la rue, mais désormais au moins autant sur les claviers.

Ces quelques exemples des dernières années rappellent combien le monde change sous nos yeux : l'ère numérique pénètre notre organisation et notre représentation politiques. Là comme ailleurs, elle provoque des bouleversements sans précédent dans notre idée de la démocratie.

GLOCALISATION : DE LA DÉMOCRATIE NATIONALE À LA DÉMOCRATIE LOCALE, GLOBALE, TRANSVERSALE

La globalisation ou mondialisation a été définie comme le phénomène dominant de la fin du XXe siècle, faisant suite à la Guerre Froide. Elle se caractérise par une accélération des échanges de capitaux, de biens, de services et d'informations à l'échelle de la planète tout entière, l'ancien « tiers-monde » étant remplacé par des pays émergents devenus à leur tour producteurs, consommateurs et acteurs d'un jeu mondial. On oublie souvent que la révolution électronique et informatique a fortement contribué à l'infrastructure de cette globalisation : elle permet en effet l'analyse en temps réels des stocks comme des flux, indispensable par exemple aux marchés financiers ou à la logistique industrielle. L'État-gendarme (XIXe siècle) puis l'État-providence (XXe siècle), qui occupaient une place centrale dans les représentations collectives, se trouvent dépassés par d'autres acteurs collectifs qui font désormais l'actualité du monde, à commencer bien sûr par les entreprises. Il en va de même pour la dimension culturelle, intellectuelle et symbolique : aussi bien la culture savante (littérature, science) que la pop culture sont internationalisées, la notion d'identité nationale comme référent prioritaire n'a plus guère de sens. Surtout pour la génération numérique.

Car à partir des années 1990, l'Internet a accentué la portée de cette globalisation en amenant sa réalité des entreprises et des États aux individus. D'un clic, nous pouvons observer n'importe quelle zone de la Terre sur Gogle Earth, envoyer un message aux antipodes, commander un objet dans des pays lointains, visionner le clip de notre star préférée. Sur le réseau numérique, nous vivons désormais sur la zone locale d'une société globale marquée par le temps réel et l'espace aboli. Tout devient plus fluide (la société « liquide » de Zygmunt Bauman), tout est présent immédiatement.

Nous sommes donc sortis de l'horizon politique de l'âge classique et moderne, qui s'était construit sur une autre échelle de grandeur des échanges humains, aussi bien sur la dimension du temps que sur celle de l'espace. Dans un monde à évolution lente et communication faible, le sujet et citoyen était inscrit dans un territoire (délimité par une frontière étanche), il appartenait à une communauté et une culture (nation), il était soumis à un seul pouvoir central (État) doté de très larges pouvoirs. Toute notre pensée politique est née de cette situation pluriséculaire, mise en place par la royauté, affermie par l'État-nation démocratique. Mais les *pratiques* ont changé, et ce sont les pratiques qui guident l'histoire.

Repenser le monde depuis l'individu

De nombreux sociologues et historiens (Marcel Gauchet, Louis Dumont, Max Weber) ont souligné que la modernité se caractérise par un mouvement d'individualisation : jadis enfermé dès sa naissance dans une communauté d'appartenance et de subsistance dont il ne pouvait guère s'échapper, l'individu moderne a au contraire comme perspective de construire son existence à partir de droits fondamentaux qui garantissent son autonomie et sa liberté. De nombreuses initiatives d'Internet (par exemple la pionnière et puissante Elecronic Frontier Foundation) visent à défendre ces droits de l'individu face aux menaces potentielles de la société ou du gouvernement. Cela ne signifie pas que l'individu est enfermé sur lui-même dans une « foule solitaire », puisqu'au contraire, ce même réseau lui permet de multiplier des identités choisies plutôt que subies, et de nouer des liens jadis impossibles avec des inconnus devenus accessibles grâce aux recherches d'affinités partagées.

L'État-nation reste aujourd'hui la forme dominante de l'organisation politique, mais il est menacé de fragmentation, y compris du fait de sa propre évolution. On connaît le mot célèbre du fédéraliste Denis de Rougemont, repris de nombreuses fois : « L'État est trop petit pour régler les grands problèmes, trop grand pour régler les petits. » De fait, on observe que l'État-nation a déjà dévolu des pouvoirs vers des organes transnationaux ou, au contraire, vers des collectivités territoriales de taille inférieure. Car si la mondialisation a élargi l'horizon symbolique, économique et politique, on a également assisté au phénomène parallèle de localisation de certains enjeux d'existence des individus : recherche de proximité, d'authenticité, d'autonomie, de solidarité.

Cette double tendance « glocale » se trouve accélérée à une vitesse vertigineuse par la révolution numérique. Comme l'observe Éric Satin (*Le Contrôle global*, Climats, 2009) :

> *« Notre période historique est marquée par un afflux de nœuds de pouvoir, dont les gouvernements font partie, mais au sein d'un paysage global mû par d'autres formes d'initiative, de décision, d'action (ONG, associations, groupement de citoyens, presse, blogs – ce qui est nommé "Web 2.0" étant caractéristique de l'amplification des faisceaux d'échange, de réflexion et d'action "horizontaux")[1]. »*

Gen Me : génération antipolitique ?

Gen X, Gen Y, Gen Me... ces sigles étranges désignent selon certains sociologues les générations nées dans les années 1950-1970, 1970-1990, 1990-2010. La génération numérique serait donc la « génération moi » (Jean M. Twenge), poursuivant une tendance déjà établie dans les générations X et Y dont le leitmotiv serait : « Je m'intéresse à moi et à la pop culture. » Autant dire que cette génération se désintéressait totalement de la politique, du bien commun, de l'intérêt général et de la chose publique. Pour Don Tapscott, cette vision est fausse. Sondages et enquêtes à l'appui, il montre que la Gen Me est au contraire plus préoccupée que ses aïeux de problèmes comme la pauvreté, les inégalités, le changement climatique ou les déséquilibres environnementaux. « Pourquoi s'écartent-ils des scrutins électoraux ? La réponse tient en peu de mots : une aversion à la politique traditionnelle. Une grande majorité de la génération numérique regarde les élus officiels comme égoïstes, trop partisans et trop négatifs [...] La génération numérique n'accorde guère de confiance aux politiciens et aux institutions politiques non parce qu'elle est désengagée, mais parce que les systèmes politiques ont échoué à les mobiliser dans un cadre adapté à leur éducation éthique et numérique. »

---

1. In *Multitudes*, 2010, 40, p. 84.

De la pollution et la perte de biodiversité au réchauffement climatique en passant par l'instabilité financière ou les inégalités sanitaires, les grandes problématiques mondiales dépassent le pouvoir d'action et de décision des États isolés. Elles appellent souvent des collectes et des organisations d'informations que les réseaux numériques peuvent produire grâce à leur ubiquité : aujourd'hui déjà, et plus encore demain, des capteurs permettent de surveiller des espèces menacées, de mesurer des variables climatiques, de contrôler des niveaux de pollutions, etc. Et dans le même temps, les problèmes concrets de la vie quotidienne attendent des résolutions rapides et efficaces qu'une administration trop lointaine et trop centralisée ne peut plus garantir. *Small is beautiful* : le modèle du « micro » – comme le micro-crédit ou le micro-média par exemple – a de beaux jours devant lui. Et les organisations politiques de petites dimensions, à commencer par les villes, retrouvent peu à peu la place centrale de gestion de la vie collective qu'elles occupaient tout au long de l'histoire humaine.

Ainsi, la démocratie jadis « nationale » devient une démocratie locale, une démocratie globale, une démocratie transversale où partout l'individu défend ses droits. La « fraternité » n'est plus limitée par l'appartenance républicaine, elle peut être plus restreinte ou plus large.

150 : le chiffre magique de nos liens réels

L'anthropologue britannique Robin Dunbar s'est livré depuis les années 1980 à une étude systématique du comportement des espèces sociales, notamment des primates humain et non-humain. Il a montré que la taille optimale du groupe dont les membres possèdent des relations stables varie dans l'évolution selon la taille du néocortex. Elle est d'environ cent cinquante personnes chez l'homme. Ainsi, les bandes des coalitions de chasseurs-cueilleurs, les villages de subsistance des temps antiques et médiévaux, les tribus nomades, les unités opérationnelles de base des armées ou des multinationales tendent vers ce chiffre. Robin Dunbar prépare actuellement une analyse systématique de certaines communautés internet (clans des jeux massivement multi-joueurs en ligne et amitiés Facebook) afin d'analyser si cette régularité des rapports réels – et non des simples contacts sans activité commune – se retrouve sur Internet (*Guardian*). Le point intéressant est que cette « socialité primaire » – celle de l'échange autour d'affinités dans la vie – occupe une part importante de notre contribution à la vie collective. C'est donc autour de cette réalité que nous pensons nos engagements, et c'est d'autant plus vrai que de grandes unités historiques comme la nation deviennent des identités collectives de plus en plus abstraites ou incertaines.

Un des grands bénéficiaires de cette reconfiguration des pouvoirs sera sans doute la ville qui, depuis les cités grecques, a été le berceau de la démocratie. Les forums Villes 2.0 (Fing, Groupe Chronos) suivent de près les transformations de la ville à l'âge numérique. Environ 50 % des humains sont citadins, un chiffre qui dépasse les 75 % dans la plupart des sociétés industrialisées. Notre siècle pourrait bien voir le retour de la « cité-État » ou, à tout le moins, le transfert d'une part importante des pouvoirs et des débats politiques vers le niveau municipal. La ville est le lieu où se nouent des enjeux de dimension écologique (efficience énergétique et concentration humaine, moins d'empreinte environnementale), sociologique et économique (mobilité numérique et professionnelle des individus), culturel (lieu de la création car il existe un besoin de contacts humains directs au-delà des contacts virtuels).

Demain les cités numériques

La ville de demain bénéficiera par ailleurs des équipements les plus sophistiqués de la société de la connaissance. Un projet de ville intelligente baptisé King Abdullah Economic City (KAEC) a ainsi commencé de s'ériger sur les bords de la mer Rouge, au nord de la ville de Djeddah (Arabie Saoudite). La KAEC est la première de six villes nouvelles prévues par le roi Abdullah : sa superficie est égale à trois fois celle de Manhattan et elle pourra en 2020 accueillir près de 2 millions de personnes. Sa caractéristique : le nec plus ultra en termes de communication. L'accès à très haut débit pourra atteindre 1 Gbit/s grâce aux fibres optiques FTTH GPON. Cela permettra le déploiement de réseaux électriques intelligents (efficience des réseaux augmentée par un contrôle actif et modulable), une logistique temps réel (contrôle et suivi des véhicules, de la circulation) et une gestion innovante des services d'utilité publique[a].

---

a. *Le Monde*/Ericsson, supplément à l'édition quotidienne, 21 avril 2010.

UN MONDE RÉTICULAIRE : DU PARTI ET DU PARLEMENT AUX RÉSEAUX

Dans la semaine du 7 au 13 mars 2010, aux États-Unis, Facebook a dépassé Google en audience. L'indétrônable moteur, devenu indispensable à toutes nos requêtes d'information, a finalement été détrôné non par un concurrent dans son secteur d'activité, mais par un réseau social. Et ce fait n'est pas indifférent à l'évolution future de notre monde. Pourquoi un réseau social prend-il une place aussi importante dans la vie des gens ? Et qu'est-ce que cela signifie en termes d'évolution historique et politique ?

Monastères, universités, cités-États ou cités marchandes, salons de lettrés, sociétés savantes, routes, chemins de fer, électricité, télégraphe, multinationales… le point commun de ces institutions, inventions ou infrastructures est d'avoir été organisés en *réseau*, et d'avoir orienté de manière décisive l'évolution culturelle, sociale, économique, intellectuelle ou politique de leur temps.

Un réseau se définit simplement comme un ensemble de points (nœuds ou pôles) reliés entre eux par des liens. Il possède certaines propriétés :

- *mobilité* : le réseau est avant tout un flux auquel se connectent/ déconnectent de nouveaux nœuds, il ne reste jamais stable ;
- *adaptativité* : le réseau réagit rapidement aux évolutions de son environnement, il peut évoluer depuis chacun de ses nœuds ou à partir de chacun de ses liens ;
- *horizontalité* : le réseau privilégie les rapports de pairs à pairs, il est différent des logiques « verticales » et « pyramidales » propres aux anciennes autorités ;
- *complexité* : plus un réseau compte de nœuds, plus les liens se densifient entre les membres et plus il dessine un univers complexe ;
- *affinité* : le réseau se fonde sur les identités de valeurs, d'intérêts, d'idéologiques, de convictions ou d'activités des individus, qui peuvent pour cette raison s'inscrire dans plusieurs réseaux à la fois ;
- *interactivité* : chaque point du réseau est émetteur et récepteur.

Internet est bien sûr l'exemple type du réseau duquel il tire son nom (net), mais il a pris une ampleur particulière. Il est devenu le réseau de tous les réseaux grâce à la numérisation des données informationnelles : s'y retrouvent pour le partage ou la confrontation les réseaux sociaux, économiques, financiers, industriels, médiatiques, politiques, religieux, ludiques…

> ## Opinions politiques :
> ## les logiques affinitaires se renforcent-elles ?
>
> Internet aurait-il tendance à nous enfermer dans des opinions préétablies ? Dans ses essais *Going to extremes* et *On rumors*, tous deux parus en 2009, Cass Sunstein (chef du bureau de l'information de Barack Obama) s'en inquiète. Et plusieurs études lui donnent raison. Un travail mené sur deux mille trois cents lecteurs de blogs politiques montre que 94 % d'entre eux ne lisent que des blogs de la même opinion (Eric Lawrence *et al.*, *The Monkey Cage*). La conclusion est la même quand on étudie les achats de livres politiques sur Internet (Orgnet). Cela étant dit, on peut observer que cette tendance n'est pas nouvelle. Il a toujours été assez rare qu'un lecteur du *Figaro* achète *l'Humanité* ! Sur certains forums (plutôt que blogs), on assiste à des débats passionnés et interminables entre gens ne partageant pas les mêmes opinions, de même que dans les « courriers des lecteurs » des journaux en ligne. Par ailleurs, presque toutes les démocraties évoluent vers un système bipartite avec un bloc progressiste et un bloc conservateur assez stables, une petite minorité d'indécis jouant un rôle dans l'alternance. Des études de génétique du comportement ont même suggéré que ces tempéraments politiques possèdent une base héréditaire, renforcée par le milieu familial (voir par exemple les travaux de James Fowler) !

L'effet concret des réseaux, en particulier des réseaux d'information et de communication, est la disparition accélérée des sociétés de masse, ces ensembles homogènes du XXe siècle, articulés autour de l'État et de grands médias, stabilisés par des visions communes d'une vaste classe moyenne. Les catégories ayant organisé la vie politique moderne et souvent donné lieu à des conflits meurtriers, étaient de grands ensembles d'appartenance comme la nation, la religion, la classe ou la race. Mais dans les sociétés les plus avancées dans l'industrialisation, la rationalisation et l'individualisation de leurs activités, ces grands ensembles se sont tous disloqués. De nouveaux « assemblages territoires-autorités-droits » apparaissent, rappelant ceux de l'époque médiévale mais sous le signe de l'ultramodernité numérique[1].

---

1. Sassen S., *Critique de l'État*, Demopolis Monde diplomatique, 2009.

Parti pirate : Internet comme enjeu « hyperpolitique » ?

Grande surprise aux élections européennes de 2009 : le Parlement compte désormais un élu du Parti pirate suédois ! Ce mouvement politique est la troisième force de Suède et le mouvement de jeunesse le plus puissant du pays. Le Parti pirate réclame l'assouplissement des droits de propriété et promeut la culture du « libre » (gratuit), en même temps que des revendications générales sur le respect des individus (vie privée, libertés fondamentales). On peut y voir une simple anecdote. Mais on peut aussi se demander si cette émergence ne forme pas les prémisses d'une opposition politique entre « monde physique » et « monde numérique », avec Internet comme enjeu de civilisation et l'autonomie individuelle comme frontière d'émancipation. Une sorte d'« hyperpolitique » d'un genre inédit, pour une génération numérique qui passe parfois plus de temps en ligne qu'*in real life*, et qui entend s'engager pleinement dans un univers nouveau (numérique) tout en imposant à l'ancien (physique) le droit de le faire selon des règles à inventer.

Le XXIe siècle s'annonce ainsi comme le siècle des réseaux : un monde de « tribus » (Michel Maffesoli), de niches, de communautés, d'associations, autant de microgroupes en forme d'attractions/répulsions affinitaires et identitaires.

Mais ces groupes innombrables en voie de constitution n'entretiendront pas que des rapports pacifiques : sur l'Internet comme ailleurs, il existe des conflits d'intérêts, de valeurs et de convictions. Du point de vue des luttes de pouvoir, les réseaux numériques inaugurent une période bien plus imprévisible que tous les moyens de communication antérieurs. En mars 2010 par exemple, le groupe Nestlé a dû affronter une campagne organisée par Greenpeace. Le problème était la production par des sous-traitants de la multinationale d'huile de palme, entraînant le saccage de la forêt indonésienne et de l'habitat de nombreuses espèces protégées. La fondation environnementaliste a utilisé avec un grand professionnalisme tous les outils du web : clip parodique sur YouTube, relais sur Twitter, site dédié, intervention sur le blog de Nestlé, puis sur la page Facebook de la société agroalimentaire… Nestlé ayant d'abord répondu par une demande d'interdiction pure et simple, l'effet de la campagne a été démultiplié.

Le jeu démocratique était principalement le fait des partis visant à conquérir des parlements : il investit désormais des réseaux, qui jouent un rôle croissant dans l'équilibre des pouvoirs et l'engagement des citoyens.

> ### Les marques exposées... comme les dirigeants
>
> Dans un monde où le pouvoir économique et financier semble souvent dépasser le pouvoir politique, il est logique que les entreprises et leurs marques soient aux premières lignes des affrontements sur Internet. Wal-Mart, Apple, Nestlé, Honda, United Air Lines, Dell... la liste est longue des marques ayant souffert d'un buzz négatif provenant de consommateurs en colère ou de dévoilement d'informations gênantes (voir une liste non exhaustive sur Web Strategist). Ces luttes d'influence et de réputation concernent aussi bien les dirigeants, et cela dans tous domaines. La formidable mémoire du web rend difficile pour un prétendant à un poste exposé de responsabilité de cacher ses actions ou déclarations passées. Si elles sont en contradictions flagrantes avec ses positions actuelles, cela peut évidemment briser sa carrière, à tout le moins entamer sérieusement sa crédibilité et sa popularité. Comme le souligne Didier Heiderich, président de l'Observatoire international des crises, l'Internet est de ce point de vue imprévisible : « L'influence s'y exerce dans la multitude, par la multitude. »

Internet comme cinquième pouvoir : de l'opinion imposée à l'opinion libre

Iran, 20 juin 2009 : le pouvoir est contesté dans la rue, les journalistes sont muselés. Lors d'une manifestation durement réprimée, une jeune femme (Neda Agha-Soltan) est abattue. Des manifestants réalisent photos et vidéos qui sont immédiatement diffusées sur le net, avec Facebook et YouTube comme premiers relais, puis les blogs et enfin les médias. Elle sera vue des centaines de millions de fois. Neda est devenu le symbole de toutes les victimes des oppressions politiques. Mais c'est le téléphone portable et Internet qui en ont fait un symbole, et non plus les médias traditionnels. Depuis, les révolutions dans les pays arabes ont amplement confirmé cette évolution.

La communication est au cœur du pouvoir en même temps que des réseaux, comme l'observe Manuel Castells, sociologue de l'université de Berkeley : « Les réseaux de communication sont les réseaux fondamentaux pour la fabrique du pouvoir dans la société[1]. » Et il souligne l'importance d'Internet, qui est devenu le moyen principal de la communication humaine où convergent tous les anciens et nouveaux médias : « La construction du sens peut seulement procéder d'une

---

1. Castells M., *Communication Power*, Oxford University Press, 2009, p. 426.

préservation du bien commun formé par les réseaux de communication, rendu possible par l'Internet, une création libre des amoureux de la liberté. » Dans tous les pays soumis à la censure et à la répression de régimes autoritaires, Internet et l'ensemble des réseaux numériques constituent des horizons d'émancipation.

Dans les régimes plus libéraux, les grandes libertés démocratiques d'opinion, d'expression et de réunion connaissent une seconde jeunesse avec Internet. Jamais les individus ne se sont autant exprimés comme en témoigne le succès foudroyant des outils participatifs et contributifs que sont les blogs, les wikis, les tweets et les réseaux sociaux.

La construction de l'opinion publique se trouve bouleversée : on assiste à une crise des intermédiaires traditionnels qui fabriquaient jadis les représentations dominantes de la société.

Les médias *one to many* (radio, presse, télévision) faisaient la part belle à la « parole dominante » de l'intellectuel, de l'expert, du journaliste…, qualifiée de « pensée unique » par leurs détracteurs, Par ailleurs, ces médias étaient sous contrôle étatique ou commercial, concentrés et en faible nombre, donc avec une moindre compétition pour l'accès à la vérité des faits et une moindre diversité des points de vue exprimés. Or l'Internet contributif et les moyens de production numérique démocratisés (texte, audio, vidéo) permettent aux multitudes citoyennes de s'exprimer directement, de commenter l'actualité, de poser leurs problèmes concrets et de commencer à imaginer des solutions nouvelles. « *We the media* », selon la formule très parlante de Dan Gillmor.

Surcharge d'information et indifférence

Un argument parfois entendu contre le rôle d'Internet comme contre-pouvoir d'information et de communication est le suivant : toute information est noyée dans des milliards d'autres, rien n'est hiérarchisé, ce capharnaüm ne construit aucune critique réelle, politique ou autre, contrairement à ce que pouvaient faire les anciens médias concentrés et centralisés, avec leur puissant impact sur l'opinion publique. C'est oublier deux choses : d'une part, certaines images (comme la mort de Reda) ont une telle charge émotionnelle qu'elles deviennent instantanément des informations publiques mondiales ; d'autre part et surtout, l'Internet se dote de la capacité d'auto-organiser

.../...

des informations par des systèmes de liens, « taggages » et filtrages des contenus selon les centres d'intérêt. Une communauté donnée se construit précisément autour des outils de circulation d'information conforme à ses valeurs ou ses intérêts.

Comme l'a montré Jürgen Habermas dans ses travaux classiques, nos démocraties délibératives se sont construites autour d'un espace public, d'abord « bourgeois » puis « communicationnel » car orienté par de grands médias. Or Internet construit sous nos yeux un espace public d'un genre tout à fait nouveau, à la fois local et mondial, fondé sur la possibilité de participation de chaque individu depuis un point donné du réseau, une information pouvant être répliqué des millions de fois si elle coïncide avec un événement d'intérêt pour ses réplicateurs. Le professeur de Harvard Yochai Benkler a souligné la portée de cette révolution numérique dans le domaine des libertés :

> « *L'effet le plus fondamental et probablement le plus durable de l'Internet porte sur la pratique culturelle de la communication publique. Internet permet aux individus d'abandonner l'idée d'un espace public principalement bâti sur des déclarations stéréotypées prononcées par un petit groupes d'acteurs socialement appelés "les médias" (nationalisés ou commerciaux) et distincts de la société, afin d'évoluer vers un ensemble de pratiques sociales où chacun peut prendre part au débat [...] les individus peuvent mener leur vie en collectant les observations et en se forgeant des opinions tout en étant conscients qu'elles constituent de réelles évolutions dans un débat public plus large, plutôt qu'une simple matière à rêverie[1].* »

Les mouvements sociaux deviennent des résistances numériques

Le temps et l'espace des médias traditionnels sont concentrés : ils ne peuvent que survoler l'actualité et ignorent nombre d'événements. À cela s'ajoute que, propriétés de l'État ou de puissants groupes de communication, ils n'inspirent pas toujours confiance aux populations. Le baromètre TNS-Sofres sur la crédibilité des médias montre que ceux-ci souffrent d'une crise durable de crédibilité. Mais surtout, un nombre croissant d'acteurs sociaux préfèrent défendre leur cause directement sur Internet. Et pas seulement dans les pays riches et industrialisés. C'est le cas par exemple des travailleurs ruraux (MST) et des zapatistes (EZLN) en Amérique latine, qui utilisent le réseau pour répandre leurs idées et contourner les censures (Neblina Orrico, *Cahiers du socialisme*).

---

1. Benkler Y., *La Richesse des réseaux*, PUL, 2009, p. 239.

Les médias avaient été désignés comme le quatrième pouvoir politique, s'ajoutant à l'exécutif, au législatif et au judiciaire. Internet est devenu le « cinquième pouvoir » (Thierry Crouzet), bien plus puissant encore du point de vue de l'opinion publique, capable de surveiller les dérives du pouvoir politique, mais aussi bien des autres pouvoirs présents dans toute société. Les entreprises, par exemple, savent bien que leur image de marque – et au-delà leur succès marketing ou leur valorisation boursière – peut être à tout moment atteinte par la révélation d'un « scandale » lié à une corruption, une malversation, une pratique anti-humanitaire ou une activité contraire au souci affiché de développement durable.

En conférant aux individus et aux réseaux d'individus une parole libre, Internet bouleverse donc les conditions d'exercice du pouvoir que nous avions connues à toutes les époques antérieures. La démocratie d'opinion imposée par des intermédiaires reconnus devient une démocratie d'opinion libérée, où tous les individus et tous les groupes ont une même liberté d'accès à l'espace public de communication.

Quand le réseau surveille les gouvernements

Depuis quelques années, des dizaines de sites ont émergé en vue de surveiller les activités des gouvernements et des parlements, de vérifier si les promesses des politiques sont tenues, de dénoncer les excès des pouvoirs en place : TheyWorkForYou au Royaume-Uni, Mzlando au Kenya, MAPLight.org sous l'égide de la Sunlight Foundation américaine... Ce « mouvement de la transparence », comme l'appelle le juriste et politiste Lawrence Lessig, met les autorités sous pression, même s'il ne remplace pas l'existence d'un débat politique structuré (et s'il doit clarifier les limites de la transparence elle-même, par exemple quand elle remet en question les droits fondamentaux à la vie privée). Au printemps 2010, Google a décidé de publier une carte répertoriant le nombre de requêtes d'infos privées et de censure dans chaque pays. Les premières données (du 1er juillet au 31 décembre 2009) montrent les pays qui ont le plus souvent sollicité Google : Brésil (3 663 requêtes), États-Unis (3 580) et Royaume-Uni (1 166) sont en tête de la liste, le gouvernement français arrivant assez loin avec 846 requêtes. Le porte-parole de Google Europe, Bill Echikson, explique la démarche du moteur de recherche : « Google a toujours milité pour l'utilisateur, pour un Internet ouvert et libre. Et on pense que cette transparence va aider à aller dans cette direction » (Gaëtan Pouliot, Rue 89, 21 avril 2010).

Circulation des élites et économie de l'information : nouveaux enjeux pour l'égalité

Tout le monde ou presque sur la planète connaît Bill Gates et Steve Jobs. Mais si l'on faisait un sondage international, il est assez peu probable que les noms des dirigeants des cent quatre-vingt-douze pays de l'ONU soient connus en dehors d'une zone géographique limitée, sauf quelques « stars politiques » des grandes puissances. À cela s'ajoute que le chiffre d'affaires d'entreprises comme Microsoft ou Apple est supérieur au budget des États les plus petits ou les plus pauvres.

Le cas n'est pas limité aux géants de l'informatique, bien sûr, ni même aux grandes entreprises à succès : les stars du sport, du cinéma, de la chanson et de bien d'autres domaines sont désormais plus connues et plus admirées que nombre d'hommes politiques. Il existe dans toute société des dominants et des dominés, mais l'histoire se caractérise par une permanente « circulation des élites » (Pareto) : l'économie *informationnelle*, succédant à l'économie industrielle, est l'occasion d'une telle évolution rapide. Et la réputation en est un indice parmi d'autres.

La valeur ajoutée d'un produit, d'un service, d'une action est de plus en plus émotionnelle et cognitive : maîtrise de l'information, du savoir, de la connaissance, de la séduction, de la fascination, de l'attraction… Il en va même de même pour la réputation des personnes, que ce soit dans leur entourage proche, dans une communauté élargie ou dans n'importe quel domaine d'activité.

Tels sont les traits émergents du « capitalisme cognitif » (Yann-Moulier Boutang) : de même que l'industrie a liquidé le paysannat (passant de 90 % à 3 % de la population active en quelques générations), l'information est en train de liquider l'industrie : cette dernière sera de plus en plus automatisée par des process intelligents ne faisant plus appel à une main-d'œuvre humaine. Concevoir ces process est le travail d'une minorité de chercheurs, d'ingénieurs et de programmeurs. Et l'abondance tendancielle qu'ils permettent dans la production en série de biens matériels fait que la valeur se déplace vers des domaines immatériels : santé, éducation, loisir, culture, connaissance, services.

« Liberté, égalité, fraternité », dit la devise républicaine : il ne fait guère de doute qu'Internet peut satisfaire les demandes de liberté et les besoins de fraternité des membres du réseau. Mais la question de l'égalité, qui était déjà au cœur des enjeux politiques de la modernité, va devenir de plus en plus problématique. Deux types d'inégalité sont envisageables : intellectuelle et économique.

Pour des raisons à la fois innées et acquises, tout le monde ne possède pas la même intelligence – capacité cognitive générale ou « facteur g » des psychométriciens – et cela donne lieu à des processus d'exclusion. Dans son livre sur les « dix questions auxquelles la science ne répond pas (encore) », Michael Hanlon observe qu'avec les progrès de l'automatisation et le déclin démographique de toutes les tâches non cognitives, les 10 % à 15 % de personnes dont le QI se situe entre 70 et 85 ont une probabilité croissante de se retrouver à la rue ou en prison, faute d'emploi. Cela souligne l'importance que prendra l'éducation (qui peut aider à contrebalancer des inégalités d'origine génétique), mais aussi les possibilités ouvertes par la science d'améliorer l'intelligence humaine.

Mais l'éducation comme les progrès de qualité de vie ont un coût, et un coût croissant. Cela pose donc le problème plus classique des inégalités économiques dans l'accès aux nouvelles technologies. Aujourd'hui par exemple, une partie de la population mondiale reste exclue de l'Internet, et même dans les pays industrialisés, la fibre optique et le haut débit ne sont pas généralisés, sans parler de l'équipement qui permet de profiter pleinement des contenus. Les inégalités économiques pourront se creuser dans tous les domaines que touchera la révolution des savoirs et des pratiques numériques, y compris des biens fondamentaux comme la sécurité, la santé ou la longévité. Là encore, les pays les plus pauvres ne profitent pas encore des bienfaits de découvertes mises au point au XIXe siècle, alors que les pays les plus riches sont lancés dans une compétition acharnée dans les domaines les plus avancés des techniques et des savoirs. Le risque est donc élevé de voir naître une division radicale des sociétés en classes antagonistes, la conjuration des tensions et des violences étant justement l'une des justifications de l'ordre politique.

Des enjeux politiques vont donc renaître autour de la question de l'égalité, ce qui pousse des auteurs comme Kevin Kelly ou Joël de Rosnay à évoquer l'émergence d'un conflit entre néolibéralisme et néosocialisme numériques, selon la manière dont les générations numériques à venir envisageront le partage et la coopération. De même, Jeremy Rifkin a montré que « l'âge de l'accès » posera le clivage connectés/déconnectés comme la question politique prioritaire ; ce que les individus feront de leur connexion déterminera ensuite leur position dans l'espace numérique et leur participation.

Ainsi que le voyait déjà Tocqueville, l'émergence de la démocratie moderne a répondu à un puissant « désir d'égalité » : la démocratie numérique repose ce challenge, avec des risques d'inégalité et des réponses égalitaires d'un genre entièrement inédit. Par ailleurs, et comme nous allons l'examiner dans le prochain chapitre, l'individu désormais au centre des préoccupations politiques se trouve potentiellement isolé face à des nouveaux moyens de contrôle et de surveillance, visant à exploiter une connaissance que l'on n'a pas toujours envie de partager : celle de sa vie privée.

Conclusion prospective

▸▸ L'État-nation semble avoir entamé un lent cycle historique de déclin, après son ascension pluriséculaire. Il survivra comme une instance de régulation parmi d'autres dans un monde toujours risqué, mais il ne retrouvera pas la place centrale qu'il occupait à la naissance de l'âge moderne. Dans les pays développés, moins de 15 % de la population assurera les besoins vitaux de la population (production agricole et industrielle) et l'État restera le garant d'un accès minimal de tous aux services vitaux (éducation, santé, sécurité, déplacement…).

▸ Les tensions sociales et politiques resteront considérables. D'abord, les États n'arriveront pas à se mettre d'accord dans les délais pour créer des règles de vie commune au monde entier, ce qui créera des frustrations et accélérera leur perte de leur légitimité. Ensuite, des organisations communautaires, néotribales, éventuellement sectaires disposeront d'énormes chambres de résonances et auront la capacité de provoquer en permanence les États en offrant des modes de vie et de revenu alternatifs aux circuits légaux. Enfin, le creusement des inégalités et les limites de la redistribution peuvent faire naître une nouvelle lutte des classes entre les connectés et les déconnectés des flux porteurs de l'ère numérique.

▸ Dans la société féodale, les titres et les terres importaient, puis dans la société démocratique et bourgeoise, ce furent les diplômes et les biens matériels, dans la société née de l'ère numérique ce qui compte ce sont la réputation et les expériences vécues. Chaque individu va réclamer un droit à l'expérience du bonheur, qui différera en fonction de son système de pensée, d'intérêt et de valeur. Les demandes d'appartenance comme les désirs de reconnaissance seront multiples. Les individus et leurs néo-communautés continueront de s'engager dans des causes communes, tantôt locales tantôt globales, mais en s'écartant des voies politiques traditionnelles. L'Internet sera pour eux un moyen de réinventer des règles d'action et de résolution de leurs problèmes concrets, sans faire appel à des autorités surplombantes.

▸ La démocratie ne disparaîtra pas, mais on verra s'accentuer une tendance déjà observée, à savoir qu'elle n'est plus le « pouvoir du peuple » incarné dans l'État et un territoire, mais le « pouvoir de l'individu » à défendre ses droits et ses libertés dans un réseau.

Journal du milieu de siècle (en 2049...)

Lara est rentrée et nous préparons le dîner en jetant un œil sur les actualités. Si une chose n'a pas changé depuis ma jeunesse, c'est bien le cortège vespéral des mauvaises nouvelles ! À croire que les malheurs du monde sont en quantité désespérément fixe depuis toujours. Des nouvelles émeutes ont éclaté dans cinq quartiers déshérités des Cités, suite à un décret libéralisant totalement l'usage des réplicantes 3D. En Afrique, la grande sécheresse de Namibie augmente le flux des réfugiés climatiques qui se dirigent vers le paradis sud-africain déjà surpeuplé. Le dirigeant chinois Chen Wo a justifié la fermeture brutale de cinquante mille comptes Wind par d'obscures références à la morale confucéenne. Le dirigeant d'une secte totalement allumée, l'Église des Premiers Temps du Cosmos, annonce que son mouvement produira un trou noir quantique si l'Organisation internationale de régulation biomédicale maintient son interdit sur les surclones. Un chercheur explique que la menace de la secte est fantaisiste. Il y a quand même quelques nouvelles plus heureuses. Le déploiement massif des capteurs solaires de nouvelle génération et la reforestation des zones tropicales humides ont permis une stabilisation du taux de CO_2 à moins de 650 ppm depuis cinq ans. Plus de deux cents espèces ont été ressuscitées cette année par l'association Arche de Noé, dont l'auroch en Camargue et le mammouth en Sibérie. La terraformation de la bulle martienne Gaia a commencé avec la production par des plantes génétiquement modifiées d'une atmosphère quasi terrienne.

(À suivre à la fin du prochain chapitre...)

Chapitre 10

Comment tracer les frontières de sa vie privée ?

Le mouvement de la transparence

L'expression vie privée, que les Anglo-Saxons nomment *privacy*, vient du latin *privatus* qui signifie « séparé de ». Or le propre d'Internet est que loin de séparer, il connecte les individus. C'est une conséquence pas toujours souhaitée de l'ère du partage de la connaissance dans laquelle nous sommes entrés. À travers la simple navigation sur le réseau, nous laissons de nombreuses traces de nos consultations comme de nos achats. L'ère des blogs et des réseaux sociaux a multiplié les informations que chacun livre sur son existence. L'extension de l'Internet aux objets (puces RFID), la généralisation de la géolocalisation et le progrès de la biométrie vont contribuer à étendre la sphère de la connexion généralisée des choses et des êtres, mais aussi de leur identification.

Il en résulte un certain nombre de craintes : Entrons-nous dans le règne du contrôle de tous par tous ? des internautes malveillants vont-ils collecter et utiliser nos données personnelles ? les employeurs risquent-ils de nous juger à l'embauche pour des textes ou des images postés dans le passé ? les entreprises peuvent-elles manipuler les consommateurs ? les gouvernements démocratiques risquent-ils de surveiller tous les citoyens au nom de la lutte contre le cybercrime ? les États totalitaires ont-ils trouvé dans Internet le moyen de resserrer leur emprise implacable ?

Ces questions sont motivées par des technologies et des situations nouvelles, mais beaucoup sont anciennes : bien avant Internet, l'équilibre a toujours été difficile à trouver entre le souci de sécurité et le désir de liberté, la participation à la vie publique et la protection de la vie privée. À ces dilemmes politiques, que les démocraties ont résolus en consacrant les droits de l'individu face aux pressions de la société et du gouvernement, s'ajoutent des évolutions sociétales. Les notions même d'intimité, de pudeur ou de vie privée sont en train d'évoluer sous nos yeux avec l'émergence d'une génération numérique dont le lien social a été massivement construit autour des moyens numériques d'expression et de communication. La construction plus complexe de l'identité personnelle et la gestion plus attentive des niveaux de partage de l'information seront au programme de la citoyenneté numérique.

» Vie privée : une affaire de… vieux cons ?

» Marketing et vie privée : tous ciblés, tous fliqués ?

» Internet des objets (IdO) et réseau ubiquitaire : la crainte de la traçabilité totale

» Twitter contre les tyrans ? Internet et la liberté individuelle

Julian Assange était un parfait inconnu du grand public avant le 28 novembre 2010. Mais, lorsqu'à cette date, son organisation Wikileaks a commencé à publier avec l'aide de grands médias internationaux de la presse écrite plus de 250 000 notes diplomatiques confidentielles, les choses ont changé. Wikileaks est devenu un symbole : celui de la lutte pour la transparence dont Internet serait l'outil. Si la transparence des États et des administrations publiques vis-à-vis des citoyens est généralement vue d'un bon œil en démocratie, elle pose aussi des problèmes lorsque la vie privée est concernée.

Le site de la société Intelius, contrairement à Wikileaks, ne fait pas la une de l'actualité, mais c'est pourtant l'un des cents sites les plus visités aux États-Unis. Il est spécialisé dans la recherche de toute information disponible sur les personnes, non seulement de nature commerciale, mais également relatives à la vérification d'identité, d'adresse, de numéro de téléphone fixe et mobile, d'antécédents judiciaires… Ses clients comptent aussi bien des particuliers, qui souhaitent par exemple s'informer avant un rendez-vous avec une

202

personne croisée sur un site de rencontre, que des entreprises, consultant le profil d'un candidat à l'embauche. Intelius ne commet rien d'illégal : il se contente de centraliser et classifier des données publiquement accessibles sur Internet, que ce soit dans les sites administratifs, les réseaux sociaux, les blogs personnels, les fichiers de marketing personnalisé.

En France, le site Le Tigre s'est livré à un exercice révélateur : il a reconstitué et publié la vie d'un internaute (Marc L*) en l'espionnant volontairement. Date de naissance, adresse, numéro de portable, vie familiale, goûts culturels, liaisons amoureuses, épisodes croustillants… on sait beaucoup de choses de cet inconnu !

Depuis les années 2000 et le web 2.0, on assiste à une vague sans précédent d'expression de soi sur Internet. Des centaines de millions de personnes ouvrent un blog, une page MySpace ou Facebook, un compte Twitter, un profil sur des réseaux professionnels. Elles le font parfois de manière anonyme (c'est-à-dire avec un pseudonyme), parfois sous leur vrai nom. Même dans le cas de l'anonymat, leurs relations connaissent en général leurs vraies identités. Enfants, parents, amis, collègues… tout le monde peut ainsi espionner tout le monde.

Les régimes totalitaires faisaient planer le spectre de Big Brother : nos sociétés démocratiques en réseaux sont-elles en train d'inventer les « Little Brothers »[1] ?

Le contrôle... aussi vieux que le monde !

À propos de notre modernité, Michel Foucault parlait des « sociétés disciplinaires » organisées par des institutions de maîtrise des populations (prison, caserne, usine, asile, hôpital, etc.). Gilles Deleuze suggérait que nous entrions dans les « sociétés de contrôle » où les individus ne subissent plus la contrainte, mais s'inscrivent d'eux-mêmes dans des nombreux flux qui permettent de cerner peu à peu leur identité, leurs activités, leurs opinions, leurs consommations et leurs goûts.

.../...

---

1. Pettersson J. S., in *La Sécurité de l'individu numérisé*, L'Harmattan, 2008, p. 155.

On ne doit pas exagérer l'originalité du contrôle dans les sociétés hypermodernes. L'anthropologue Robin Dunbar et de nombreux autres chercheurs ont ainsi développé depuis quelques années une « science de la rumeur (*gossip*) ». Il semble que le fait d'épier ses voisins, de parler d'eux et de spéculer sur leurs intentions réelles ou supposées est inscrit profondément dans la psychologie humaine : on l'observe même chez nos cousins primates ! Dans les villages ou tribus des sociétés de chasseurs-cueilleurs ou d'agriculteurs-éleveurs, par exemple, chaque individu ou chaque clan possède un vaste répertoire de parentés, de loyautés, de réciprocité, un système complexe de dettes, remontant parfois à plusieurs générations. Non seulement tout le monde s'observe dans un périmètre limité et au sein d'un ensemble restreint, le commérage étant observé comme l'activité principale des journées, mais la tradition orale véhicule les observations et des discussions antérieures, le contrôle des générations passées s'ajoutant à celui des individus présents. Cette propension s'explique par l'importance de la réputation et de la confiance dans les rapports humains. Elle est valable pour les tribus amazoniennes comme pour les tribus numériques : rien de neuf sous le soleil !

Vie privée : une affaire de... vieux cons ?

L'exposition de soi dans nos sociétés hypermodernes n'est pas limitée au monde numérique. La télé-réalité et le talk-show, sur un média déjà ancien, témoignent de la facilité avec laquelle certains de nos contemporains se livrent aux regards des autres. Dans un tout autre domaine, la littérature a vu émerger depuis déjà une bonne vingtaine d'années le genre inédit de l'autofiction (Christine Angot, Chloé Delaume), où l'auteur choisit de livrer tous les détails de son existence aux lecteurs, un genre s'ajoutant aux grands succès de librairie que sont généralement les journaux intimes, les autobiographies ou les récits d'expérience personnelle. La montée en puissance de la presse people (entraînant par contamination le phénomène de « pipolisation ») indique, au vu de ses chiffres de vente impressionnants, combien les secrets « arrachés » à la vie privée des gens excitent la curiosité. Ces différents phénomènes antérieurs ou indépendants d'Internet indiquent que nous vivons une mutation en profondeur de la notion de vie privée, dans des sociétés dominées par l'information et la communication.

Daniel Solove (blog), professeur de droit à l'université George-Washington, est notamment auteur de *The Digital Person : Technology and Privacy in the Information Age* (2006), *The Future of Reputation* (2008) et *Understanding Privacy* (2010). Comme l'observe ce spécialiste, la vie privée possède une certaine « valeur sociale » : selon ce que nous montrons, nous améliorons ou dégradons notre réputation dans une communauté. La protection de cette vie privée est nécessairement un enjeu important des futures sociétés numériques, et se dire simplement « je n'ai rien à cacher » ne résout pas tout le problème. Car nos rapports sociaux sont dissymétriques : la vie privée n'est pas seulement une frontière entre des individus parfaitement égaux, elle est aussi une interface entre le citoyen et l'État, l'employé et l'employeur, l'ado et les parents, le consommateur et l'entreprise. Or, il y a un rapport potentiel de « faible au fort » dans chacune de ces relations. Pour Daniel Solove, le risque à venir n'est pas *1984* d'Orwell, mais plutôt *Le Procès* de Kafka : un monde un peu absurde où personne ne saisit plus les limites, les risques, les conséquences de ses actes. Des règles doivent donc émerger afin de clarifier la collecte, l'exploitation et la dissémination des données personnelles.

Internet donne bien sûr à cette question un relief particulier, et cela d'autant plus que son adoption provoque une fracture générationnelle. Jean-Marc Manach pose ainsi une question provocatrice : la vie privée est-elle un « problème de vieux cons » ? Plusieurs évolutions sociologiques et psychologiques sont à l'œuvre dans l'ère numérique.

Chaque génération considère que certaines choses « ne se font pas », mais les mœurs évoluent, et de plus en plus vite. Les plus jeunes ont par rapport à la vie privée le même réflexe libérateur que leurs aînés face à la sexualité : ils abandonnent volontiers les complexes comme les conventions, ils se sentent libres sur le réseau et n'ont aucune envie d'y importer les blocages propres à la vie sociale – le surmoi de contrôle IRL (*in real life*).

La génération numérique est aussi celle qui, avant Internet, a vécu à l'âge des mass-médias promettant à chacun « un quart d'heure de célébrité mondiale », selon le mot célèbre d'Andy Warhol. Josh Freed, observateur canadien des nouveaux modes de vie, oppose « la génération des parents et la génration des transparents » :

> *« La première préserve sa vie privée de manière obsessionnelle, la seconde sait difficilement ce que ce mot veut dire. La Génération Transparente est largement composée de jeunes gens qui ont vécu toute*

leur vie sur scène, depuis que leur embryon a été photographié par une caméra huit semaines après leur conception. Ils aiment partager leurs expériences avec toute la planète. »

Jadis, dans le monde non numérique, la vie privée était perçue sous l'angle du *secret*. Elle posait une barrière très étanche, en forme de choix binaire ou/ou : ou une information est secrète à l'exception de quelques proches (familles, amis), ou elle n'est pas secrète et potentiellement connue de tous. L'Internet fait évoluer cette conception de la vie privée comme dissimulation quasi totale : la vie privée à venir dépendra du réseau sur lequel nous échangeons et des personnes qui y ont accès. On aura donc différents niveaux de *privacy*, c'est-à-dire de confidentialité des informations que nous donnons.

La protection de la vie privée verra l'émergence d'outils permettant d'attribuer des degrés de confidentialité à chaque information livrée. Matt Cohler, ancien responsable stratégie de Facebook, observe :

> *« Ma définition du cadre idéal de la vie privée serait que chaque personne [...] spécifie totalement quelle information elle veut partager avec quelle autre personne, et aussi quelle information elle veut recevoir des autres. Si tout le monde procédait ainsi, nous parviendrons à une sorte d'équilibre parfait du partage d'information[1]. »*

Si les individus exposent leurs vies privées sur Internet, c'est aussi qu'ils partent du présupposé que les pouvoirs ne doivent pas contrôler ce réseau. La question est donc en partie politique : elle concerne les règles de base de neutralité et de confidentialité dans le nouvel espace public qu'est devenu Internet.

Toute innovation technologique comporte des changements, des risques ou des menaces. Il n'est guère utile de spéculer sur les hypothèses les plus noires : l'appareil photo et le caméscope n'ont pas transformé chacun en paparazzi, ni la voiture tous les chauffeurs en chauffards ! La génération numérique grandit dans un nouvel environnement dont elle apprivoise les codes et identifie aussi les dangers.

---

1. Cité in Don Tapscott, *Grown Up Digital*, McGraw-Hill, 2009, p. 69.

> ## Le droit à l'oubli
>
> Alex Türk, très sérieux président de la Commission nationale de l'informatique et des libertés (CNIL), explique : « Je crois avoir montré mes fesses à la Saint-Nicolas, en 1969. Je ne le fais plus depuis. Et je n'aimerais pas que cela me poursuive encore » (*Le Monde*, 12 novembre 2009). Contrairement aux documents papier qui circulent difficilement et que l'on conserve rarement, Internet est un réseau de circulation et d'accumulation : une donnée qu'on y ajoute ne disparaît pas, sauf suppression expresse, elle peut être très vite dupliquée et archivée en plusieurs endroits. Le numérique assure le flux... et le stock. Or ce que nous faisons et pensons à 15 ou 20 ans n'est pas forcément représentatif de notre état d'esprit à 35 ou 40 ans. En France, un code de bonne conduite a été signé en 2010, notamment par des réseaux comme Copains d'avant.
>
> En fait, la plupart des sociétés où l'internaute ouvre un compte nominatif proposent déjà des fonctions de récapitulation et de suppression des informations. Il est probable que les années à venir verront émerger des outils simplifiés de recherche des données personnelles et de demande automatisée de suppression. Daniel Le Métayer (INRIA) observe : « Il ne serait [...] pas très difficile de bâtir une technologie universelle utilisable par tous les internautes sur tous les sites pour assurer un contrôle total de ses données personnelles » (*Monde, ibid.*). Mais en tout état de cause, et comme le rappelle Viviane Reding, commissaire européenne chargée de la société de l'information et des médias : « Les lois européennes sont claires. On ne peut utiliser les informations personnelles d'un individu sans son consentement préalable. »

MARKETING ET VIE PRIVÉE : TOUS CIBLÉS, TOUS FLIQUÉS

Un autre spectre est régulièrement agité concernant la vie privée des individus sur le réseau : celui du ciblage et du profilage publicitaires.

Entre 2004 et 2009, Internet est le seul média à avoir connu une hausse soutenue de l'investissement publicitaire (5 % à 16,4 %, IAB-TNS Media Intelligence). Et certaines caractéristiques du réseau en font un terrain de choix pour le marketing (*cf. Ciblage publicitaire et respect de l'internaute*, livre blanc SNCD-IAB, 2009)

Un annonceur cherche toujours à placer sa publicité auprès d'un public correspondant le mieux à son offre. Il dispose pour cela de différentes méthodes de ciblage : socio-démographique (sexe, âge), géographique, temporel (périodicité de certains actes d'achat), contextuel (proximité thématique annonce-contenu), comportemental (surf de l'internaute par centres d'intérêt).

La collecte de ces informations peu se faire sous forme volontaire (remplissage d'un formulaire) ou involontaire (cookies, IP). Le cookie est un petit fichier texte qui conserve la mémoire des consultations de l'internaute dans son navigateur. L'IP est le numéro d'identification de la machine quand elle est connectée au réseau. L'IP peut être fixe ou flottante, mais la future norme Ipv6 devrait renforcer le lien entre la personne physique propriétaire du terminal et son IP. Enfin, les données ainsi collectées sont dites *identifiantes* (PII) quand elles permettent l'identification précise d'une personne (par son nom, son numéro de téléphone, son adresse, son mail etc.), *qualifiantes et anonymes* (NPII) quand elles se contentent de cerner une donnée non nominative.

Chaque navigation sur Internet laisse donc des traces qui peuvent être exploitées par le marketing. Certains n'hésitent pas à parler de « propagande », de « flicage » ou de « matraquage », notamment des mouvements virulents comme les Adbusters ou Casseurs de pubs.

On peut cependant opposer à cette vision très politique et surtout très excessive un certain nombre de remarques de bon sens :

- L'essor des médias démocratiques (presse, radio, télévision) a été en grande partie possible grâce aux revenus publicitaires et l'Internet poursuit ce mouvement séculaire. La simplicité de production de l'information grâce aux outils numériques rend cette manne publicitaire moins indispensable, et explique que bon nombre de sites peuvent s'en passer. Ou recourir à d'autres modes de revenus, comme l'encyclopédie universelle Wikipédia.

- L'utilisation des données nominatives (identifiantes) est strictement encadrée par la loi et exige le consentement explicite de l'internaute (*opt-in*).

- Les navigateurs (Safari, Firefox, Chrome…) permettent à tout internaute d'accepter ou non les cookies de *tracking* (primaires ou tiers), de les consulter sur le disque dur, de gérer leur durée de vie, de déclarer certains domaines où ils ne les acceptent pas.

- Les développeurs mettent au point des applications qui permettent d'éliminer les publicités intempestives (Ad Twart pour Chrome, AdBlock Plus pour Mozilla).

- Une partie des internautes considèrent les publicités ciblées comme des informations à part entière puisque contrairement aux annonces « aveugles » des anciens médias de masse, elles sont souvent adaptées à leurs centres d'intérêt et leur signalent des opportunités.

La critique de la toute-puissance de la publicité repose sur un postulat dépréciateur et contestable : l'être humain serait une sorte de marionnette stupide, influençable par n'importe quel signal de son environnement. Cette vision est contredite par l'observation du comportement réel des consommateurs : deux des cinq tendances clé identifiées dans les attitudes actuelles et prospectives du consommateur sont au contraire l'« implication » et la « combativité », c'est-à-dire une attitude active et critique vis-à-vis des stratégies des marques (Credoc/PagesJaunes). L'esprit humain se caractérise par ses capacités d'adaptation et d'apprentissage, mais aussi par son autonomie : il apprend à discerner ce qu'il juge bon ou mauvais, utile ou inutile, agréable ou désagréable.

Malwares et spywares, pédophiles et nazis...

Les logiciels et programmes malveillants (malwares, spywares, badwares) ont fleuri sur l'Internet. Ils ont pour but d'importuner (*troll*, *flood*), d'imposer de la publicité, de voler, d'escroquer ou d'espionner : *spamming*, *phishing*, *pharming*, usurpation d'identités, virus, vers, chevaux de Troie, botnet... La liste de ces expériences désagréables est très longue ! Le tout premier virus (Creeper) a été créé voici près de 40 ans déjà (1971), sur le réseau ARPANET. Dès l'origine, des informaticiens ont donc su utiliser les possibilités de contagion que confèrent les connexions du réseau.

Autre genre de menaces à la sécurité des personnes et effet pervers de la liberté numérique, régulièrement mises en avant par certains médias et les pouvoirs publics : la possibilité pour les pédophiles de contacter des victimes mineures par le Net ou par mobile, l'expression des extrémistes nazis, racistes, antisémites, négationnistes, sectaires, islamistes... Si ces tristes réalités s'expriment, c'est qu'elles existent dans la population : non seulement Internet ne les a pas inventées, mais le réseau permet éventuellement de les identifier, de les circonscrire et de les combattre. Jonathan Zittrain, fondateur de Stop Badware, a montré dans son essai *The Future of Internet* (2008) que ce thème de la sécurité est fondamental pour l'avenir du réseau. De même que le 11 septembre 2001 a poussé les États-Unis à prendre des mesures qui contredisent leur tradition historique d'ouverture, les mauvais comportements du réseau risquent d'inciter les pouvoirs publics à imposer un contrôle qui serait fatal à son esprit originel. (Le site OpenNet Initiative mesure toutes les initiatives de surveillance ou de censure des États dans le monde.) De la liberté et de la neutralité d'Internet dépendent les avancées dans le domaine économique, technique, scientifique et artistique. Zittrain défend donc un modèle de gouvernance inspiré de Wikipédia, où les internautes doivent faire émerger eux-mêmes des règles et des comportements vertueux.

Internet des objets (IdO) et réseau ubiquitaire : la traçabilité totale ?

Si les stratégies marketing des entreprises soulèvent des inquiétudes, ce n'est rien par rapport aux évolutions attendues de l'ère numérique. L'une d'elle fait beaucoup parler d'elle : l'Internet des objets (IdO).

De quoi s'agit-il ? Un exemple simple le fera comprendre : avec l'application Sekai Camera sur un iPhone (ou autre téléphone à géolocalisation), vous pointez dans la rue votre mobile en direction d'un restaurant et vous pouvez obtenir la carte, les places disponibles, les avis d'autres mobinautes. Et demain, vous pourrez dans le même temps vérifier la fraîcheur des aliments en cuisine !

L'Internet des objets désigne la rencontre du monde numérique et du monde matériel dans un même espace d'information : le réseau virtuel fusionne avec le réseau réel. Dans le système aujourd'hui le plus répandu (EPC Global), des puces RFID (*Radio Frequency Identification*) sont intégrées dans tous les objets possibles et imaginables de l'environnement, et elles envoient des signaux, sur plusieurs niveaux de fréquence. Ceux-ci peuvent être captés par des lecteurs (l'iPhone dans le cas de Sekai Camera) ou envoyés à des serveurs qui traitent l'information à partir de logiciels spécifiques (*middlewares*).

> **Des puces déjà présentes partout...**
>
> Les puces RFID ont été utilisées dès l'époque de la Seconde Guerre mondiale, mais leur développement réel a commencé dans les années 1980 grâce aux progrès de la miniaturisation et de la géolocalisation. Elles ont déjà de multiples applications dans le monde : marquage du bétail, des animaux domestiques, des végétaux (arbres de la ville de Paris), des aliments dans la chaîne du froid, des bagages dans les aéroports, des colis chez les transporteurs, des livres en bibliothèque, des produits de consommation en supermarché, mais aussi clés électroniques pour voitures ou immeubles, indicateurs biométriques d'accès, badges mains libres, cartes de crédit ou passe de transport type Navigo, etc. On parle d'Internet des objets car le premier usage les concerne : on peut toutefois imaginer de nombreuses applications aux personnes. Par exemple, nous posséderons sans doute demain sur nous un carnet de santé numérique indispensable en cas d'urgence. Et après-demain, si nous souffrons d'une allergie, nous serons avertis dès que l'allergène est présent dans notre milieu (médicament, alimentation, etc.) !
>
> .../...

D'autres supports que le RFID sont aujourd'hui à l'étude : systèmes optiques, acoustiques, micro-ondes, ADN... La numérisation du monde ne fait en réalité que commencer[a].

a. P.-J. Benghozi, S. Bureau et F. Massit-Folléa, *Internet des objets*, VoxInternet, Orange/École Polytechnique/Telecom Paris-Tech, 2008.

L'Internet des objets ne manque pas de soulever les inquiétudes. Le journaliste et essayiste Michel Alberganti les résume (*Sous l'œil des puces. RFID et démocratie*) :

> *« Quelle société engendrera une telle généralisation de systèmes d'espionnage de la vie privée ? Que restera-t-il des libertés individuelles ? Le spectre de Big Brother est-il en train de ressurgir sous la forme de Small Brothers ? »*

Comme pour l'exposition de la vie privée sur le réseau social, ces avancées suscitant les craintes des aînées sont pourtant plébiscitées par les plus jeunes. Ainsi, les services de géolocalisation comme Loopt, Yahoo Fire Eagle, Friend View ou Google Latitude, permettant à chacun de localiser ses amis ou des parents connectés, connaissent déjà un vif succès. Comme le remarque Mathieu Josse, « les *digital natives* [...] ont déjà intégré ces nouveaux rapports sociaux, effrayants pour la génération précédente » (Slate).

En fait, comme le rappelle Daniel Kaplan (FING) s'insurgeant contre le rapprochement entre des fichiers policiers (Edvige) et des nouveaux usages sociaux de l'Internet (Facebook), on ne peut pas faire l'économie d'une réflexion sur les finalités.

> *« Edvige est la dernière manifestation en date d'une tendance policière aussi ancienne que les fiches cartonnées et qui saisit chaque occasion pour grignoter du terrain ; les pratiques sociales sur l'internet émergent et s'approfondissent depuis un petit nombre d'années et fournissent aux individus des moyens nouveaux d'affirmer qui ils sont, d'étendre et d'exploiter leurs réseaux relationnels, de bâtir leurs projets. Edvige stocke par principe de soupçon, sans nous demander notre avis ; les individus en réseau font des mêmes informations "sensibles" (et de bien d'autres qui le sont souvent moins) un usage stratégique, pour se construire eux-mêmes dans la relation aux autres, pour apparaître au monde sous un jour qu'ils auront au moins partiellement choisi. Du point de vue qui compte, celui des individus, de leur liberté et de leur autonomie, tout oppose donc les deux démarches ! » (Internet Actu).*

▶ L'Internet des objets sera l'une des grandes avancées du réseau dans les prochaines années, démultipliant les possibilités d'usages des internautes et surtout des mobinautes.

▶ La multiplication des « bases de données » ne peut pas être simplement dénoncée en tant que telle, par une sorte de réflexe pavlovien : tout dépend de l'usage qui est fait de ces données et de leur condition d'accès. La connexion du réseau physique et du réseau virtuel à travers les puces RFID (ou autres technologies en incubation) ne remet pas en cause le droit à la vie privée, qui relève en dernier ressort du choix politique des démocraties, c'est-à-dire des lois relatives à la conservation et la confidentialité des données.

Autodéfense numérique ? Droits et outils de l'individu

Le groupe de travail « Identités actives » de la Fondation Internet Nouvelle Génération (FING) s'est interrogé récemment sur ce « nouveau paysage des données personnelles ». La FING suggère le développement de cinq droits : anonymat (accès à des services minima sans requête d'identité), hétéronymat (usage facilité de pseudonymes riches), mensonge légitime (dissimulation de son identité réelle), récupération des données (par des procédures simplifiées et non noyées dans des conditions générales d'utilisation absconses), recours (droit opposable à une entreprise ou une institution en cas d'utilisation abusive de son profil). Les auteurs principaux de l'étude (Renaud Francou, Daniel Kaplan et Charles Nepote) soulignent par ailleurs qu'il existe des parades technologiques appelées à se développer à mesure que les données personnelles sont surexploitées : i-carte en forme de microserveur stockant chez soi ses données, ses comptes et ses accès, système pour « griller » une puce Rfid indiscrète, cartes électroniques sécurisés et anonymes, obfuscation (ajout de bruit aléatoire dans ses communications, comme les extensions TrackMeNot ou Squiggle SR de Firefox).

Twitter contre les tyrans ?
Internet et la liberté individuelle

L'article 12 de la Convention universelle des droits de l'homme stipule :

> « *Nul ne sera l'objet d'immixtions arbitraires dans sa vie privée, sa famille, son domicile ou sa correspondance, ni d'atteintes à son honneur et à sa réputation. Toute personne a droit à la protection de la loi contre de telles immixtions ou de telles atteintes.* »

La protection de la vie privée est assurément l'un des acquis des sociétés démocratiques, une de leurs principales distinctions face aux régimes totalitaires : l'individu moderne refuse que le pouvoir – politique, religieux, économique ou autre – contrôle son existence en dehors de la sphère publique de participation à la vie de la cité.

En mars 2010, Michael McConnell, directeur des services de renseignements américains (National Intelligence), affirme solennellement : « Nous avons besoin de reconcevoir Internet pour rendre plus gérable l'attribution, la géolocalisation, l'analyse intelligente et l'évaluation d'impact – qui a fait quoi, d'où, pourquoi et avec quel résultat » (*Wired*, 1er mars 2010). Brandissant le spectre de la cyberguerre et du cyberterrorisme – un slogan toujours très efficace dans une nation traumatisée par le 11 septembre 2001 –, McConnell ne suggère rien d'autre qu'un contrôle total des faits et gestes des internautes, sous prétexte qu'une infime minorité d'entre eux sont des terroristes. Exactement au même moment, la Cour constitutionnelle allemande de Karlsruhe a exigé la destruction des données de télécommunication des citoyens, qui étaient accumulées depuis 2008 dans le cadre de la lutte antiterroriste. Vodafone et Deutsche Telekom ont aussitôt détruit ces données de leurs serveurs.

Quand les données électroniques sont-elles effacées ?

La protection des données personnelles est reconnue comme un droit de l'homme dans la plupart des démocraties, notamment en Union européenne. Mais son application concrète à l'Internet, l'effacement des données électroniques au bout d'une certaine période, donne lieu à des choix variables selon les gouvernements et les entreprises. Google a accepté en 2008 de réduire de dix-huit à neuf mois ce délai, Yahoo le limite à trois mois en Europe, Bing de Microsoft à six mois dans le monde depuis 2010. Les Européens ont une politique plutôt libérale visant à limiter la conservation de données par les moteurs et fournisseurs, alors que les États-Unis connaissent de fortes pressions sécuritaires.

Cet exemple montre que même au sein des démocraties, le respect des données personnelles et la surveillance des individus peuvent obéir à des logiques très différentes. C'est encore plus évident avec les régimes autoritaires ou totalitaires.

La Chine, la Biélorussie, la Birmanie, la Corée du Nord ou l'Iran montrent que l'Internet ne garantit nullement la progression de la démocratie. Pour le moment du moins, les choses changeront peut-être avec la nouvelle génération ? Le cas de la Chine est bien sûr le plus frappant, puisque loin de contrarier la révolution numérique, ce régime l'a fortement encouragée dès les années 1990.

On compte 360 millions d'internautes chinois en 2010, ce qui en fait le premier pays connecté en termes démographiques, les États-Unis ayant été dépassés dès 2008 (d'autant que 160 millions de Chinois se connectent directement depuis leurs mobiles). Et pourtant, la Chine a mis en place la « Grande Muraille pare-feu » ou « bouclier doré » dans le monde numérique : contrôle systématique des proxies, censure s'exerçant sans relâche, système de surveillance en « poupées russes » allant des responsables locaux aux responsables nationaux, chaque maillon de la chaîne risquant la prison voire de perdre la vie s'il fait mal son travail. Les Chinois contournent cependant partiellement cette censure en critiquant leur gouvernement à partir de thèmes autorisés (pauvreté, inégalité, corruption) et en évitant les sujets interdits (Tibet, Taïwan, droits de l'homme).

Le cas chinois n'est pas isolé. En Biélorussie, les autorités surveillent les *flash mobs* (appel à rassemblement sur mobiles) pour dépêcher les forces de police sur place, avant même les manifestants. En Iran, les réseaux sociaux rendent possible l'identification des citoyens homosexuels, une orientation qui peut être punie de mort.

Cybercrime : une menace réelle, une réponse qui doit être proportionnée

Les États ne sont pas les seuls à user d'Internet comme moyen de contrainte ou de coercition. Des groupes violents peuvent très bien faire un mauvais usage des fonctionnalités numériques, depuis les mouvements d'extrême droite russe qui localisent sur Google Earth des minorités ethniques jusqu'aux mafias mexicaines qui avertissent de règlements de compte sur YouTube[a]. Le crime n'a malheureusement pas été inventé avec l'Internet, et il a toujours profité des avancées technologiques pour étendre son emprise et ses profits. Tout le problème repose sur la proportion de la menace et de la prévention. Ce n'est pas parce qu'il existe une petite minorité de cambrioleurs, de violeurs et de tueurs que nous acceptons une surveillance permanente de nos domiciles

...∕...

et de nos déplacements par la police ! Le monde numérique est appelé à reproduire l'équilibre atteint dans le monde réel entre le droit des personnes, les libertés publiques et les exigences sécuritaires.

a. J.-P. Cagnat, « Le Web au service des dictatures », *Books*, mars 2010.

À l'opposé de ces régimes autoritaires ou totalitaires, on observe sur Internet des initiatives clairement libertaires, voire anarchistes. Un monde virtuel exactement inverse, où tout est possible et rien n'est interdit ! C'est par exemple le principe fondateur des *seasteadings*, des projets de micronations en eaux territoriales internationales échappant aux lois en vigueur et permettant notamment une absolue liberté de transaction et d'expression sur leurs serveurs Internet (la principauté de Sealand existe sur ce principe depuis les années 1960, sur une ancienne plateforme maritime militaire en mer du Nord).

Mais d'autres initiatives moins utopiques font déjà parler d'elles. Par exemple, Wikileaks ne fait pas que publier des documents confidentiels des États. Fin 2009, l'organisation n'a pas hésité à publier la liste intégrale et nominative des adhérents du BNP, l'équivalent du Front national anglais. Abondamment commentée au Royaume-Uni, cette initiative a valu à des milliers de gens de voir exposées aux yeux de tous leurs convictions politiques – certes extrémistes, mais reconnues comme démocratiques puisque le BNP obéit à la constitution et participe au jeu électoral.

**Liberté d'expression et vie privée :
deux droits qui peuvent entrer en conflit**

Sur son blog personnel, Peter Fleischer (responsable de la politique de respect de la vie privée chez Google) souligne que le respect de la vie privée et le respect de la liberté d'expression entrent souvent en conflit. Mais que l'un des problèmes intéresse nettement plus les autorités que l'autre, surtout en Europe : « Avec la prolifération des plateformes pour les contenus générés par l'utilisateur, on voit de plus en plus d'exemples où le droit d'une personne à la liberté d'expression peut violer le droit d'une autre à la vie privée, et vice-versa. [...] La liberté d'expression et la vie privée sont tous deux des droits fondamentaux. Mais ces droits ne sont pas respectés, protégés ou contrôlés avec la même force. Il y a des milliers de

.../...

> bureaucrates spécialisés dans la protection des données en Europe dont le travail est de faire respecter les règles de protection des données. Pour ce que j'en sais, il n'y a pas un seul fonctionnaire dans toute l'Europe dont le travail est de faire de même pour la liberté d'expression. Curieux, non ? »

Parce qu'il est devenu le principal outil de communication entre les hommes, Internet est au cœur des enjeux de pouvoir, aussi bien dans le domaine de la contrainte que dans celui de la persuasion.

Un futur « mur virtuel » pourrait séparer le monde libre et le monde asservi, les sociétés ouvertes et les sociétés fermées. Le principal critère de division en sera la connexion libre, l'accès possible ou impossible à un réseau non censuré. Alors qu'une opinion publique mondiale est en voie de constitution, le blocage de l'information est le seul moyen pour un régime totalitaire de perpétrer des expériences ou des exactions qui seraient violemment condamnées par la communauté internationale si elles devenaient visibles. Le secret est un gage de protection pour l'individu, mais une garantie d'arbitraire pour un pouvoir politique.

L'unification des régimes juridiques de tous les pays est très improbable – et l'Internet permet en tout état de cause à des individus doués de talent de développer sans cesse de nouveaux réseaux virtuels et parallèles échappant aux censures d'un lieu donné. Il y aura sur le Net l'équivalent des paradis fiscaux, pavillons de complaisance ou républiques bananières.

Les démocraties elles-mêmes sont tentées par des formes de contrôle, de surveillance et de répression, au nom de la lutte contre la criminalité, l'extrémisme ou le terrorisme. Mais la liberté d'expression et de circulation des idées est à la base du dynamisme social et économique de ces démocraties : Internet est un démultiplicateur de créativité à condition d'être libre, universel et neutre. Le contrôle politique et judiciaire, *a fortiori* policier, ne peut être que l'exception motivée par une situation d'urgence.

Cette exigence de respect de l'individu est d'autant plus nécessaire que, comme le montrera notre dernier chapitre, les mutations technologiques rapides observées depuis vingt ans ne forment que le tout début du processus de numérisation des sociétés et du monde.

Conclusion prospective

▸ La notion de vie privée a toujours varié selon les époques et les lieux. L'ère numérique ne la fera pas disparaître, mais elle multipliera les réseaux et les appartenances, donc les degrés d'ouverture aux autres et de dévoilement de soi. Le lien social physique sera enrichi de nombreux liens sociaux numériques, aux codes plus complexes que l'individu apprendra au cours de son développement.

▸ Les démocraties dont les constitutions sont fondées sur la déclaration des droits de l'homme garantissent déjà aux citoyens la protection de leur vie privée. L'Internet s'accompagnera probablement d'une maîtrise plus active de cette intimité et de cette confidentialité par les individus eux-mêmes. Des outils leur permettront de tracer les frontières entre ce qu'ils veulent cacher ou exposer, ajouter ou retirer du réseau. Les générations numériques apprendront à jouer avec une ou plusieurs identités organisée(s) autour de flux d'information, et cette « construction de soi » sera un précieux apprentissage dans les sociétés ouvertes et complexes.

▸ Mais l'Internet ira plus loin que ces actions individuelles : il encouragera aussi le développement d'initiatives collectives pour défendre la vie privée et la confidentialité des données face aux pouvoirs, afin de dénoncer les pratiques arbitraires, les dérives sécuritaires, les menaces autoritaires, voire totalitaires. La réputation et la confiance sont indispensables aux institutions privées comme publiques : elles sont désormais scrutées en permanence. L'éternelle et paradoxale question « qui va surveiller les surveillants ? » pourrait ainsi trouver une réponse originale à l'ère numérique.

Journal du milieu de siècle (en 2049...)

Ce soir, le webdocu de la chaîne locale est consacré à un débat sur le réseau semi-fermé du quartier, Voisinages. Plusieurs habitants estiment que les droits fondamentaux sont menacés. Je reconnais Medhi, le patron du restaurant de la rue voisine. Il se plaint que la nouvelle mode des shoots sauvages lui fasse perdre de la clientèle : personne n'a envie d'être filmé à son insu en train de manger, juste parce que cela fait rigoler les gamins de détourner les shoots sur leurs visios. Il est vrai que la connexion directe des nanocapteurs au nerf optique a transformé chacun de nous en caméra ambulante. Pour Mehdi, même en circuits semi-fermés, on doit durcir le droit à l'image et au respect de la vie personnelle. Sa voisine, qui tient une épicerie ambulante, n'est pas d'accord et dit qu'elle se sent plutôt rassurée depuis que les visios se sont généralisées. Un technicien de Voisinages fait observer que la technique de floutage automatique et aléatoire rend difficile l'identification des visages, sauf en cas de mandat pour une enquête. Je vois d'un œil que les filles pouffent de rire et je les soupçonne fortement d'avoir réalisé elles aussi quelques-uns de ces « shoots sauvages » qui agacent tant les plus anciens du quartier. Bah, si on ne fait pas bêtises à cet âge... Nous zappons sur la chaîne d'info internationale, où le globe terrestre permet de zoomer sur chaque zone dont on veut suivre les événements en direct. Au cœur du Grand Paris, l'équipe du Pr Tarskin tient une conférence de presse sur la dernière avancée de leur laboratoire : un procédé qui permettrait de figer définitivement le vieillissement cellulaire en évitant les effets secondaires tumoraux. La vidéo montre des souris juvéniles âgées de 14 ans, six fois l'espérance de vie de l'espèce.

(À suivre à la fin du prochain chapitre...)

Chapitre 11

Y a-t-il des limites ?

Vers un monde hybride

Trois grands axes de recherche et d'ingénierie ont émergé au cours du XXe siècle : les biotechnologies, qui visent à intervenir sur les constituants intimes du vivant (gènes, protéines, cellules) ; les nanotechnologies, qui s'orientent vers la maîtrise de la matière dans l'infiniment petit (particules élémentaires, atomes, molécules) ; les infotechnologies, qui permettent de traduire numériquement toutes les informations présentes dans le réel.

Le XXIe siècle sera marqué par la convergence et la fusion de ces trois axes, phénomène déjà observable en ce début des années 2010. Les perspectives sont immenses puisqu'elles donnent à l'homme une puissance inédite pour guider le destin de la vie sur Terre. Après l'évolution naturelle et biologique, ayant produit voici quelques centaines de milliers d'années l'émergence de l'homme moderne (*Homo sapiens*), celui-ci accouche d'une évolution culturelle et technologique s'imposant comme une bifurcation fondamentale. Rien ne dit que l'intelligence humaine ayant produit cette étape décisive ne sera pas surpassée au cours du siècle par une intelligence artificielle dont elle aura été l'accoucheuse.

Ces perspectives deviennent vertigineuses lorsque l'homme dirige *sur lui-même* les progrès de ses nouveaux savoirs et pouvoirs. De la lutte contre les maladies innées ou acquises à la quête de la longévité en passant par les prothèses et implants de suppléance fonctionnelle, la contraception et le contrôle de qualité des naissances, les modifications génétiques thérapeutiques, les régénérations cellulaires et tissulaires, les interfaçages avec les machines de l'infosphère, l'homme se modifie lui-même à une échelle de temps bien plus rapide que ne le permettaient les anciens processus lents et aveugles de la sélection darwinienne. *Homo sapiens* devient son propre sélecteur, la première espèce qui modifie elle-même ses conditions de survie, de fécondité et de longévité.

Gènes et puces, cerveaux et écrans, informations et matières, mondes réel et virtuel s'interpénètrent et co-évoluent désormais ensemble. Le monde nouveau qui émerge sous nos yeux a une caractéristique majeure : il est *hybride*.

- ▶ Hybridations symboliques : mondes virtuels

- ▶ Hybridations micro- et nanotechnologiques : matière intelligente

- ▶ Hybridations génétiques : évolution assistée par ordinateur

- ▶ Hybridations mentales : interfaces hommes-machines et IA

La vie est apparue sur Terre voici environ 3,5 milliards d'années, peut-être importée du cosmos sous forme d'acides nucléiques ou aminés nomades. L'homme actuel, notre espèce, est apparu voici 300 000 ans environ. Si l'on se représente toute l'évolution comme une journée de 24 heures, *Homo sapiens* surgit dans les dix dernières secondes, la révolution industrielle est de l'ordre du dixième de seconde. Notre espèce est très jeune, mais elle a d'ores et déjà modifié tous les paysages de la Terre et le destin de bon nombre de ses espèces.

Le XXe siècle a été passionné par l'infiniment grand, la conquête de l'espace. Et l'homme s'est projeté sur la lune. Le XXIe siècle se tourne vers l'infiniment petit, la maîtrise des molécules, des atomes et des particules élémentaires. Et l'homme entreprend non seulement de réguler les grands équilibres de la Terre, oubliés et déstabilisés aux siècles précédents, mais aussi de dominer son propre destin, sa propre évolution. Au cœur de cette entreprise nouvelle, *l'information*. Informations génétiques de nos cellules, informations neurales de nos cerveaux, informations mécaniques de nos puces, informations extraites, analysées, transmises depuis un filet de plus en plus dense et interconnecté de capteurs, de sondes, de marqueurs, de réseaux, de satellites, dont les signaux et les algorithmes scrutent désormais la réalité. Pour la transformer. Pour *nous* transformer.

« Convergence NBIC » : ce mystérieux nom de code a été choisi par l'Académie américaine des sciences en 2002 pour désigner un processus en cours, à l'échelle du siècle : la convergence des nano-technologies (N), de la biologie (B), des technologies de l'information (I) et des sciences cognitives (C). Vers quoi convergent-elles ? Vers l'homme, « l'amélioration des performances humaines » comme le titre ce volumineux rapport de quatre cents pages. Autre nom de ce phénomène explosif : BANG pour bits, atomes, neurones, gènes.

L'actualité ne contredit pas le diagnostic. Chaque semaine ou presque, la recherche scientifique nous livre une découverte ou une invention qui bouscule nos certitudes, repousse nos limites, efface les frontières.

Dans nos représentations collectives, la nature est souvent opposée à un second terme. Par exemple, nous pensons que la nature et la culture, ou bien encore le naturel et l'artificiel, sont des catégories clairement distinctes, étanches. Mais la réalité prend le chemin inverse : elle devient *hybride*. On s'aperçoit que l'homme est par nature un être de culture, que la vie humaine est dès l'origine enca-drée et orientée par des artefacts et des techniques. Comme l'a remarqué de manière provocatrice le philosophe Peter Sloterdijk, l'homme est un animal qui domestique le monde… et se domes-tique lui-même ! Il transforme son environnement en réceptacle de sa propre croissance harmonieuse. Joël de Rosnay a parlé très tôt de cet « homme symbiotique » en devenir. Quatre axes organi-sent ce processus d'hybridation : l'émergence des mondes virtuels, la fusion de la matière et de l'information, l'évolution artificielle, les interfaçages homme-machine et l'intelligence artificielle.

Hybridations symboliques : mondes virtuels

Mythes des Titans, d'Icare, de Prométhée ou du Golem, *Utopia* de Thomas More, *Frankenstein* de Mary Shelley, *Ève Future* de Villiers de l'Isle-Adam, *Dune* de Franck Herbert, *Hyperion* de Dan Simmons, *Neuromancien* de William Gibson, *Schismatrice* de Bruce Sterling… le premier monde virtuel créé par l'humain s'appelle d'abord le *mythe* puis la *fiction*, avec la spécialisation très récente du genre littéraire « science-fiction ». Nous avons la capacité mentale de nous projeter dans des mondes imaginaires et des mondes possibles, au-delà du monde réel éprouvé par nos sens, d'éprouver des émotions ou de formuler des réflexions à partir de ce qui n'existe que virtuellement ou potentiellement.

Ces mondes virtuels – parfois appelés « métavers » (mot créé par l'écrivain de SF Neil Stephenson) – étaient jadis illustrés par la parole et le texte, l'imagination devait produire le reste. Avec le numérique, tout a changé : nous pouvons nous immerger dans une réalité parallèle, les mondes virtuels sont directement produits par une interface technique où plongent nos cerveaux. Dans le chapitre jeu, nous avons analysé en détail le succès de ces mondes nouveaux comme le jeu massivement multi-joueurs *World of Warcraft*. Ce ne sont bien sûr que des formes très rudimentaires de mondes virtuels.

Les labos des mondes virtuels

Les mondes virtuels ne sont pas seulement des jeux : ils passionnent les humains depuis toujours ! Comme le rappelle Jean-Claude Heudin, « l'histoire des créatures artificielles s'étend sur plus de deux mille ans. Elles sont présentes dans toutes les cultures où elles empruntent et elles participent de multiples niveaux : mythique, religieux, artistique, scientifique et technique[a] ». Aujourd'hui, les chercheurs sont aussi férus de mondes virtuels que les joueurs : projet Tierra de vie artificielle, écosystème Evolve, soupe primordiale électronique Polyworld, créatures évolutives LifeDrop, art génétique de Karl Sims, simulations humanoïdes de Demetri Terzopoulos... d'innombrables mondes virtuels connaissant leur propre évolution ont déjà été conçus dans les laboratoires depuis vingt ans.

____

a. *Les Créatures artificielles, des automates aux mondes virtuels*, Odile Jacob, 2008.

Comme le relève Rémi Sussan, un des meilleurs observateurs français des mondes virtuels, « lorsque nous parlons de mondes virtuels, notre premier réflexe est de les imaginer à l'image de notre environnement immédiat : solides, stables, suffisamment en tout cas pour nous permettre de construire des repères. Stables dans l'espace : on les espère aussi persistants dans le temps ». Nous avons une et une seule réalité physique, nous aurions peut-être une et une seule réalité virtuelle. Ainsi, les mondes multi-utilisateurs actuels sont hébergés par des serveurs centralisés et produisent des géographies fixes, régulières, familières. Et la *Second Life* ressemble finalement beaucoup à la First Life ! À l'avenir, des architectures *peer-to-peer* de type Croquet, Cobalt ou Solipsis vont plutôt proposer des constructions distribuées de métavers, où chaque terminal numérique, donc chaque individu, sera une sorte d'îlot dans un espace-temps modifiable en fonction des connexions et déconnexions de tous les autres membres.

Expériences immersives, du grand public aux laboratoires

Depuis les années 1980, le casque et le gant de données ont représenté les deux technologies privilégiées d'immersion dans les mondes virtuels. Puis la console Wii est apparue dans les années 2000, avec sa télécommande Wiimote capable d'identifier, traduire et reproduire les gestes du joueur, le Wii Vitality Sensor (2010), permettant de mesurer le rythme cardiaque. À l'orée des années 2010, le succès mondial du film *Avatar* (James Cameron) a relancé de son côté les lunettes 3D, dont les premières expériences stéréoscopiques de masse dataient des années 1970. L'avenir de l'immersion se construit aujourd'hui en laboratoire, assez loin de ces applications grand public, soit pour la recherche biomédicale, soit pour les applications militaires. Dans le premier domaine, les chercheurs tentent de soigner des patients atteints de formes graves de stress post-traumatique, de psychoses, de crises paniques, d'addictions ou de phobies. Les travaux ont en effet montré, par exemple dans le cas des douleurs dans les membres « fantômes » amputés, que notre système nerveux « trompé » par une réalité modifiée peut remodeler ses équilibres internes, s'adapter au nouveau monde que les sens perçoivent, modifier nos émotions et nos sensations en même temps que nos perceptions ! C'est la « preuve de concept » que le cerveau d'*Homo sapiens* sera capable demain d'évoluer dans un métavers.

Jamais Cascio, Jerry Paffendorf et John Smart ont produit une Feuille de route vers le MetaUnivers (Metaverse Roadmap. Pathway to the 3D Web, Acceleration Studies Foundation, 2007), où ils distinguent quatre évolutions possibles dans les décennies à venir :

- les *mondes virtuels* (type Second Life ou WoW), à la pointe de notre interaction avec les technologies numériques les plus avancées, où nous existons comme avatars, doubles numériques ;

- les *mondes miroirs* (version améliorée et immersive de Google Earth et Maps), reflets ludiques et utilitaires du monde réel, avec possibilités infinies de voyages et de découvertes, y compris dans les zones inaccessibles (volcan, fonds sous-marins, forêts primaires, troposphère et stratosphère) ;

▶ la *réalité augmentée*, ajout d'informations nouvelles, et éventuellement de sensations nouvelles, sur notre perception naturelle de la réalité physique, au moyen de connexions aux nanopuces de l'Internet des objets (voir plus loin) ;

▶ le *lifelogging* ou *existence sauvegardée*, biographie numérique où nous déposons, fusionnons organisons toutes les traces de notre vie et de notre mémoire personnelles, avec possibilité de les faire partager à nos proches ou de les transmettre à nos descendants.

Ces évolutions relèvent soit de la simulation du réel, qui est alors doublé d'une réalité parallèle, soit de l'augmentation du réel, qui est amélioré par l'implantation de puces dans la matière organique et inorganique. Et ces développements vont plus ou moins loin dans notre dimension intime, soit nous en sommes des spectateurs et consommateurs, soit nous en sommes des acteurs.

Google Street View 3D, Gemmo : le monde à portée de bits

Au début de l'année 2010, Google a commencé une version 3D stéréoscopique de son service Street View. L'effet reste cependant peu performant, car il s'agit d'une 3D à l'ancienne, avec des lunettes bicolores nécessaires pour visualiser l'effet. Mais la décennie 2010 sera marquée par la généralisation des moniteurs LCD 3D, qui devrait produire des sensations beaucoup plus réalistes. Le service Maps de Google, associé à Earth, donnera la possibilité de voyager en temps réel sur la planète. Les sites classés, mis en avant avec un soin particulier par Google pour leur intérêt historique ou naturel, pourront par exemple être visités dans les salles de classe pour accompagner des cours d'histoire et de géographie. Des jeux comme Gemmo indiquent des voies de développement à court terme de cette hybridation symbolique du réel et du numérique.

Hybridations micro et nanotechnologiques : matière intelligente

Nanosciences et nanotechnologies désignent les procédés d'observation, d'analyse, de manipulation et de fabrication de la matière à l'échelle du nanomètre (nm). C'est la pointe la plus avancée des microtechnologies (1 millimètre fait 1 000 microns, 1 micron fait 1 000 nm), qui alimentent la tendance à la miniaturisation de tous les composants de nos machines. Pour donner un ordre de grandeur, un atome d'hydrogène mesure 0,1 nm, un cheveu fait 50 000 nm de diamètre.

Dès 1959, le génial physicien Richard Feynman percevait les possibilités de l'infiniment petit et lançait à ses collègues un peu médusés : « Pourquoi ne pourrions-nous pas écrire l'intégralité de l'*Encyclopædia Britannica* sur une tête d'épingle ? » (conférence « There's a lot of place at the bottom »). Ce qui paraissait alors invraisemblable est devenu une évidence, grâce à la loi de Moore qui permet de stocker toujours plus d'information et de puissance de calcul sur un support de dimension toujours plus restreinte.

Dans le livre prophétique *Engins de création, l'avènement des nanotechnologies* (document numérique 1986 ; édition papier Vuibert, 2005, réédition électronique 2007), Éric Drexler annonçait une époque nouvelle pour l'humanité, pleine de promesses et de menaces, avec la possibilité de manipuler la matière vivante ou inerte au niveau de ses composants élémentaires, donc d'ouvrir une ère d'abondance sans précédent. De nombreux produits industriels comportent aujourd'hui des nanomatériaux inertes intégrés dans leur processus de fabrication, dont les propriétés sont intéressantes en raison de leur taille : cosmétiques, textiles, accessoires de sports… Les nanotechonologies commencent à pénétrer notre environnement en profondeur, dans le domaine de l'énergie, de la recherche, de la santé et de l'information : transistors informatiques, encapsulation de médicaments, cellules photovoltaïques et LEDs, laboratoires scientifiques et médicaux sur puces…

On peut distinguer au moins quatre grands ensembles où les micro et nanotechnologies vont changer notre existence individuelle et collective dans les prochaines décennies.

Énergie renouvelable

Toute civilisation a besoin d'énergie, et elle périclite lorsque ses sources sont taries. Les énergies fossiles sur lesquelles a été bâtie la société industrielle moderne sont en voie d'épuisement rapide, et elles ont des effets délétères sur les équilibres climatiques. Parmi les grandes pistes actuelles pour trouver des solutions, l'énergie solaire s'impose comme la plus prometteuse : elle est naturelle, surabondante, et ne présente pas les risques liés à la fission ou fusion nucléaire. Les nanotechnologies, éventuellement associées aux biotechnologies, ouvrent des horizons pour exploiter les immenses flux de photons de notre astre, soit par des composants matériels innovants à haut rendement, soit par des fermes de micro-organismes génétiquement modifiés produisant du carburant. Les nanotechnologies promettent par ailleurs de trouver des solutions au stockage et au transfert de l'énergie. Par exemple, les nouvelles batteries à base de Lithium Fer Phosphate LiFePo4 pourraient permettre à brève échéance de recharger un mobile ou un portable en quelques dizaines de secondes (enerzine). Plus largement, des nanocapteurs sont appelés à recouvrir les objets aussi bien que les sites de production d'objets.

eSanté personnalisée

De nombreux essais cliniques sont en cours dans le monde pour évaluer le potentiel thérapeutique des nanotechnologies. Chaque personne est différente du point de vue de ses constituants biologiques (génome, épigénome, protéome, etc.) et chaque maladie aussi (par exemple, il y a plus d'une dizaine de cancers du sein, et non une seule forme). Les nanomédicaments seront des agents thérapeutiques individualisés, adaptés à chaque personne et à chaque pathologie, capables de repérer, cibler et corriger un trouble donné : développement d'une tumeur, insuffisance d'insuline, rétrécissement d'artère, neurodégénération locale… Mais la santé du futur ne se limite pas à cela : les chercheurs travaillent aussi à accompagner les malades dans un environnement intelligent (par exemple, vérification automatique du suivi d'un traitement ou signal d'alerte en cas d'indices physiologiques de détresse) et, plus encore, à prévenir les troubles plutôt que les guérir (identification de tous les marqueurs biologiques précoces de déséquilibre, indiquant que l'on entre dans un processus pathologique détecté au moment même où il se déclenche).

Micro-industrie à la demande

L'échelle micro et nanométrique couplée aux systèmes d'information bouleversera de fond en comble le mode de production industrielle concentré et gigantesque qui s'est mise en place au XVIIIe siècle. La manipulation des atomes deviendra aussi facile demain que celle des bits hier et aujourd'hui. Plutôt que des grands centres produisant des objets de masse, on aura de plus en plus d'unités de microproduction assurant des usinages personnalisés. On en voit les premiers effets aujourd'hui. Il est déjà possible de construire son projet micro-industriel : invention ou idée, conception du design (avec des outils comme Blender, ScretchUp), sortie des prototypes (imprimantes 3D comme MarketBot), manufacture (usine trouvée en plateforme BtoB selon le nombre d'exemplaires souhaités), vente (depuis des sites Internet). La maîtrise de la matière à l'échelle nanométrique pourrait permettre de simplifier encore les dernières phases : je commande un produit qui me plaît, je le personnalise, ce produit est fabriqué chez moi par une « imprimante 3D » ou près de chez moi par un centre spécialisé de microproduction.

Internet ubiquitaire (objets, vivant, Terre)

L'Internet des objets est déjà en cours de déploiement. Grâce à des émetteurs (principalement de type puces RFID aujourd'hui), on peut connecter au réseau numérique des objets et plus généralement des entités physiques (animaux, végétaux) possédant des identifiants électroniques et traiter toutes les données s'y rattachant. La miniaturisation des données vers l'échelle micro et nano permet de créer un maillage dense de capteurs, récepteurs, émetteurs, senseurs assurant en tendance un monitoring en temps réel de tout l'espace terrestre. Il sera doublé d'une ceinture intelligente de satellites artificiels permettant des couvertures globales. L'environnement des individus devient alors intelligent et, par un terminal numérique géolocalisé, ils peuvent s'informer de toutes les données ou tous les événements pertinents pour leurs besoins du moment. L'Internet ubiquitaire assure aussi le suivi dans l'infosphère des équilibres et déséquilibres de la biosphère et de l'écosphère, par exemple des menaces sur la biodiversité, des signaux précoces de catastrophes naturelles (tremblement de terre, éruption volcanique, tsunami), des indices de dérèglements météorologiques (court terme) et climatiques (long terme)…

Le déluge des données

La Sloan Digital Sky Survey, un télescope du Nouveau Mexique, a accumulé 140 terabytes d'informations depuis son ouverture en 2000. Le futur Large Synoptic Survey Telescope, construit au Chili d'ici 2016, produira une quantité équivalente en cinq jours seulement. Le décodage du génome humain a demandé environ dix ans (3 millions de paires de bases annotées) : il prend aujourd'hui une semaine. Comme le relève *The Economist* (« Data Deluge », 2010), le stockage et surtout le traitement intelligent des données accumulées par l'Internet ubiquitaire deviennent un problème central pour les entreprises, les laboratoires, les sociétés et les gouvernements. L'humanité a déjà produit 750 exabytes (EB) d'informations numérisées (2 puissance 60), mais le rythme est devenu exponentiel, le zettabyte (1 000 EB) sera atteint entre 2010 et 2012. Cela oblige les mathématiciens et informaticiens à travailler sur des méthodes nouvelles de calcul massif et parallèle pour gérer cette inflation.

HYBRIDATIONS GÉNÉTIQUES :
ÉVOLUTION ASSISTÉE PAR ORDINATEUR

Depuis le clonage de la brebis Dolly (1997) jusqu'à la guérison des enfants atteints d'une maladie cérébrale mortelle (adrénoleucodystrophie, Téléthon 2009) en passant par le séquençage complet du génome humain et le développement des OGM, les sciences et techniques du vivant font l'actualité et modifient notre perception du monde.

Dans son ouvrage classique intitulé *Qu'est-ce que la vie ?* (1944), ayant inspiré James Watson dans sa quête de l'ADN, Erwin Schrödinger fait appel à la métaphore du Morse pour montrer que la vie est écrite selon un code (« codescript »). Quand François Jacob publie *La Logique du vivant* (1970), son ouvrage s'ouvre par une observation : « L'hérédité se décrit aujourd'hui en termes d'informations, de message et de codes. » Comme l'observe Gérard Ayache, on découvre une « logique numérique du vivant[1] », c'est-à-dire que la théorie de l'information et la théorie de la vie ne sont pas indifférentes l'une à l'autre.

Aujourd'hui, nous savons que l'écriture du vivant est très complexe. Le génome humain « standard » a été entièrement décodé au début des années 2000 et plusieurs génotypes d'individus particuliers au cours de la dernière décennie. Grâce aux progrès de la bio-informatique, c'est-à-dire la biologie assistée par ordinateur, on estime qu'un génotypage complet coûtera bientôt moins de 1 000 dollars, chacun pouvant faire graver son patrimoine ADN sur une clé USB (actuellement, le coût est de 5 000 dollars environ). Mais le génome (ensemble des gènes) ne décrit qu'une petite partie de l'histoire : les chercheurs sont désormais sur la piste de l'épigénome (les processus de lecture des gènes), du métabolome (les échanges de la cellule), du protéome (l'ensemble des protéines de nos tissus : muscles, os, cheveux, etc.).

Ce monde des « -omes » est en pleine explosion à l'échelle internationale, assurant une moisson sans précédent de connaissances sur les mécanismes intimes du vivant. Ces progrès ont été rendus possibles par le couplage de la biologie et de l'informatique, aussi bien dans le séquençage des acides aminés (ADN, ARN) que dans la caractérisation des plus grosses molécules (protéines). Ce mouvement du savoir n'est rien moins que l'étude systématique de tous les processus menant de l'œuf (cellule fécondée) à l'individu adulte, avec tous les liens gène-environnement qui bâtissent l'identité de chacun. Outre son intérêt médical évident, expliquant les gros financements publics et privés dont elle bénéfice, une telle

---

1. Ayache G., *Homo sapiens 2.0*, Max Milo, 2008.

recherche donne à l'homme une maîtrise sans précédent sur le vivant… y compris lui-même.

Des ancêtres aux aquariums : premières applications de la génétique grand public

Le projet DNA Ancestry associe recherche et grand public. À l'aide d'un kit de prélèvement, il vous permet de savoir à quelle population vous êtes apparenté, où vivaient vos ancêtres voici des milliers d'années ou encore d'analyser vos éventuels liens de parenté avec des personnages célèbres. Du côté des animaux de compagnie, vous pouvez acquérir une lignée de chat ou de chien génétiquement modifiée pour éviter les allergies (Allerca) ou différentes variantes de poissons-zèbres fluorescents (Glofish). Les potentialités de « réécriture » de la vie sont immenses, mais pas encore démocratisées. On peut imaginer que demain, depuis son ordinateur, chacun pourra par exemple inventer de nouvelles races de fleur (taille, fragrance, couleur…) et mieux comprendre ainsi toutes les possibilités ouvertes par les info-biotechnologies.

Un physicien célèbre, Freeman Dyson, expose :

> « *Nous entrons rapidement dans l'ère post-darwinienne, lorsque les espèces n'existeront plus et que les règles du partage* open source *s'étendront de l'échange de logiciels à l'échange de gènes. Alors l'évolution de la vie redeviendra communautaire, comme elle l'était au bon vieux temps, avant l'invention des espèces séparées et de la propriété intellectuelle[1].* »

L'idée est que les biotechnologies et les nanotechnologies vont suivre le chemin des infotechnologies : d'abord monopole des États ou de grandes entreprises, elles vont se démocratiser. Cela signifie que chacun pourra demain gérer la matière et la vie au niveau de leurs constituants élémentaires (atomes, gènes, protéines, etc.) comme chacun gère aujourd'hui ses contenus au niveau de leurs informations élémentaires (textes, musiques, vidéos). Aujourd'hui par exemple, des petites sociétés privées proposent déjà des animaux génétiquement modifiés de compagnie – chats non allergéniques ou espèces de poissons fluorescentes. La fusion du silicium informatique et du carbone

---

1. Dyson F., *La Vie dans l'univers*, Paris, Gallimard, 2009, pp. 34-35.

organique permet aux chercheurs de développer des microlabos sur puces, où des éléments vivants sont analysés, séquencés, triés, modifiés en temps réel. On peut émettre l'hypothèse que ces labos sur puce seront demain accessibles au grand nombre.

Cette bio-informatique ludique ne raconte qu'une partie de l'histoire. Car quand on parle de génie génétique et d'évolution artificielle, tout le monde a en tête les possibles transformations de l'homme par l'homme. En 2010, il existe mille cinq cent soixante-dix-neuf essais cliniques de thérapies géniques en cours dans le monde (Base Wiley) et ils concernent toutes les pathologies, pas seulement les maladies rares et orphelines. Au-delà, les « biothérapies » – régénération tissulaire par cellule-souche, nanocorrection de déséquilibres pathologiques, surexpression ou sous-expression guidée de gènes et protéines marqués – connaissent un boom international. Quand elles ont l'homme pour l'objet, la science et la médecine ne progressent que lentement : on doit d'abord s'assurer de l'innocuité et de l'efficacité des traitements mis au point. Mais les prochaines décennies vont voir déferler les retombées concrètes des avancées accomplies dans les années 1990 et 2000. Non seulement cela concernera les maladies, mais cela ouvrira aussi la possibilité d'intervenir sur des traits cognitifs ou comportementaux non pathologiques.

Demain l'anthropotechnie ?

Depuis une trentaine d'années, on a vu fleurir des termes ou expressions comme « algénie » (Jeremy Rifkin), « santé parfaite » (Lucien Sfez), « adieu au corps » (David Le Breton), « avenir post-humain » (Francis Fukuyama), « eugénisme libéral » (Jurgen Habermas), « domestication de l'être » (Peter Sloterdijk), « *species technica* » (Gilbert Hottois). Leurs auteurs dressent les analyses d'une époque en train de basculer sur la question du corps, de son fonctionnement, de sa santé, de ses potentialités et de ses promesses. Leurs conclusions sont parfois contradictoires, mais il s'agit d'un désaccord sur l'évaluation (éthique, politique, économique, philosophique) du phénomène, pas sur sa réalité. On l'observe dans de nombreux domaines : chirurgie esthétique, dopage sportif, psychostimulants, diagnostics de l'embryon, procréation médicalement assistée, thérapie génique et cellulaire, etc.

.../...

L'universitaire Jérôme Goffette qualifie ce vaste mouvement d'« anthropotechnie », « art de la transformation de l'homme par lui-même », ou plus précisément « art ou technique de transformation extra-médicale de l'être humain par intervention sur son corps[a] ». Ces entreprises de modelage et de façonnage du corps ont débuté voici bien longtemps : « Depuis l'aube de l'humanité, il existe un souci de faire transparaître cette humanité et de montrer la rupture qui la sépare de l'animal : de là les vêtements, les parures, les ornements, mais aussi les maquillages, les scarifications et toutes ces entreprises de transformations corporelles que tous (et les anthropologues mieux que quiconque) peuvent constater ici et là pour exprimer l'humanité, affirmer la différence des sexes ou la position sociale. » La différence avec notre époque tient bien sûr dans les révolutions accomplies par la science moderne : ce ne sont plus des retouches superficielles qui sont offertes à l'homme, mais la possibilité de se modeler dans l'ensemble de ses constituants, du gène au comportement, à la cognition et à l'apparence en passant par la cellule, la protéine, le tissu, l'organe et la prothèse.

---

a. Goffette J., *Naissance de l'anthropotechnie. De la médecine au modelage de l'humain*, Paris, Vrin, 2008.

Hybridations mentales : interfaces hommes-machines et intelligence artificielle

> *« Nous n'avons plus le temps d'attendre l'évolution darwinienne pour nous rendre plus intelligents, et mieux constitués. Nous entrons maintenant dans une nouvelle phase, de ce que l'on pourrait appeler l'évolution auto-guidée, au cours de laquelle nous pourrons changer et améliorer notre ADN [...] Je suis sûr qu'au cours du siècle à venir, nous découvrirons comment modifier l'intelligence, et des instincts comme l'agression. »*

Celui qui s'exprime ainsi n'est ni un dirigeant de secte ni un auteur de science-fiction, mais le génial physicien Stephen Hawking. Et il précise dans un entretien à Focus :

> *« Contrairement à notre intelligence, les ordinateurs doublent leur performance tous les 18 mois [...] Nous devons développer des technologies rendant possible la connexion directe du cerveau à l'ordinateur, afin que les cerveaux artificiels contribuent à l'intelligence humaine au lieu de s'opposer à elle. »*

La métaphore du cerveau et de l'ordinateur est ancienne. Dans les années 1940, les fondateurs de l'informatique et de la cybernétique (Neumann, Shannon, Wiener) travaillaient déjà en pluridisciplinarité avec des spécialistes du cerveau et de l'esprit (McCulloch, Kubie, Bateson). Et comme en témoignent les célèbres réflexions d'Alan Turing, l'idée d'une machine intelligente simulant, voire dépassant les capacités humaines trotte depuis longtemps dans la tête des chercheurs !

Mais aujourd'hui, après de nombreux échecs, nous approchons du but en raison des progrès parallèles de la robotique et de l'informatique. En France, le blog des Automates intelligents mène une veille sur ces avancées rapides. Un des meilleurs spécialistes français de la conscience artificielle, Alain Cardon, rappelle ainsi l'objectif et l'avancement de son laboratoire :

> *« Il s'agit de concevoir des systèmes très autonomes, qui génèrent des pensées artificielles [...] en étant en liaison temps réel avec une corporéité artificielle, en produisant et en s'appuyant sur des émotions également artificielles. Il s'agit de concevoir des systèmes qui manifestent de l'intérêt, du souci ici et maintenant, pour certaines choses qu'ils remarquent selon leurs sens artificiels ou leurs rappels mémoire, qui ont des intentions propres [...] De tels systèmes sont aujourd'hui modélisés dans quelques très rares laboratoires de recherche spécialisés, certains ne produisant pas de résultats publics. Ils sont conçus dans le détail de leur architecture logicielle, ce que nous avons fait en ce qui nous concerne, et l'on en est à la phase de début de réalisation. La transposition de la pensée dans l'artificiel est donc en marche. »*

Kurzweil et l'hypothèse de la singularité

L'évolution cosmique a déjà vu apparaître des propriétés comme la gravité, la vie, la sexualité, l'esprit. Selon l'ingénieur, essayiste et « prophète » Ray Kurzweil, nous sommes proches d'une nouvelle naissance, qu'il appelle la « singularité ». À savoir une intelligence artificielle qui, depuis la planète Terre, va entreprendre de conquérir l'univers ! Nos connaissances sont maintenant entrées dans une phase exponentielle et non linéaire de progrès. Vers 2020, grâce à la loi de Moore, l'ordinateur atteindra la capacité analytique d'un cerveau humain (10^{16} calculs par seconde) pour 1 000 dollars ; vers 2040, pour le même coût, on aura l'équivalent d'un milliard de fois l'intelligence de toute l'espèce humaine réunie ! Pour Kurzweil, l'intelligence humaine est essentiellement du calcul : « Le cerveau connaît des processus digitaux et analogiques, ces derniers étant par exemple l'action des hormones ou des neurotransmetteurs ; or, outre le calcul digital en mode binaire, nous savons aussi simuler l'équivalent des procédés analogiques

.../...

par des algorithmes. » Avec Marvin Minsky, Douglas Hofstadter et quelques autres, Ray Kurzweil est un partisan de ce que l'on appelle l'IA (intelligence artificielle) forte, c'est-à-dire l'hypothèse qu'il n'y aura pas de différences fondamentales entre une conscience et une machine simulant une conscience. « Nous n'allons pas faire un bond de géant entre notre monde actuel et le monde tel que je le décris dans quelques décennies, précise Kurzweil. Nous irons de l'un à l'autre par des milliers de petites étapes, chacune petite et apparemment sans conséquence. C'est l'effet cumulé et convergent de ces avancées qui va modifier en profondeur ce que nous sommes[a]. »

---

a. Kurzweil R. (2007). *Humanité 2.0. La bible du changement*, M21 Éditions, et le site très riche de l'ingénieur américain

L'émergence d'une intelligence artificielle, soit dans le réseau Internet lui-même, soit enfermée dans un robot doté d'un corps et de sens artificiels, n'est pas la seule perspective ouverte. Dans le domaine biologique et médical, les interfaces cerveau-machine (ICM) progressent à grands pas. Elles sont d'abord destinées à des patients atteints par des maladies invalidantes : paralysie complète suite à un accident, un AVC ou un *locked-in syndrom*, maladies neurodégénératives comme les scléroses envahissantes, lésion de la moelle épinière. Une ICM comprend trois systèmes : acquisition des signaux cérébraux (casque à électrode ou puce), traduction de ces signaux dans un ordinateur, commande mécanique d'un élément de l'environnement (clavier, fauteuil roulant, prothèse, etc.). À cela s'ajoute une boucle finale d'apprentissage par rétroaction (*biofeedback*) par laquelle le patient et l'ICM progressent ensemble dans leur compréhension mutuelle.

Autre voie déjà avancée pour l'hybridation des intelligences naturelles et artificielles : les implants neuronaux. Sans que nous le sachions, les cyborgs sont déjà parmi nous ! C'est le cas des patients ayant des pacemakers pour compenser le mauvais contrôle du rythme cardiaque par le système nerveux périphérique, des implants cochléaires pour restaurer électroniquement la perception des sons, et surtout des implants cérébraux (Parkinson, infarctus cérébral, épilepsie) pour contrôler directement l'expression de réseaux de neurones. Les dernières générations de ces implants neuronaux intègrent déjà des capacités logicielles

OpenViBE : écrire par la pensée

Le logiciel OpenViBE permet aux personnes gravement handicapées de communiquer en écrivant sur un ordinateur par la pensée. « Nous avons développé une interface baptisée P300 Speller, qui permet d'écrire des phrases en sélectionnant par la pensée des lettres présentées sur un écran, explique Olivier Bertrand, directeur de l'unité Inserm "Dynamique cérébrale et cognition". Le patient équipé d'un casque EEG doit focaliser son attention sur la lettre qu'il souhaite épeler. Lorsque cette lettre est "flashée", une onde cérébrale est produite, puis détectée et interprétée par l'ordinateur. Lettre après lettre, le patient construit des mots, puis des phrases, sur l'écran. » On peut imaginer que ces dispositifs, aujourd'hui lourds, coûteux et réservés en priorité aux personnes atteintes d'incapacité, vont se sophistiquer dans les années à venir et devenir des « augmentations » courantes de nos capacités cognitives.

d'apprentissage : ils reconnaissent peu à peu les signaux électrochimiques du cerveau qui les abrite. On imagine sans difficulté tous les usages que ces implants permettront lorsqu'ils seront miniaturisés à l'échelle nanométrique et connectés à l'Internet ubiquitaire : l'esprit humain pourra se connecter directement aux flux d'information de son environnement, commander des objets, analyser des situations, rechercher des connaissances... Dans les hypothèses les plus « optimistes », le contenu entier d'un esprit humain pourrait un jour être numériquement simulé et « téléchargé » dans une machine. Une sorte d'immortalité de l'âme, rêve des temps archaïque, réalisation des temps futurs ?

Robo sapiens

Les robots sont déjà omniprésents dans notre environnement où ils réalisent sans que nous le sachions des milliards de contrôles et commandes à la seconde : médecine, aéronautique, industrie, loisirs, vie domestique... Et cette tendance va s'accentuer avec l'apparition de nanobots, c'est-à-dire des robots de taille nanométrique. Le Japon est la terre d'élection des robots, avec notamment deux espèces particulières : le robot de compagnie, comme le célèbre chien Aibo de Sony (1996-2006), et l'androïde, comme le non moins célèbre ASIMO de Honda ou l'Actroid-DER de Kokoro, plus récent et beaucoup plus réaliste. Les voisins coréens ont relevé le défi et lancé l'androïde féminine et chanteuse EveR, du très sérieux Korean Institute of Indutrial Technologies. La troisième génération d'EveR est née en février 2010.

Conclusion prospective

- Les perspectives du monde hybride sont immenses, mais elles sont aussi risquées. On le voit aujourd'hui, avec le clonage, les OGM ou récemment les « nanotechs », l'accélération de l'évolution artificielle provoque des inquiétudes dans l'opinion et soulève des incertitudes, reconnues par les chercheurs et ingénieurs.

- Peut-on ou doit-on stopper le processus ? Faut-il lui donner des limites et comment ? Une accélération et une démocratisation des hybridations « technonaturelles » sont-elles au contraire souhaitables ? Ces questions seront au cœur des décennies à venir et les enjeux dépassent largement les anciennes interrogations de l'homme sur sa société ou sur lui-même.

- Des conflits éthiques et religieux se dessinent déjà : certaines visions du monde sont hostiles à la toute-puissance de l'homme, interprétée comme un sacrilège, une démesure, un danger, une folie… Des positions radicalement technophobes ou « luddites » (Ludd étant le nom du meneur des ouvriers anglais qui détruisirent des machines à tisser accusées de leur prendre leur travail) se développent aux marges de l'opinion, alors que de l'autre côté du spectre, nous avons des visions technophiles et « futuristes ». Cette division des mentalités humaines peut aboutir concrètement à une division de l'espèce humaine, une partie des Homo sapiens souhaitant rester intacts, une autre devenant modifiée et augmentée. *Homo sapiens* v 1.0 et v 2.0 coexisteraient !

- Autre problématique à venir : cette division de l'espèce humaine peut être *subie* et non voulue, pour des raisons économiques. Il existe d'ores et déjà des différences importantes de qualité, de complexité et de durée de vie entre les plus riches et les plus pauvres sur la planète. Avec l'accélération attendue du progrès NBIC/BANG, le fossé peut se creuser. Le monde hybride deviendrait alors impénétrable à ceux qui n'y sont pas entrés à temps.

▶▶ Les progrès de l'intelligence artificielle (IA), et avant elle des connexions cerveau-ordinateur-réseau, imposent également une réflexion : outre de mauvais usages liés à des tentatives de manipulation directe de la pensée, rien ne dit *a priori* qu'*Homo sapiens* et *Robo sapiens* vont coexister en paix ! Organiser la coopération et non la compétition des systèmes pensants sera un défi de plus en plus pressant à mesure que progresseront nos réalisations en IA.

Journal du milieu de siècle (en 2049…)

Bien que mon hypnorégulateur ait indiqué que j'entrais en phase de complexe K, je peine à m'endormir. Mon esprit se plaît dans une légère somnolence et n'a pas envie de sombrer. J'entends la respiration régulière de Lara à mes côtés, j'ai hâte que nous soyons tous réunis autour du festin de Noël. Je pense aux fêtes de mon enfance, dans les années 2010. C'est peu de dire que tout a changé depuis. Je ne suis pas du genre nostalgique, et puis j'ai grandi avec ce monde nouveau. Mais il me surprend toujours, le rythme des transformations s'est tellement accéléré depuis la mise au point des ordinateurs quantiques. Ce qui m'étonne le plus, au fond, c'est la facilité avec laquelle nous nous adaptons, la vitesse avec laquelle les anciens modes de vie paraissent désuets. Mes parents et grands-parents ont connu des choses que jamais mes filles ne vivront, sinon dans leurs simulateurs 3D d'histoire. Quant à mes petits-enfants, si j'en ai un jour, je suis bien incapable d'imaginer ce que sera leur existence. Elle ressemblera peut-être à ce que j'imagine dans mes jeux. Je songe à la découverte de Tarskin que nous avons vu tout à l'heure aux actualités. L'an prochain, Lara et moi aurons 50 ans. Grâce à nos cotisations, nous aurons droit à une semaine de sénescothérapie. Les nanosondeurs vont plonger dans nos corps, éliminer les cellules malades, reconstruire nos tissus en croissance accélérée, corriger les gènes mutés par accident. Les compteurs de notre vie reviendront 15 ans en arrière, nos dents seront solides, nos rides effacées, nos cheveux raffermis. L'espérance de vie en bonne santé atteint déjà 140 ans, et si la découverte de Tarskin est applicable à notre espèce, nous pourrions envisager l'éternité, celle que cherchent les singularistes en chargeant leurs doubles numériques sur le Réseau. Le sommeil finit par me gagner dans ces rêveries de vie éternelle qui me font alterner entre angoisse et espoir.

(À suivre … ou à modifier vous-même
dans la version en ligne de ce livre :
www.maitres_ou_esclaves.com)

Do it yourself !

La modernité s'est caractérisée par l'émergence de l'individu face au groupe. Auparavant, on était membre d'une corporation, d'un village, d'une nation, d'une religion : la personne comptait peu face à sa communauté. L'évolution des pratiques et des mentalités a mené à la prise en compte de chaque individu : ses besoins, ses intérêts, ses désirs, sa personnalité et son identité. Mais le risque était que cet individu se retrouve isolé, affaibli, privé des soutiens que lui apportaient ses anciens cercles d'appartenances sociales.

La révolution numérique va poursuivre cette tendance moderne en dépassant ses limites et ses contradictions : elle sera centrée sur l'individu, comme nous l'observons, mais elle fera la part belle à tous ses liens personnels et sociaux. Surtout, elle va répondre à la principale nécessité qu'affronte l'individu dans son nouvel environnement : celle de la connaissance au sens large. Cette connaissance n'est pas seulement la compréhension théorique du monde, mais le guide pratique de toutes nos actions : les informations ciblées, qualifiées, pertinentes dont nous avons besoin tous les jours pour faire les bons choix.

Le savoir, c'est le pouvoir : l'individu sera amené à produire lui-même les conditions d'une existence meilleure. Les Anglo-Saxons ont résumé cette attitude d'une formule : DIY pour « *do it your-self* ! » (« fais-le toi-même ! »).

Dans un proche avenir, on peut prédire l'émergence de réseaux personnels de connaissance mieux adaptés que le web 2.0 actuel aux besoins, désirs et intérêts des individus. Ces réseaux seront de taille plus restreinte et dirigés par l'individu lui-même – du point de vue matériel par des microserveurs gérant ses identités et sa navigation numériques, du point de vue de logiciel par des agrégateurs et des wikis souples, personnalisés.

Les formes actuelles du web 2.0 ont montré leur qualité, dont cet ouvrage a abondamment parlé, mais aussi leurs limites. Le blog reste souvent prisonnier de la logique *one-to-many* des anciens médias, c'est une tribune plus qu'une boîte à outil. Dans leur configuration présente, les réseaux sociaux comme Facebook servent plus au délassement qu'autre chose, les informations vraiment utiles sont noyées dans des flots parasites. Les encyclopédies de type Wikipédia sont pensées dans une logique universelle : leur importance est indéniable, mais ces sources ne sont pas suffisamment calibrées pour un usage personnel.

Les réseaux personnels de connaissance vont accompagner l'émergence du web en navigation majoritairement sociale et mobile (horizon actuel du 3.0), puis du web sémantique en temps réel et élargi aux objets (horizon 4.0). Au cours de son existence, chacun rencontre de manière récurrente ou occasionnelle un grand nombre de défis pratiques ou théoriques. Comment décider au mieux ? Où trouver les informations utiles ? Comment éviter les erreurs ? Les réseaux de connaissance apporteront les meilleures réponses à ces défis : celles que l'on produit soi-même en fonction de ses connaissances et de ses expériences, celles que d'autres ont produites et partagées avant nous.

L'amélioration continue de ses connaissances mobilisera pour chaque individu ses capacités à travailler en équipe et en réseau, ses aptitudes à l'intuition, à l'imagination, à l'expression et à l'interprétation, ses méthodes de synchronisation et de coopération. Ce « tableau de bord » intelligent et social deviendra peu à peu notre assistant personnel, indispensable pour toutes nos tâches quotidiennes.

Quatre facteurs vont accélérer l'émergence des réseaux personnels de la connaissance. Le premier est le *plaisir* : dès le plus jeune âge et tout au long de notre vie, nous aimons partager nos impressions, nos informations, nos coups de cœur et nos idées. Le deuxième est *l'affinité* : nous cherchons nos pairs, c'est-à-dire les gens avec qui nous partageons le même horizon de goût et de besoin. Les identités numériques entre pairs seront bien plus riches, mouvantes et complexes que les anciennes identités historiques. Le troisième facteur est la *notoriété* : le désir de reconnaissance est un puissant moteur de l'action humaine. Notre réputation, notre image, notre utilité sociale et notre mérite personnel sont des biens auxquels nous attachons la plus grande importance. Enfin, le quatrième et dernier facteur sera la *nécessité*, c'est-à-dire l'économie : la connaissance n'est pas un luxe que l'on satisfait en dernier lieu, elle est désormais au fondement de la création de valeur.

Dans son maître ouvrage sur *La Méthode*, Edgar Morin compare la connaissance à « une symphonie ». Au cours de ce siècle, chacun en deviendra le chef d'orchestre, et tous profiteront de sa musique.